普通高等学校精品课程建设教材

市场营销学

Marketing

姜含春　主编

中国农业大学出版社
China Agricultural University Press

主　编　姜含春
副主编　邹能峰
参　编　肖双喜　徐春迎　陆　彦

内 容 简 介

本教材本着满足读者市场营销实践的需要、跟踪市场营销学科世界发展趋势的指导思想，针对市场经济条件下企业市场营销活动和不断发展的需要，注意吸收和借鉴西方发达国家先进的市场营销理论和方法；坚持理论与实践相结合，阐述与评价相结合，案例分析与复习思考为补充；沿着营销环境分析、营销战略规划、营销策略制定的营销流程全面系统地介绍营销观念、营销战略、营销策略以及营销新理论和发展趋势，为企业、非营利性组织营销活动提供必要的理论知识及实践经验，具有一定的实用性、创新性和前瞻性。

市场营销学是经济管理类各专业，尤其是工商管理类学科市场营销专业的核心课程，也是企业营销者及公共组织部门工作人员全面提高营销理论与实务能力的必要读本。本教材适宜各专业本科、专科学生，特别是营销专业及其人员。

前　言

市场营销学又称市场学、营销学、营销管理、市场经营学等，于 20 世纪初创建于美国。伴随着经济的发展和企业经营管理需要而产生的市场营销学，是近一个世纪发展最快的管理学科之一。这门建基于经济学、哲学、数学、管理学、行为学、心理学和社会学之上的学科，不仅是当代企业、产业、一些非营利性组织在迅速变化的市场环境和日趋激烈的竞争中求生存、求发展的管理利器，而且“还激发了医生、管理人员、政府官员及经济发展专家的丰富想象力”，甚至已逐渐成为“现今世界上的一种核心思维方式”，因而在社会经济生活的各个方面得到广泛应用。市场经济催化了市场营销理论与我国企业营销活动的结合；经济发展的需要，进一步引发了市场营销理论和实践的创新。现代市场营销理论及其实践，正推动企业以及社会经济各方面组织发展和创新，乃至整个社会经济的发展。基于市场经济的高速发展，全球经济一体化国际化的推进，科学技术的突飞猛进，市场竞争更为激烈，社会公众需要得到的服务不断升级，这急需我国企业及公共组织部门能运用市场营销理论研究市场特点、掌握市场营销规律，提高营销及管理水平。因此，市场营销学应成为企业营销者及公共组织部门工作人员必备的理论知识。

本教材本着满足读者市场营销实践的需要、跟踪市场营销学科世界发展趋势的指导思想，针对市场经济条件下，我国企业市场营销活动和不断发展的需要，注意吸收和借鉴西方发达国家先进的成功的市场营销理论和方法；坚持理论与实践相结合、阐述与评价相结合、案例分析与复习思考为补充；沿着营销环境分析、营销战略规划、营销策略制定的营销流程，分五部分全面系统地阐释市场营销理论和知识。第一部分：导论，包括市场营销学概述、顾客满意理论、市场营销观念等；第二部分：市场及其营销环境分析，包括宏观环境分析、微观环境分析、行业分析、竞争者及其战略分析、消费者市场分析；第三部分：战略规划，包括企业战略规划程序、细分市场、目标市场选择与定位战略、业务投资管理战略、营销组合模式、市场进入战略、市场发展战略等；第四部分：4P 策略，包括产品策略、价格策略、分销渠道策略、促销策略；第五部分：市场营销新领域和发展趋势，包括服务营销、绿色营销、关系营销、整合营销、网络营销等。本教材在涵盖市场营销学的基础理论、基本知识及基本技能的基础上，阐述 21 世纪市场营销新的理论与新的观点、新技能，注重市场营销策略、技能的操作性，结合复习思考题、营销案例及案例分析思考题，从多方面提供理论联系实际，分析问题及解决问题的思路和方法，便于企业更好地研究分析本企业营销管理中的问题，更好地进行营销决策及其活动，具有一定的实用性、创新性和前瞻性。

市场营销学是经济管理类各专业，尤其是工商管理类学科市场营销专业的核心课程，也是企业营销者及公共组织部门工作人员必备的理论知识。本教材适宜各专业本科、专科学生，特别是营销人员、公共组织部门管理人员全面提高营销理论与实务能力的必要读本。

全书共 11 章，编写任务的分工是：邹能峰负责第二章和第三章；肖双喜负责第五章；徐春迎负责第九章、第十章的第一节、第二节、第三节及案例；陆彦负责第八章、第十章的第四节、第五节及案例；姜含春负责第一章、第四章、第六章、第七章、第十一章及全书的策划、纂改。

本教材是在安徽农业大学和中国农业大学出版社统一组织和领导下，为适应本科应用型人才培养模式的需要而编写的，中国农业大学出版社和安徽农业大学对本教材的编写出版工作给予了高度重视，多次召开编写组成员会议，对教材的编写工作给予指导，提出质量要求，特别是得到策划编辑魏秀云的帮助。本教材是编写组成员竭诚合作和集体劳动的成果。教材初稿完成后，主编与编写组成员在交流沟通的基础上，编写组成员对各自负责的章节进行了反复修改，最后由主编统纂定稿。在本教材的编写过程中，还得到研究生李丽、冯娟、王军、武咸春、何伟、朱大伟的查阅资料、编排文稿的帮助。在此，谨向上述及本处未提及的给予本教材热切关心、支持、帮助的人们致以深深的谢意！

我们在本教材编写中，参考了大量的国内外同类书籍和相关文献，从中汲取了许多有价值的研究成果和资料。对此，本教材虽然尽可能进行了脚注和列出了参考文献，但难免有疏漏。在此，在对本教材涉及的专家、学者表示衷心感谢的同时，我们深表歉意！

由于我们的水平有限，本教材难免有不足与不当之处，敬请广大读者批评指正！

编　者

2008 年 1 月

目　　录

第一部分　导　　论

第二部分　市场及其营销环境分析

第三部分 战略规划

第四部分 4P 策略

第五部分　市场营销新领域和发展趋势

第一部分

导　论

第一章　绪　　论

【学习目的】

1. 掌握市场营销的核心概念：市场、市场营销、需求、顾客满意、顾客让渡价值。

2. 理解市场营销学学科性质、研究的内容、研究的意义。

3. 了解市场营销学的特点及其发展趋势。

4. 理解市场营销观念的演变原因，懂得现代企业应确立的正确营销观念。

第一节　市场营销学及其相关概念

市场营销离不开市场，在一般意义上市场营销可理解为与市场有关的社会经济活动。因此，为了准确掌握市场营销理论，需要了解市场及有关概念。

一、市场

市场具有丰富的多层次的内涵，可从不同角度进行解释。

从传统意义上来看，市场是具体的，指商品交换的场所。是买者和卖者聚集在一起进行商品交换的空间和地点。我国古代《易·系辞下》中“日中为市，致天下之民，聚天下之货，交易而退各得其所”的记载，就是对一定时间和地点进行商品交易的市场的描述。但是，随着信息技术的发展，出现了各种无场所的交易方式和活动，这种以空间场所对市场的界定就存在一定的局限性。

从经济学角度来看，市场是广义而抽象的，市场是社会分工的产物，是商品交换关系的总和。只要有商品生产和商品交换，就会有市场存在。在社会分工和商品生产的条件下，各自独立而又相互依赖的商品生产者和商品需求者，为了满足各自的需要，不断地通过买卖方式实现着商品和货币的相互转让，市场正是体现了并行发生或彼此连接的买卖双方的这种交换关系。

从营销角度来看，卖方集合构成行业，买方集合则构成市场。行业和市场之间关系如图1-1所示。买方和卖方通过4条流程连接起来。内圈表示商品和货币的交换,外圈表示信息的交换。在一定条件下,卖方把商品/服务送达市场,并与市场进行信息沟通(促销);买方得到商品/服务同时,交付货币,并表达购物的信息(态度、意见等)。由图1-1进一步分析可知,市场就是顾客,就是企业所服务的潜在的和现实的顾客。企业是因顾客而存在的。如果这些现实的或潜在的顾客,对企业的产品或服务有购买欲望愿意购买并且有购买能力,就构成了企业的市场。正如美国著名市场营销学家菲利普·科特勒(Philip Koteler)所指出:"市场是由一切具有特定欲望和需求并且愿意和能够以交换来满足这些需求的潜在的顾客所组成。"因此,"市场规模的大小就取决于那些表示有某种需要,并拥有使别人所感兴趣的资源,而愿意以这种资源来换取其所需要的东西的人数。"①也就是说,市场是由人数、购买力和购买欲望构成的统一体,这三者缺一不可。

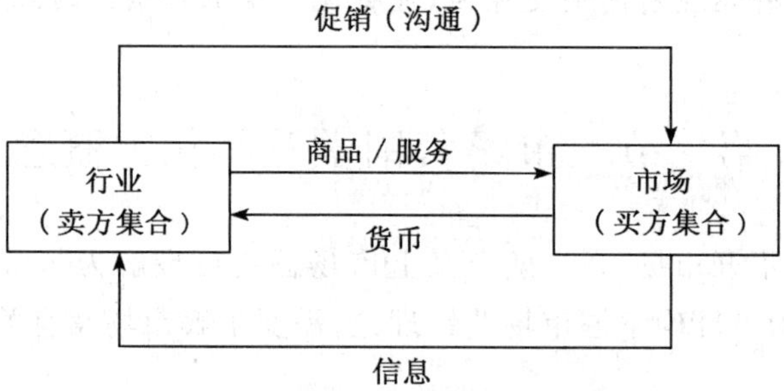

图1-1 简单的市场营销系统

市场的本质是顾客的需求,如果顾客没有购买某种商品的欲望,市场就不存在,开发市场就是开发需求,进行市场定位实质上就是需求定位,或者就是发现应以何种特定的产品或服务满足于特定的需求。

二、市场营销

市场营销简称营销(Marketing)。关于市场营销的解释,迄今为止尚未统一,存在各种各样的表述。为了全面准确地理解和领悟市场营销的含义,以下列举几种重要的解释:

(1)美国市场营销协会(简写为AMA)直至1995年沿用的定义为:市场营销

①菲利普·科特勒.营销管理.上海:上海人民出版社,Prentice Hall培科,1999.13.

是为创造能满足个人和组织目标的交换而对有关思想、物品和服务的构思、定价、促销和分销进行规划和实施的过程。

(2)菲利普·科特勒认为:营销是个人或集体通过创造并同其他个人或集体交换产品和价值,以获得其所需所欲的一种社会和管理过程①。

(3)世界著名的芬兰服务营销学家格罗鲁斯(Chrisitian Grönroos)称:市场营销就是在一种利益之下建立、维持、巩固与消费者及其他参与者的关系,以实现各方的目标;这要通过相互的交换和承诺去达到。②

通过以上解释不难看出,营销不同于推销。推销仅是营销的一部分,正如菲利普·科特勒指出的,推销不是营销的最重要部分,而只是"营销冰山"的尖端。推销是营销人员的职能之一,但不是其最重要的职能。这是因为,如果营销人员搞好营销研究,了解购买者的需要,按照购买者的需要来设计和生产适销对路的产品,同时合理定价,搞好分销、销售促进等营销工作,那么,这些产品就能轻而易举地销售出去。

营销是一个包含从产前至售后的全面管理过程。包括市场调研、需求分析和预测、目标市场选择、市场定位、产品研发、定价、分销和促销等战略和策略的规划、组织、实施和控制,以实现产品交换,最终获取企业最大利润的活动和行为。

在一个企业或组织中,营销处于主线地位,而财务、人事处于基础地位或支持地位。营销囊括了企业或组织的全部活动。

三、市场营销学

市场营销学是 Marketing 的第二层含义,简称为营销学。毫无疑问,市场营销学是一门揭示与探讨市场营销及其规律的科学。对于它的解释至今也无定论。美国市场营销协会 AMA 曾定义为:营销学是一门引导产品或服务从生产者到达消费者或用户所实行的活动指南。英国市场营销协会 EMA 曾定义为是一门研究如何识别、预测并满足顾客需求以赢利的管理过程的学科。

解释虽然不同但并不妨碍对市场营销学的理解和学习。不同国家不同专家学者对市场营销学虽有不同解释,但所反映的核心内容则是相同的。营销是一个过

---

①菲利普·科特勒.营销管理——分析、计划、执行和控制.上海:上海人民出版社,Prentice Hall 培科,1999.9.

②Christian Grönroos. Service Management and Marketing:Managing the Moments of Truth in Service Comptition. Lexington,MA:Free Press/Lexington Books,1990.

程，这个过程就是从市场调查、识别、预测顾客需求开始，直至通过一系列活动不断使顾客需求得到满足；营销是一个管理协调的过程，企业是否赢利取决于是否能真正把握顾客的需求，并能真正满足顾客的需求。因此，可以具体解释为：市场营销学是一门研究企业或组织如何适应和引导顾客的需求，有计划地组织和管理企业或组织的整体活动，把满足要求的产品或服务送到顾客手中，从而获取最大限度利润的学科。当然，非营利性组织是以满足服务对象需求为目的，不以赢利为目的。

市场营销学强调企业或组织的整体活动，必须以消费者需求为中心，这是企业能否生存和发展的关键，是企业或组织活动的指导思想。因为满足顾客的需求与满足生产经营者获取利润的需求，两者是并行不悖的。他们之间是相互满足的交换关系，而消费者的需求能否得到满足，是这种交换关系的基础。

四、顾客需要、欲望和需求

顾客的各种需要和欲望是企业或组织市场营销活动的出发点。顾客需要是指顾客没有得到某些基本满足的感受状态，存在于顾客自身生理要求和社会活动及社会交往中，如解渴、交友、学习等。市场营销者可用不同产品和服务满足顾客这些需要。顾客欲望是指顾客对具体满足品的愿望和渴求。顾客的欲望比需要多得多，它受各种社会力量和环境，包括家庭、工作环境、社会时尚、商业广告及企业市场营销因素的影响而被激发产生。顾客需求是指顾客有能力购买并且愿意购买某个具体产品或服务的愿望。当顾客有购买能力时，欲望就转化成需求。

面对顾客的需要、欲望和需求，营销的任务在于立足顾客的需要，创造顾客的欲望，最大限度地满足顾客的需求。通过对市场调查研究分析，并能预测目标顾客的需求趋势，据此研制产品，使其富有吸引力、有支付能力和容易买得到，从而能够影响目标顾客的需求。或者说对于一种能适应顾客潜在需求的新产品，通过企业的富有影响力的营销活动和措施，可以诱发顾客的购买欲望，促成其购买行为的产生。

五、顾客满意

通过满足顾客需求达到顾客满意，最终实现包括利润在内的企业目标，是现代市场营销的基本精神。这一观念上的变革及其在企业管理中的运用，曾经带来美国等西方国家 20 世纪 50 年代以后的商业繁荣和一些跨国公司的成长。

所谓顾客满意是指顾客对于产品和服务感知的效果或结果与他的期望值相比

较后，所形成的愉悦或失望的感觉状态。企业通过提供适应顾客需求的商品质量、服务和价值实现的顾客满意，是顾客对企业产品和服务满足需要程度的体验和综合评估。顾客满意的程度取决于顾客购买商品或服务之后实际感受到的绩效与期望的差异程度。市场经济条件下，“利润是对创造出满意的顾客的回报”。① 企业存在的价值就在于它能否有效地提供满足顾客需要的商品或服务。

管理大师彼得·德鲁克(Peter. F. Drucker)指出：顾客是企业得以生存的基础，企业的目的是创造顾客。由图 1-1 可知，企业作为交换体系中的一个成员，必须以对方(顾客)的存在为前提，没有顾客就没有企业。顾客决定企业的本质，只有顾客愿意花钱购买产品和服务，才能使企业资源变成财富；企业生产什么产品并不是最重要的，顾客对他们所购买的商品是否满意才是最重要的，并决定着企业的命运。企业的顾客有两种：老顾客和新顾客。有关研究表明顾客满意既是顾客本人再购买的基础，也是影响其他顾客购买的要素。前者关系到能否保持老顾客，后者关系到能否吸引新顾客；吸引一个新顾客花费的成本是保持一个满意的老顾客的 5 倍；公司 70%左右的利润来自老顾客；十分满意的顾客愿意再次购买感到满意的产品；满意的顾客是最好的广告；等等。由此可知，保持顾客比吸引新顾客更重要。而保持顾客的关键是顾客满意。企业要在激烈竞争的国际国内市场立足发展，必须十分重视提高顾客的满意程度，采取切实可行的营销策略和措施，争取更多高度满意的顾客，培养顾客对公司及其产品的忠诚。

六、顾客让渡价值

为了提高顾客的满意度，现代企业或组织还需了解顾客让渡价值，以便能找出提高顾客满意度的途径。

顾客让渡价值是指顾客总价值与顾客总成本之间的差额，如图 1-2 所示。

顾客总价值是指顾客购买某一产品或服务所期望获得的一组利益，包括产品价值、服务价值、人员价值和形象价值。

产品价值是由产品的功能、特性、品质、品种与外形等所产生的价值。它是顾客需要的关键内容，也是影响顾客选购产品的首要因素。因而一般情况下，它是决定顾客总价值大小的主要因素。服务价值是指伴随产品实体的出售，企业向顾客提供的各种附加服务，包括产品介绍、送货、安装、调试、维修、技术培训等所产生的

---

①小弗雷德里克·E·韦伯斯顿. 由市场推动的管理. New York; John Wiley & Sons 1992. 27.

价值。在现代社会条件下，为顾客提供的附加服务越完善，产品的附加价值越大，顾客从中获得的实际利益就越大，从而购买的总价值就越大。人员价值指企业员工的知识水平、业务能力、经营作风、应变能力等所产生的价值。企业人员价值直接决定着为顾客提供的产品和服务的质量，决定着顾客购买总价值的大小。具有顾客观念的企业人员的综合素质越高为顾客创造的价值就越高，能创造更多的满意顾客。形象价值指企业及其产品在社会公众中形成的总体形象所产生的价值，包括产品、品牌、环境等视觉形象、员工服务态度、道德行为、经营作风等行为形象及企业文化、价值观念、经营思想等理念形象综合产生的价值，与产品价值、服务价值、人员价值密切相关，在很大程度上是这三个价值综合作用的反映和结果。良好的企业形象，赋予产品较高的价值，能给顾客带来心理上的满足感、信任感，使顾客的需要获得更高层次和更大限度的满足，从而增加顾客购买的总价值。

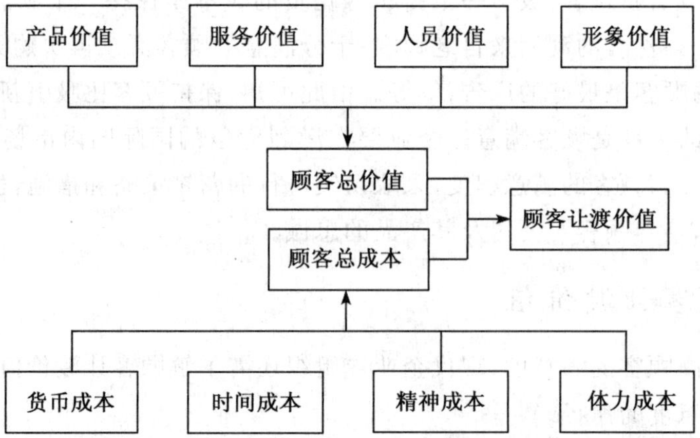

图 1-2 顾客让渡价值示意图

顾客总成本指顾客为购买某一产品或服务所支付的货币资金及所耗费的时间、精神和体力等。一般情况下，顾客购买产品或服务时首先要考虑支付的货币成本的大小，因此，货币成本是构成顾客购买总成本大小的主要因素。在货币成本相同的情况下，顾客在购买产品或服务时还要考虑所花费的时间、精神、体力等非货币成本的大小。在顾客总价值一定的情况下，顾客总成本越低，为顾客创造的顾客让渡价值越大，企业及其产品的竞争力就越大。

第二节　市场营销学的由来和研究内容

一、市场营销学的产生和发展

市场营销学于20世纪初创建于美国，是商品经济发展的产物。它适应商品经济以及市场经济发展的客观需要，在市场实践中不断完善和发展。市场营销学是一门管理学科，是从经济学中分离出来的。作为独立的专门学科，是20世纪初在美国开始设立的。美国哈佛大学赫杰特齐(J. E. Hegertg)于1912年出版了一本教科书名为Marketing。一般认为此书的问世，标志着市场营销学作为一门独立学科出现。

市场营销学，首先在美国出现，后扩大到西欧，而后又传到日本。从美国市场营销学发展的历史过程来看，大体可分为以下4个阶段：

(一)初创阶段

初创阶段大约在20世纪初至1930年。人类的市场经营活动，从市场出现就开始了，直到20世纪初，市场营销才开始逐渐成为一门独立的学科。19世纪末至20世纪初，一方面，美国以及一些资本主义国家先后完成了工业革命，开始从自由资本主义向垄断资本主义过渡，社会生产力迅速提高，工业迅速发展，市场商品空前丰富。另一方面，生产社会化与生产资料私人占有制的矛盾越来越尖锐，竞争趋向激烈，生产的无政府状态不断加剧，商业危机日趋严重。这时竞争的焦点由过去生产领域产品产量的竞争逐渐转移到流通领域，体现在如何使产品适应市场需求、占据市场份额以获取最大利润上。市场形势的变化，使得资本主义企业，力图通过对市场的研究和分析，窥测市场需求及其变化趋势，以摆脱盲目状况并依据市场状况的变化调整自身的营销计划与行动，争取在激烈竞争中占据有利位置。资本主义国家中代表垄断资产阶级利益的政府，也开始试图借助于市场研究，对社会经济生活进行干预。同时，经济学理论和科学技术的发展所提供的现代化手段也为研究市场活动规律、了解和预测市场需求及其发展趋势以解决流通过程中一些具体问题提供了可能。在这种客观需要与商品经济高度发展的历史条件下，市场营销学作为一门独立的经济管理学科诞生了。在这一阶段里，市场营销学的研究具有较大的实用性，研究的内容和范围主要是商业销售实务方面的问题。

(二)形成阶段

从20世纪20年代末至第二次世界大战爆发，是市场营销学的形成阶段。市场营销学已受到学术理论界的广泛重视，各种流派的不同观点及不同研究方法相继出现，并初步形成市场营销学体系。在此期间三个主要学派：①商品学派，注重农矿产品的市场营运问题(分类、拣选、分销以及广告)的研究；②组织学派，研究代理商、批发商和种类繁多的零售商机构；③职能学派，研究上述机构行使的职能。其中最为著称的职能学派推进了市场营销学科框架的发展和形成。1937 年，美国由全国各种市场营销学组织合并组成的“美国市场营销协会(AMA)，广泛吸收学术界、企业界人士参加，并先后在全国设立几十所分会，以及在 80 多所大学内发起组织市场学研究俱乐部，从事市场营销学理论和实务问题的研究和营销人才的培训，出版市场营销学专著和杂志，无疑对市场营销学的形成起了重要作用。随着市场营销研究的深入，市场研究范围的扩大，以及其研究成果被一些企业的成功采用，它对社会的影响也逐渐扩展。20 世纪 30 年代初爆发的经济危机，给包括美国在内的资本主义经济带来了的极大的破坏，震撼了整个资本主义世界。生产严重过剩、产品销售困难、企业面临破产的危机；自此开始，市场进入供过于求的买方市场。客观的市场经济形势，迫使宏观和微观两个层面、企业和学术界两方面重视市场及企业行为的研究，这无疑推动了市场营销学研究的进程。这时的市场营销学开始走出美国，传播至德国，甚至中国。1933 年上海复旦大学丁馨伯教授以美国的市场营销学为蓝本，编写了我国第一本“市场学”。

(三)完善阶段

第二次世界大战后到 20 世纪 70 年代初是市场营销学的完善阶段。战后的和平条件和现代科技进步，促进了生产力的高度发展。社会产品数量剧增，花色品种日新月异，极大地刺激了消费者的购买选择欲望，市场权利移位于消费者；同时市场有效需求不足，垄断资本的竞争加剧，销售矛盾更为尖锐。这种趋势必然推进市场营销学的研究进程，促使市场营销学的研究不断深入和完善，并随着相关学科的日益渗透，兼容并蓄哲学、数学、管理学、行为学、心理学和社会学等学科，成为理论和研究方法自成一体的综合性的应用科学。这一时期，产生了市场营销观念的变革，突破了推销观念，产生了以顾客为导向的企业营销管理思想。这从根本上解决了市场营销的核心和本质问题。这是营销学的一次重大革命。与此同时，理论界不仅重视研究营销战术，而且重视研究营销战略；不仅注重研究有形产品的营销，而且注重研究无形服务的营销。“市场营销组合”、“4P 组合”、“产品生命周期”、“品牌形象”、“市场细分”等重大市场营销理论的产生，大大地丰富了市场营销理论，以顾客为中心的市场营销学的框架和体系逐渐形成，使市场营销学日趋完善。

(四)发展变革阶段

20 世纪 70 年代至今为市场营销学的发展变革阶段——对市场营销学的研究进入了一个新的发展阶段：市场营销学适应了全球经济及科学技术快速发展的需要，不断产生新的理论和观点。如 20 世纪 70 年代产生了社会营销(杰拉而德·泽尔曼)、市场定位(阿尔·赖斯)、战略营销(波斯顿咨询公司)、服务营销(林恩·休斯塔克)等概念和理论。20 世纪 80 年代产生的大市场营销(菲利普·科特勒)、战略营销(雷维·辛格和菲利普·科特勒)、全球营销(西德尼·莱维和西奥多·莱维特)、关系营销(巴巴拉·本德·杰克逊)等理论。20 世纪 90 年代产生的 4C 组合(劳特朋)等。除此，还有研究较多的社会市场营销观念、绿色营销理论、环保营销理论、客户关系管理、网络营销、文化营销、整合营销等。这些创新的概念和理论推动市场营销学全面系统的发展和深化。伴随着市场营销理论的创新和发展，造就了一批批成功的企业。

伴随着市场经济的发展和企业营销管理需要而产生的市场营销学，是近一个世纪中发展最快的管理学科之一。过去的百年，是市场营销学孕育、成长、不断发展的百年，是市场营销管理思想与实践不断创新与丰富的百年。这门基于经济学、哲学、数学、管理学、行为学、心理学和社会学之上的学科，不仅是当代企业，包括产业、一些非营利性组织在迅速变化的市场环境和日趋激烈的竞争中求生存、求发展的管理利器，而且“还激发了医生、管理人员、政府官员及经济发展专家的丰富想象力”，甚至已逐渐成为“现今世界上的一种核心思维方式”，因而在社会经济生活的各个方面得到广泛应用。现代市场营销理论及其实践，正推动企业以及社会经济各方面组织发展和创新，乃至整个社会经济的发展。

二、市场营销学性质、类型、研究范围

(一)市场营销学性质

关于市场营销学是一门什么性质的科学，菲利普·科特勒指出：“市场营销学是一门建立在经济科学、行为科学、现代管理理论基础上的应用科学”。这清楚地阐明了市场营销学的性质、特点以及它与其他学科的关系。从历史上看，市场营销学是市场经济的产物，且又服务于市场经济，在不断适应市场经济发展需要的过程中不断变革和发展；它是从西方经济学中分化出来的，但它本身不是一门经济科学。它是一门具有综合性、边缘性特点的应用科学；它运用上述诸学科以及哲学、数学、社会学、心理学、信息学等学科的基础理论、方法和成果来探讨市场营销理论和规律，包括营销管理哲学、营销管理程序、营销战略和战术，等等。因此，在学科

性质上属于管理科学。我国的学科分类把市场营销学划归为管理科学(一级)门下的工商管理(二级)学科。

(二)市场营销学类型

从研究的领域来看,市场营销学的构建从微观(企业)营销学开始,现逐步形成了宏观(社会总体)营销学、中观(产业、部门等)营销学及微观(企业)营销学三个分支。

从研究的产品形态来看:市场营销学的构建从有形产品开始,现逐步形成了有形产品营销学,即基本的市场营销学,无形产品营销学如服务营销学。

从研究的营销目的性来看:市场营销学的构建从营利性开始,现逐步形成了营利营销学(Profit Marketing)也是基本的市场营销学,非营利营销学(Not-for-profit Marketing),如事业营销学、组织营销学、体育营销学等。

从研究营销的功能来看,市场营销学的构建从一般性开始,现逐步形成关系营销学(Relationship Marketing)、生活方式营销学(Lifestyle Marketing)、国际营销学(International Marketing)、全球营销学(Global Marketing)、绿色营销学(Green Marketing)、环保营销学(Environment Marketing)、数据库营销学(Database Marketing),整合营销、电子商务,等等。

(三)市场营销学研究范围

根据市场营销学的含义不难看出,市场营销学研究的对象是以满足顾客需求为中心的营销活动及其规律。即研究在特定的市场环境中,企业等组织如何适应与促进买方的需要,组织实施整体营销活动及其所遵循的规律。以便指导企业等组织制定、执行和控制营销战略与策略,实现企业等组织的营销目标。因此,研究市场营销活动及其规律,为营销管理服务,这是本学科的基本立足点,是本学科存在和发展的基础。

市场营销学的研究范围依据本学科的研究对象而定。20世纪50年代后,现代市场营销学的研究范围突破了流通领域,研究的范围除以商品流通领域的活动为主体,还上延到生产领域的产前活动。如市场调查、市场分析、需求预测、确定目标市场、市场定位,等等;下延至消费领域的售后活动,如售后服务、质量跟踪、意见收集、客户关系维护,等等。如此,才能正确的识别、预测顾客的需求,避免营销的盲目性,更好地实现顾客满意,最终实现企业的赢利目的。

三、市场营销学研究内容

如何基于市场营销学的研究对象及其基本体系,建立市场营销学的基本框架和研究的内容，以便使其更好地为企业以及有关组织的市场营销活动及其管理服务具有十分重大的意义。

根据现代市场营销观念以及市场营销学的研究对象范围，说明市场营销学的研究从顾客开始，也是以顾客为终结，形成市场营销学的研究周流，也就是说市场营销学以顾客及其需求为研究的中心内容。这是因为企业能否实现利润、扩大生产，不取决于企业的主观愿望，而取决于顾客是否购买他的商品，所以美国学者提出"消费者是市场的主人"，日本企业家则宣称"顾客第一"、"顾客至上"，而英国市场学协会认为：一个企业如果要生存和赢利，就必须有意识地根据用户和消费者的需要以及潜在的需要来安排生产。马克思主义认为，满足需要是人类从事一切活动的出发点和最终目的。因此，对于企业来说，识别、分析、预测并满足消费者的需求是企业生存与发展的基础和基本活动内容。

市场营销学围绕顾客中心，研究的内容包括：第一，研究营销理论，探讨如何以顾客为中心组织与管理企业或组织整体营销活动及其营销活动的规律。第二，研究营销思想，探讨如何在企业或组织建立满足顾客的现实的和潜在的需求的营销思想。第三，研究营销战略与策略，探讨采取什么样的市场手段、营销策略和方法来最有效地实现企业或组织的战略目标。

四、市场营销学的特点

市场营销学是伴随着市场经济的发展和企业营销管理需要从西方经济学中分化出来的一门科学，这就决定了本学科有以下特点。

(一)理论基础的综合性

为了适应市场经济发展和企业营销管理的需要，自从职能学派以来，逐渐深入的规范研究促成了市场营销学对相关学科的学习和吸收，在其发展完善过程中兼容并蓄了经济学、行为学、管理学、数学、社会学、心理学等学科的基础理论、研究方法和成果，使之成为一门综合性、边缘性应用管理学科。

(二)理论系统的发展能动性

市场营销学自 20 世纪初产生以来，是近一个世纪中发展最快的管理学科之一。过去的百年，是市场营销学孕育、成长、不断发展的百年，是市场营销管理思想与实践不断革命与创新丰富的百年。自市场营销学体系和框架建立以来，尤其是 20 世纪 50 年代以来，差不多每隔几年就会产生一批创新的营销理论和概念，见表 1-1。

表1-1 市场营销学理论创新一览表

年代	新概念	提出者
20世纪50年代	市场营销组合	尼尔·鲍顿
	产品生命周期	齐尔·迪安
	品牌形象	西德尼·莱维
	市场细分	温德尔·史密斯
	市场营销观念	约翰·麦克金特立克
	营销审计	艾贝·肖克曼
20世纪60年代	"4P"组合	杰罗姆·麦克锡
	营销近视	西奥多·莱维特
	生活方式	威廉·莱泽
	买方行为理论	约翰·霍华德 杰克逊·西斯
	扩大营销	西德尼·莱维 菲利普·科特勒
20世纪70年代	社会营销	杰拉尔德·泽尔曼 菲利普·科特勒
	减低营销	西德尼·莱维 菲利普·科特勒
	定位	阿尔·赖斯
	战略营销	波士顿咨询公司
	服务营销	林恩·休斯塔克
20世纪80年代	营销战	雷维·辛格
	大市场营销	菲利普·科特勒
	内部营销	克里斯琴·格罗路斯
	全球营销	西德尼·莱维
	关系营销	巴巴拉·本德·杰克
20世纪90年代	网络营销	
	差异化营销	葛斯·哈泊
	绿色营销	
	3R营销	赫海凯特

由此可以看出，市场营销学是管理学中最富能动作用的一个领域，随着经济全球化，随着经济和科技的快速发展，市场上会经常出现新的挑战，企业或组织必须作出反应。因此，新的市场营销观念和方法将不断产生以应对市场新挑战。因而，市场营销学的理论体系、理论本身、方式方法都将不断地面临着挑战，而需要不断地进行重新审视和研究。

(三)理论价值的实践性

从市场营销学的产生及发展过程可以看出，它源于实践且高于实践，反过来又应用于实践指导实践。一方面，市场营销学的基本原理、策略和方法来源于企业营销实践的总结和提炼；另一方面，市场营销学的基本原理、策略和方法又对企业的营销和管理具有指导意义和实际的可操作价值。正是因为如此，市场营销学才能伴随着市场经济的发展而产生并发展。研究企业的市场营销活动及其规律，为企业的营销管理服务，这是本学科的基本立足点，是本学科存在和发展的基础。

五、市场营销理论发展趋势

我们正在面对知识经济时代的来临及其严峻的挑战，经济全球化、现代科技的飞速发展特别是信息科技产业的崛起，从根本上改变着人们的生活方式和社会生产方式，带来比以往更为复杂和快速变化的社会经济环境，以及更为剧烈的全球竞争，预示着未来的市场营销从思想观念、战略到方式都将发生深刻的变化。

1. 日益注重顾客价值和顾客满意　如CS(customer satisfaction)战略即顾客满意战略。它是一种新的营销战略，强调以顾客为中心的价值观，通过顾客满意系统的运行，赢得忠诚的顾客群。在未来的市场竞争中，使顾客满意的企业是不可战胜的。保持顾客满意是企业经营活动的基本准则，CS战略是现代企业制胜的关键。

2. 日益注重与社会生态协调发展　如进一步发展绿色营销、社会营销观念，正确处理和解决好企业持续发展与环境污染、资源消耗和消费者利益几方面的关系，把对社会和消费者的长期关心和责任引入企业的营销观念和实践活动中，以营造一种良好的企业赖以持续发展的营销生态环境。

3. 日益注重全球化下的本土性营销　随着经济全球化，科学技术和经济的快速发展，越来越多的企业有条件并追求在国境外发展，制订适宜的全球化营销战略。纯粹的全球化营销战略(即全球化标准战略)或纯粹的本土化营销战略在实践中均难以实施，现代营销中将会进一步推进实施“全球本土化”营销战略。

4. 日益注重建立战略联盟和合作网络　面对日益激烈的市场竞争，尤其是当企业全球化时，一个企业无论多么强大，它都缺少获得成功的全部资源和条件，需要运用共生营销、合作营销战略，设计战略联盟和合作网络，同其他企业或组织进行合作，建立全球性或区域性的伙伴联盟，有效利用社会资源，提高市场竞争力。

5.日益注重直销与网络营销　随着信息和传播技术的革命和推进，网络营销以其显著的优势（低成本、高效益、零时空、平等互动）强烈地冲击着现有经济格局和传统的营销理念和方式，并将成为21世纪营销的主流。如运用数据库的技术优势及电子数据交换实现低成本、快速方便的直接营销。

6.日益注重服务营销　一方面，随着科学技术的发展，企业运用科学技术的意识和能力的不断提高，使得同类产品在技术层面上的差距逐渐缩小；消费者的需求由单纯对有形产品需求发展到对有形产品及无形服务的多样需求，企业之间的竞争焦点便集中到服务上。另一方面，随着经济和社会的发展，人们对教育、旅游、休闲娱乐、金融、交通、医疗等服务需求越来越多，服务及服务业随之逐渐发展并同样面临着竞争。因此，服务营销理论以及服务业企业如何进行服务营销，便日益成为广泛关注的问题，

7.日益注重文化资源在营销中的应用　21世纪不再以科技为宠，文化时代已经到来。毋庸置疑，一个国家的政策制定需要文化的沉淀，一个企业的经济决策需要文化的渗透，一个市场的建立和发展需要文化的认同，文化厚积薄发的巨大力量必将对营销产生深远和巨大的影响。

第三节　市场营销观念

一、市场营销观念的概念

市场营销观念即市场观念，是一种市场营销管理哲学，是一种企业对待市场的态度，是支配企业活动及其管理的基本指导思想。一个企业确立什么样的市场观念是很重要的，它对企业或组织的营销活动具有一定的营销导向作用，对企业营销成败具有决定性作用。随着社会生产力及商品经济的发展，产生过五种市场营销观念即生产观念、产品观念、推销观念、营销观念和社会营销观念，企业无一不是在其中某一个观念的指导下从事其营销活动。

随着生产和交换日益向纵深发展，社会、经济与市场环境的变迁以及企业营销经验的积累，营销观念这种营销管理哲学不断发生着深刻的变化。这种变化的基本轨迹出点的思维到线形思维，再发展到平面思维，即由企业利益导向，转向顾客利益导向，再发展到社会利益导向。图1-3显示西方企业营销观念对于企业利益、顾客利益和社会利益三者关系兼顾情况的变化趋势。

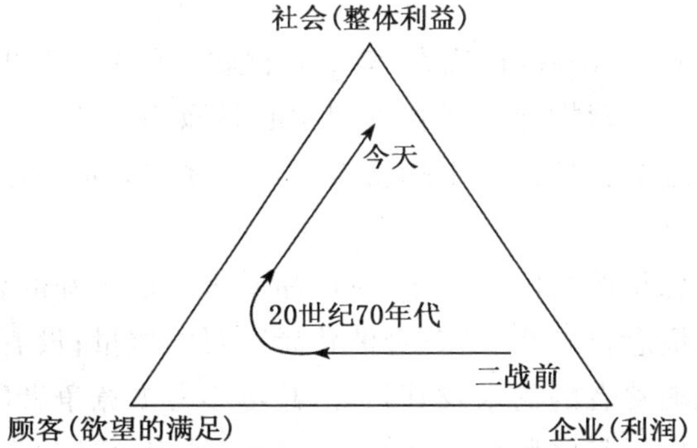

图 1-3　西方企业营销观念的变化趋势

二、市场营销观念的演变过程

市场营销观念是企业在市场经营实践活动中，随着社会生产力水平和商品经济发展及市场供求格局的演变而逐步形成的，在不同时期形成不同的观念。根据西方经济发展的历史，企业营销观念的发展大致经历了生产观念、产品观念、推销观念、市场营销观念、社会市场营销观念 5 个阶段。

(一)生产观念

生产观念(producting concept)认为，消费者喜欢随处买得到价格低廉的产品，因此，企业应致力于提高生产效率、增加产量、降低成本和扩大分销范围。这是一种以生产为中心的经营指导思想和管理哲学，是指导企业营销活动的最古老的观念之一。具体表现为"我能生产什么，就生产什么；我能生产多少，就生产多少"。

这是在资本主义工业革命完成以前，19 世纪末 20 世纪初的 20 多年，最初产生在美国，后在西方流行的观念。当时，第一由于受社会生产力水平的限制，生产发展缓慢，市场许多商品供应不足，种类不多，需求方处于被动地位，甚至有求于卖方。多数商品形成供不应求的"卖方市场"；社会购买力有限，买方的选购权利不充分，企业生产的商品，只要质量好，价钱便宜，即使花色品种单一，也能卖得出去。第二，一些产品成本很高，必须通过提高劳动生产率，降低成本来扩大市场。这种时代背景的客观现实决定了企业的营销指导思想——以生产为中心的观念。于是，工商企业的主要精力，集中在增加产量，提高生产效率，降低产品成本，以产量和廉价便可获得丰厚的利润，不必关注市场需求。

形成这种观念的条件是：商品供不应求，因此，在某种商品紧缺的情况下，企业的经营思想还受生产观念支配。

(二)产品观念

产品观念(product concept)认为,消费者喜欢高质量、多功能和具有某些特色的产品,因此,企业的经营指导思想和管理中心是致力于生产优质产品,并不断地改进产品。这种观念的合理性在于高度重视产品质量,向消费者提供优质耐用的产品。

这种营销管理思想的局限性在于:对产品质量缺乏正确的认识,没有意识到产品质量应该是市场概念,即应该是符合消费者需要的质量;没有意识到产品质量及其改进应充分考虑消费者的需求及其趋势,甚至不考虑竞争者的产品;没有意识到产品质量的本质是提供某些服务和便利。这种营销观念过分重视自己的设计能力及产品而不重视消费者需求以及竞争者的存在,容易患上"营销近视症",而容易产生产品质量虽很好却受市场冷落的现象。

(三)推销观念

推销观念(selling concept)又称销售观念。这种观念认为,消费者通常有一种购买惰性或抗衡心理,不会主动购买或不会足量购买产品,因此,企业必须主动推销和积极促销,从扩大销售中获取利润。这是一种是以推销为中心的经营指导思想,具体表现为"我们卖什么,人们就会买什么"。

推销观念形成于20世纪20年代末期西方工业革命完成以后。一方面,西方工业革命完成以后,由于工程技术和管理的巨大进步,大规模流水线生产法的推广,生产成倍甚至几十倍的增加,不仅商品量大增,而且花色品种大增;另一方面,由于经济危机,社会购买力没有相应提高,使得市场发生了重大的变化,总的趋势是由"卖方市场"向"买方市场"转变,市场竞争加剧,产品的销路问题成了企业生存和发展的关键,这就要求企业转变经营观念,把主要精力由生产转向销售。只有善于推销,广泛地宣传,才能争取和吸引顾客购买商品,只有大量销售产品,企业才能获得利润并在市场上站得住脚。于是,销售技术和广告宣传便被重视起来,同时,逐步形成了"推销观念"。

推销观念的合理性在于:注意利用促销手段向顾客介绍产品,促使顾客的理解和认同;开始设置销售部门,组织推销队伍。这种观念的局限性在于:销售能够生产的产品,而不是生产能够出售的产品;对市场的关心仅限于如何吸引购买者,认为产品销出去了,经营活动也就完结了,至于消费者是否满意,则不是企业考虑的事;推销给消费者的产品可能并不是消费者真正需要的产品;或强行推销产品会使购买者有上当受骗的感觉,给企业的形象带来负面影响。所以这种观念仍没有脱离传统的"以产定销"的旧观念的范畴。

(四)市场营销观念

市场营销观念(marketing concept)简称营销观念,又称顾客观念。这种观念认为,企业实现目标的关键在于正确确定目标市场的需要,并且以比竞争对手更有效、更有利地传送目标市场所期望满足的东西。这是一种以顾客需求为导向,以顾客为中心的营销指导思想,具体表现为“顾客需要什么,就生产什么;顾客需要什么,就销售什么”。

营销观念是20世纪50年代,即二次世界大战后形成起来的。战后,资本主义世界恢复了被战争破坏的经济,之后,随着第三次科学技术革命的深入,生产力和科学技术的发展十分迅速,美国的工业也由战时的军用工业转为民用工业,产品日益丰富,产品更新换代周期缩短。同时,政府相续推行高福利、高工资、高消费政策,社会购买力有了较快的提高,消费者有较多的可支配性收入和闲暇时间,需求欲望不断提高、变得更加多样化,购买选择更为精明和苛刻,产销之间的矛盾进一步尖锐,市场竞争日益激烈,同时,消费者的地位也提高了,社会上流行着一种“消费者主权论”,认为生产必须服从消费。企业生产什么和生产多少的决定权掌握在消费者手里,而不是在生产者手里,商品是否适销对路和能否满足顾客的需求,成了企业生存和发展的头等大事,在这种情况下,就逐步形成了以消费者为中心的市场营销观念。

营销观念改变了生产观念、产品观念与推销观念的逻辑思维方法,摆正了企业与顾客的位置。它要求企业营销活动贯彻“顾客至上”的原则,将管理重心放在善于发现和了解目标顾客的需要,把生产和销售只看作是满足顾客需要的手段,以满足顾客欲望作为企业生存条件。推销观念和营销观念的对比见图1-4。

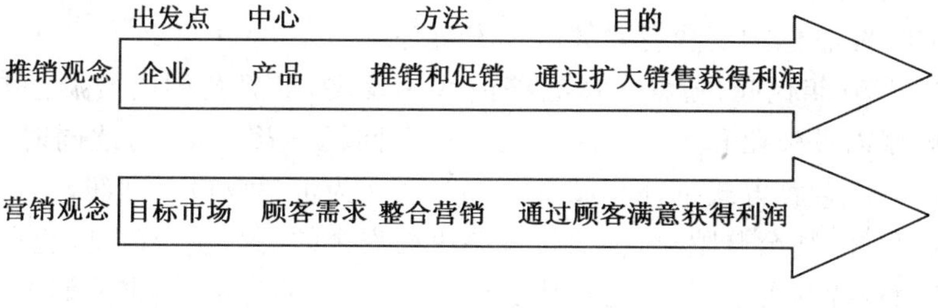

图1-4　推销观念和营销观念的对比

推销观念:采用由内向外的营销程序。它从企业出发,以企业的现有产品为中心,要求通过大量推销和促销活动来赢利。

营销观念:采用由外向内的营销程序。它从明确的市场出发,以顾客的需要为中心,把企业的营销活动过程看作是一个有机整体,协调所有影响顾客的企业活动，包括产前市场调查和市场预测、产品决策、定价、选择分配路线、促进销售及售后服务等活动，通过创造性地满足顾客需求来赢利。

营销观念的局限性在于：如果一味地追求消费者利益，而忽视企业的能力和特长，最终难以使企业获利；忽视社会利益，回避了消费者欲望的满足与其长远利益、社会长远福利之间的潜在矛盾。

（五）社会市场观念

社会市场观念（societal marketing concept）是进入20世纪70年代后，由美国学者在市场营销观念的基础上提出来的新观念。这种观念是对市场营销观念的修正与完善。它要求企业在营销活动中考虑社会责任与社会道德问题，应该处理好消费者和社会长远利益与企业利润三者关系。菲利普·科特勒指出："社会营销观念认为，组织的任务是确定目标市场的欲望、需求和利益，并旨在保证或增进消费者和社会福利的条件下，比竞争者更积极、更有效地满足目标市场的需要。"它比市场营销观念多了以下两种考虑：

(1)企业由单纯适应和迎合消费者需求转而参与社会生活方式的设计，主动积极地影响和指导消费者。所谓参与社会生活方式的设计，就是说不单纯根据消费者需要什么企业就生产经营什么，专门迎合消费者已过分显露的欲望，而是运用现有的生产科学技术，根据消费者的社会生活观、价值观和幸福观等的变化趋势，主动为消费者设计一种新的生活方式和消费。如20世纪80年代，索尼公司更新"市场观念"的简单思维方式，提出"创造市场"的口号。

(2)主张从消费者的、企业的、社会长期利益的多方面的结合中，去考虑企业的营销决策和具体的营销方法，促使企业不仅要满足消费者的欲望，而且要符合社会和消费者的长远利益。如产品决策要考虑对社会利益的影响，防止资源的浪费和环境的污染，注意保护消费者的健康和安全等。

20世纪70年代起，随着全球经济的快速发展，世界范围的资源短缺、环境污染、通货膨胀以及失业和人口急剧增长等社会问题日益严重，与此同时，消费者保护主义兴起，以各种方式批评和谴责一部分企业为了牟取最大利润，不惜采取以假充真、以次顶好，甚至欺骗、损害消费者健康与安全的行为；还有一些企业虽然很好地满足了消费者的需求，却可能造成了资源浪费、环境污染、危害人们健康的问题。因此，企业对于社会利益和消费者利益的责任和道德问题由此提出。如方便筷、方便餐盒等方便食具，会因其市场的发展而产生树木的过度消耗和环境污染问题。因此，一些学者提出：人类观念（the human concept）、理智消费观念（the intelligent consumption concept）、生态准则观念（the ecological imperative concept）、绿色观念（green concept）、等等。这类观念可统称为社会营销观念。

社会营销观念顺应了环境的变化及社会对企业的要求，发展和完善了市场营销观念的内涵，使越来越多的企业认识到自己的社会责任，采取各种理性的营销策略和行动，谋求企业效益和社会效益的平衡，有利于取得社会的支持，顾客的信任与忠诚。由此可树立起良好的企业形象，同时也在提高企业利润方面收到显著成效。

五种营销观念的对比见表 1-2。

表 1-2 五种市场营销观念的对比

市场营销观念	营销目的	营销着眼点	营销基本策略	营销基本方法
生产观念	以大量生产或提供优质产品取得利润	产品	以量多、质好、降低价格取胜	等客上门
产品观念	提供优质的产品取得利润	产品	以质好取胜	等客上门
推销观念	以大量推销取得利润	产品	多种推销方式取胜	采取广告宣传与推销技术
市场营销观念	以满足顾客需要取得利润	顾客需要	以满足顾客需要为企业生存与发展的条件	实施整体营销方案
社会营销观念	通过顾客满意取得利润	兼顾消费者、企业、社会利益	获取消费者信任，主动引导消费者取胜	实施整体营销方案

三、现代营销观念的确立与实施

市场营销观念既由社会生产力和商品经济的发展水平所决定，同时它又对社会生产力和商品经济的发展有着巨大的反作用。因此，一方面，作为企业营销的指导思想，任何一个企业、一个营销者参加市场活动，都受一定的营销观念所支配，企业营销观念先进与否，关系到企业营销的成败；另一方面，基于它与社会生产力和商品经济的发展的相互关系，它的正确与否，又对社会经济发展的速度和效益，有着重大影响。因此，企业有责任和有必要确立并实施正确的市场营销观念。

市场营销观念这种营销管理哲学的核心是正确处理企业、顾客和社会三者之间的利益关系。这三者的利益经常发生冲突。因此，企业必须通过全面分析市场营销环境，在正确处理三者利益关系的基础上，确定自己的营销原则和价值取向，并用于指导营销活动，才能有效地实现企业的目标，保证企业的成功。企业贯彻与实施市场营销观念必须付出艰苦的努力及大量的工作。

(一)明确本企业的目标市场

每一个企业不论大小,都不可能在国内外所有的市场经营或满足所有消费者的各种需要。当每个企业根据市场调查,依据自身的资源拥有情况、产品加工生产技术、人员和设备潜力、消费者的各种需求及其趋势、市场的竞争态势,明确了本企业的目标市场,即本企业产品和服务明确的销售对象时,才能有针对性地根据消费者明确的(显在的或潜在的)需求制定适当的营销方案,达到顾客满意,最终实现企业的营销目标。

(二)使全体员工奉行绿色营销观念

根据全球经济、社会环境及消费者需求的发展趋势,企业欲在 WTO 背景下生存发展,应该确立绿色营销观念。企业绿色营销观念即以减少环境污染和资源消耗,向消费者提供安全、卫生、健康的产品为宗旨,在产品生产加工、包装、运输、销售直至消费全过程实施清洁化、无公害化。要彻底贯彻和实施绿色营销观念,必须以各种方式(培训、自学、订立规章制度等)向本企业从上到下所有员工灌输以消费者为中心的营销指导思想。不仅最高层次的决策者及各个部门的负责人要牢固地树立并身体力行绿色营销观念(他们的思想和行为具有导向和示范效应);每个具体的员工同样要牢固地树立并身体力行绿色营销观念(体现绿色营销观念的每一个措施和方案需要每个员工落实和执行)。这是使企业成为一个在国内外市场有竞争力的机体的关键性工作之一。

(三)全面理解"顾客满意"

求得顾客的满意,即视企业利润为顾客满意的一种报酬,视企业的满意利润为目标顾客满意的副产品,而不是把企业利润摆在首位。这是现代企业应该确立的绿色营销观念的核心内容。企业在研制产品、确定价格、选择分销路线、制定促销策略时应从目标顾客的角度来考虑和决定。为目标顾客提供满意的(安全、卫生、健康、方便、同时符合环保要求的)产品,通过目标顾客满意来获得企业的利润。因为高度满意的顾客会忠诚本企业更久、多买或重复购买、为企业或其产品说好话、忽视竞争品牌及其广告、降低交易和服务成本等等。因此,使目标顾客满意,是企业赢得竞争、占领和扩大市场、获得满意利润的关键。消费者对产品的需求是多方面的:既有安全卫生的需要、功能性需要,又有购买、携带、存取方便的需要;既有对产品物质层面的消费需要,又有精神审美层面的消费需要;既有对产品本身的需要,又有对产品价格、服务、购物场景的需要,等等。除此之外,不同消费者对同一产品的需求是不同的。如有的关注是否经济实惠,有的关注是否名牌等等。因此,使目标顾客满意,就意味着要深入调研目标顾客对产品及其企业的全部要求,想方设法地去满足。由于时代在变化,消费者会随着生理、生活条件和环境的变化,对同一产品的需求因此而不断变化着。使目标顾客满意，就要求企业时刻关注消费者需求的变化及其规律，并对此做出反应；不仅要求企业能够发现并满足已存在的需求，还要求善于发现、引导和满足未来将会出现的需求，创造需求。

(四)建立适合整体营销的组织结构

为了确保企业绿色营销观念的奉行，通过目标顾客满意来获得本企业的利润，实现本企业营销目的，必须建立适合整体营销的组织结构。据西方企业在营销观念的发展中营销部门在企业中的地位及作用的演变过程(图 1-5)来看，当今企业适宜建立如图 1-5(5)的组织机构，也就是建立以顾客作为核心功能和营销作为整体功能的组织机构。也就是建立一个以市场营销部门为核心部门的整体系统，由市场营销副总经理负责统一协调各部门之间的工作。各部门都以满足目标顾客的需求为目标安排自身的工作。

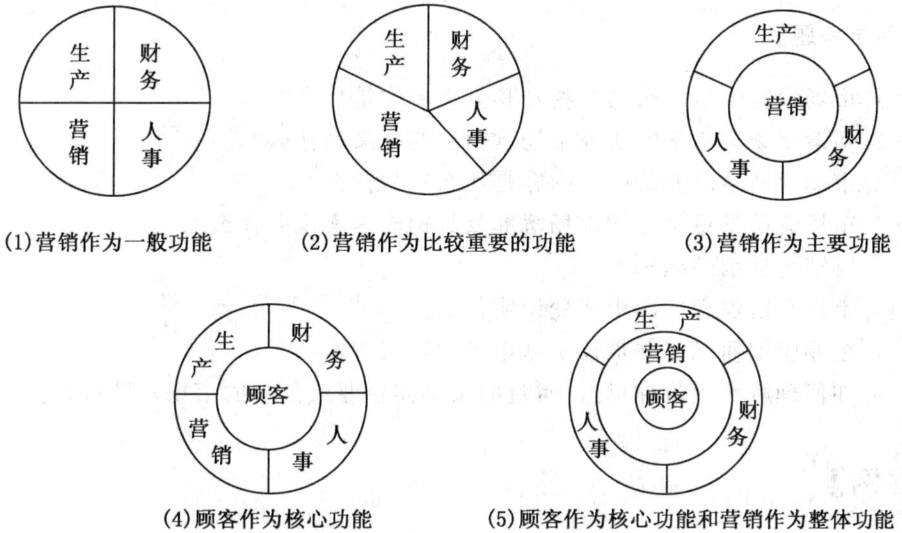

图 1-5　营销在企业中地位及作用的演变

(五)建立科学的决策程序

绿色营销观念要求企业改变决策程序。企业营销决策程序一般是先决定利润目标，然后再寻求可行的方法来达到利润目标。而绿色营销观念要求企业先考虑消费者与社会的利益，寻求有效地满足与增进消费者利益的方法，然后再考虑企业的利润目标，看看预期的投资报酬率是否值得投资。这种决策程序的改变，并未否定利益目标及其价值，只是置消费者利益与企业利润目标之上。即以满足与增进消费者利益这个目标出发，建立一套系统的营销管理程序，主要内容包括调研、计划、执行与控制四部分，见图 1-6。

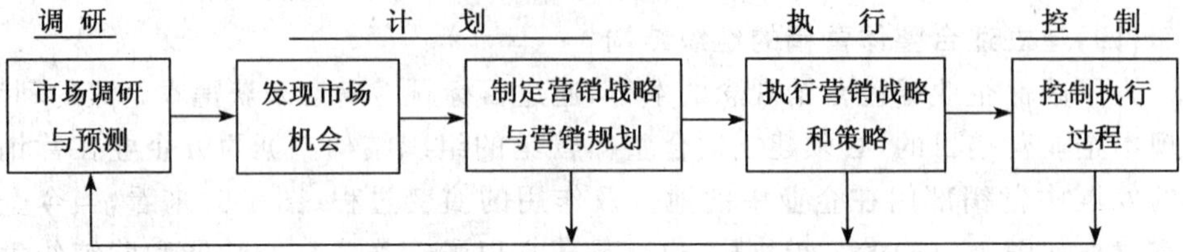

图 1-6　科学营销管理程序

牢固地树立并真正地贯彻实施绿色营销观念，对于现代企业在激烈竞争的国内外市场上获得成功至关重要，这是每一个现代企业必须认真对待的。

【复习思考题】

1. 市场营销学是什么的产物？其英文名称是什么？
2. 何谓市场营销学？研究市场营销学的意义是什么？
3. 市场营销学研究的中心内容是什么？为什么？
4. 市场营销学意义上的市场解释及其构成因素说明什么？
5. 营销与推销的区别？
6. 市场营销观念的历史演变说明什么？
7. 企业应如何确立并贯彻实施市场营销观念？
8. 如何理解和评价你见过、听过的某具体企业或公司的市场营销观念？

【案例】

创造市场——乌龙茶对日销售成功的一点启迪

在日本，到处可见饮料自动售货机，而每个售货机中几乎都有中国乌龙茶罐装饮料的出售。中国乌龙茶在日本销售普及后，大概没有别的中国商品可与之伦比。1990 年，日本每人平均消费乌龙茶水 15 罐，营业总额在 10 亿美元以上。中国乌龙茶基本上是自改革开放后才打入日本市场，以前仅限于华侨少量消费。20 世纪 70 年代末，销量仅数十吨，80 年代后，一直急剧上升。到 1992 年升至 1.8 万吨。从有关统计看，中国茶叶对外市场，销售量在万吨以上者，屈指可数。大都是经过数十年发展而形成。中国乌龙茶对日销售 10 年左右时间，就发展成为如此大的市场，实为奇迹。一个时期以来，对这个奇迹的成因，见仁见智。但现在看来，一个新的概念更加突出，就是“创造市场”，也有叫做“让市场跟我走”。20世纪80年代索尼公司提出了“创造市场”的行动纲领，更新了“市场需要什么，我就生产什么”的简单思维，赋予了“以销定产”的积极内容。许多商品出现了“领导市场新潮流”的竞争场面。当时出现的乌龙茶“热”，正是在这种大气候下形成的。这种热以后能不断升温，则是由于某些日本厂商看到了市场的潜在消费可能，经过多次反复试验研制了既符合消费口味又饮用便捷、价格适中、适应生活快节奏特色的乌龙茶罐装茶水，一炮打响。实力雄厚的各大饮料商也先后投入大量人力物力，相继仿效成功，乌龙茶水一时风靡全日本。这里成功的要点：一是要有敢为天下先的精神；二是要脚踏实地揣摩“上帝”的真正需要，认真严肃地创造出“货真价实”的东西。这是“创造市场”的真谛。至于“名人效应”、“媒介宣传”，虽然是现代商品营销中不可缺少的手段，但在市场上起决定性长久作用的毕竟还是商品本身。特别是所谓的“名人效应”，如果不适当地过分强调，便会诱发经营思想上的投机、侥幸性心理走入歧途。国际上有些广告专家已明确反对做名人广告。从乌龙茶饮誉东瀛的事例中，对中国其他茶类的销售，是否也可有所启迪呢？

（茶叶经济　方水）

【案例思考】

1. 日本乌龙茶“热”的形成与某些日本厂商奉行哪种市场营销观念有关？如果要奉行这种市场营销观念，并引导企业走向成功，企业应该做哪些工作？

2. 所有企业都需要遵循这种市场营销观念吗？你能举出不需要这种营销观念的企业吗？

第二部分

市场及其营销环境分析

第二章　市场营销环境分析

【学习目的】

1. 掌握市场营销环境的概念、特点。
2. 了解市场营销环境分析意义及分析方法。
3. 掌握宏观营销环境的构成要素及对营销活动的影响。
4. 掌握微观营销环境的构成要素及对营销活动的影响。

第一节　市场营销环境概述

一、市场营销环境概念及特点

(一)市场营销环境的概念

环境是指相对于主体的外部客观条件。所谓市场营销环境,是企业内外部的客观条件。菲利普·科特勒认为:"市场营销环境是由企业营销管理职能外部的因素和力量组成的,这些因素和力量影响营销管理者成功地保持和发展同其目标市场顾客交换的能力。"

市场营销环境包括微观环境和宏观环境。微观环境是指与企业关系密切、能够影响企业服务顾客能力的各种因素,包括企业自身、供应商、营销中介、顾客、竞争者及社会公众等组织和个人。宏观环境是指能影响整个微观环境的广泛的社会性因素,如政治、法律、人口、经济、自然环境、科学技术、文化等因素。微观环境直接制约和影响企业的市场营销活动,宏观环境一般以微观环境为媒介制约和影响企业的市场营销活动,在特定的场合,也可直接影响企业的营销活动。因此,微观环境也称为直接环境,宏观环境称为间接环境。市场营销环境如图 2-1 所示。

(二)市场营销环境的特点

1. 客观性　市场营销环境作为一种客观存在,是不以营销管理人员的意志为转移的,是由企业不可控因素组成的。企业的市场营销活动受到一系列因素的影响,市场营销学把这些影响因素分为两大类:可控因素(controllable factors)和不可控因素(uncontrollable factors)。可控因素是指企业能够控制和加以调整的因素，包括产品(product)、价格(price)、分销渠道(place)、促销(promotion)四类。不可控因素是指客观存在着的、企业不能控制和调整的外部因素，不可控因素的总体构成企业的市场营销环境。市场营销环境的客观性特点决定了它对企业市场营销活动的影响是强制性的，如同生物体必须适应周围的环境，企业必须通过对可控因素的调整运用适应环境的变化和要求，只有这样，企业才能生存和发展。

图 2-1 市场营销环境

2. 关联性 关联性是指市场营销环境各组成因素之间是互相关联的。组成企业市场营销环境的各因素不是彼此孤立、互不相关，而是相互联系、相互影响的。并且，它们之间的关联性在不断地扩大和复杂化。由于存在关联性，营销环境中某一因素的变化可能会引起其他因素的连锁变化，使营销环境对企业营销活动的影响更为复杂和更加难以把握，企业也因此需要重视对营销环境的分析。

3. 动态性 市场营销环境是通过其内容的不断扩大及其自身各因素的不断变化对企业营销活动产生影响的。市场营销环境的内容是随着社会经济的发展而发展变化的。从历史上看，首先是市场环境制约着企业的营销活动。随着商品交换范围的扩大，政府的法律制度、经济政策也成为企业重要的外部环境。社会经济的进一步发展使科学技术、自然资源、生态平衡、保护消费者利益活动等也成为影响企业营销活动的外部环境因素。

在内容扩大的同时，市场营销环境各组成因素本身，无论是人口、经济、政治法律，还是社会文化、科学技术等也都在不断地发生变化。特别是当今社会，科学技术发展日新月异，新产品层出不穷，人们的思想观念不断更新，国与国之间的文化、经济交流日趋扩大，以电子计算机为主的信息技术迅猛发展。营销环境因素的急剧变化使其对企业营销活动产生更大的影响，企业的营销活动也因此而变得更具风险性和挑战性，分析企业市场营销环境成为营销管理者的重要职责之一。

4. 差异性　市场营销环境的差异性表现在不同的企业受不同环境的影响。例如，不同的国家、民族、地区之间在人口、经济、社会文化、政治、法律、自然地理等各方面存在着广泛的差异性，这些差异性对企业营销活动的影响显然是很不相同的。中国企业和美国企业无论是宏观环境还是微观环境显然都存在巨大的差异。即使在中国，位于东部发达地区的企业与位于较为落后的西北地区的企业相比，它们所处的市场营销环境也存在明显的差异。不同企业所处外界环境因素的差异性要求企业采取不同的营销策略才能适应环境的要求。

市场营销环境的差异性还表现在同一种环境因素及其变化对不同企业的影响也不尽相同。如在经济发展水平一定的条件下，人口数量的增加会导致对生活必需品需求的增加，而由于平均收入水平下降，人们对高档消费品的需求可能会下降。因此，环境因素的这一变化对从事生活必需品经营的企业和从事高档消费品经营的企业来说影响是不同的。再如，一国货币汇率上升(币值下降)，会起到抑制进口、鼓励出口的作用，从而对进口商和出口商产生不同的影响。

二、研究市场营销环境的意义

如上所述，企业的市场营销活动是在一定的市场营销环境中进行并受到营销环境的影响。营销环境对企业营销活动的影响是通过提供机会或带来环境威胁的方式进行的，从这个意义上说，市场营销环境等于机会加威胁。营销机会是指对企业的营销活动有吸引力的营销领域，在这一领域，企业具有一定的竞争优势，能获得差别利益。环境威胁是指营销环境中一些因素的变化对企业的营销活动产生制约作用，从而影响着企业的生存和发展。因此，在营销活动中，企业必须认真分析研究市场营销环境的状况和变化情况及其对企业市场营销活动的影响，这是企业制定市场营销策略的前提。由于营销环境的状况及其变化是企业营销部门所不能控制的，为了满足目标市场中消费者的需要，企业必须全面、综合地考虑企业的目标、资源条件和企业的营销环境，对企业可以控制的营销因素加以组合运用，形成市场营销组合。营销管理的任务就在于合理地安排企业的营销组合，使之能够适应不断变化的外部环境的要求，能否做到这一点，是企业营销活动成败的关键。可见，企业对营销环境分析的最终目的就在于：通过制定和调整营销组合，使企业在营销活动中能避免不利的环境威胁，抓住有利的营销机会，更好地实现企业的营销目标。

需要强调的是，虽然企业的营销活动必须适应其所处的营销环境，但并不意味着企业营销活动只能被动地接受环境的影响，企业应积极主动地适应营销环境，在一定的条件下，企业甚至能影响和改变环境因素。就微观环境而言，在企业内部，营销部门可以通过积极开展内部营销，使企业的所有员工、各个部门、各个层次协调配合，形成顾客导向的内部最大合力来满足最终顾客的需求，以求得企业的长期发展；对顾客，营销活动也并非只能被动地适应其需求，企业可以超前开发研制和生产制造顾客还没有形成消费的产品，通过改变人们的价值观念，主动设计新的生活方式，瞄准可能需求，开拓全新的市场机会，人为地营造市场营销空间，如日本索尼公司研发的“步行者”(Walkman)随身听投放市场后，改变了人们的音乐欣赏方式，索尼公司也因此获得了极为丰厚的回报；对供应商，企业可以与其保持良好的关系，甚至采取前向一体化等措施保证经营所需的资源供应；即使对于竞争者，企业也可以采取联盟战略，变竞争为合作，实现优势互补。就宏观环境而言，企业也可施加影响。如由于存在地方保护主义和各种关税及非关税贸易壁垒，使企业在国内或国际市场营销中存在“进入障碍”，影响企业的市场营销活动，企业可以采用权利(power)和公共关系(public relations)扫除障碍，打开市场。

三、研究市场营销环境的方法

分析市场营销环境的目的是要了解环境因素变化的趋势，把握环境变化对企业营销活动影响的性质及影响程度，及时发现市场机会和环境威胁，调整营销策略以利用市场机会、避免环境威胁，求得企业的生存和发展。因此，企业可采用下述方法研究市场营销环境。

(一)环境“稳定程度-复杂程度”分析

环境“稳定程度-复杂程度”分析主要分析企业所处营销环境组成因素的多少及各因素变化程度高低，从而初步判断营销环境及其变化对企业营销活动影响的大小，见图2-2。

		复杂程度：复杂	复杂程度：简单
变化程度	高	Ⅳ	Ⅰ
变化程度	低	Ⅲ	Ⅱ

图2-2 “稳定程度-复杂程度”矩阵

图2-2中，第Ⅱ象限环境因素少，变化程度低，营销环境对企业营销活动的影

响小。而处于第Ⅳ象限的企业其营销环境组成因素复杂多变，营销活动受营销环境的影响最大。这类企业应高度关注环境的变化及其对企业营销活动的影响，并适时调整营销策略应对环境的变化。

（二）市场机会分析

营销环境的变化可能给企业带来有利的市场机会。不同的市场机会能给企业带来不同的潜在利润，从而对企业具有不同的吸引力。同时，企业特定的目标和资源条件决定了在利用各种市场机会时，战胜竞争对手取得成功的可能性也是不同的。利用市场机会矩阵可对各类市场机会进行分析评价，见图 2-3。

吸引力 \ 成功概率	大	小
大	Ⅳ	Ⅰ
小	Ⅲ	Ⅱ

图 2-3 市场机会分析矩阵

显然，第Ⅳ象限的市场机会是企业最有可能成功利用并能获得较高利润的机会，是企业在当前条件下的最佳机会，应考虑充分利用这一市场机会；对第Ⅲ象限的市场机会，虽然企业有充分的利用条件，但其潜在利润较低，企业应密切关注，在一定条件下可考虑加以利用；对利润高但成功概率较低的第Ⅰ象限的市场机会，企业应设法改善自身条件使其转变为最佳市场机会；对第Ⅱ象限的市场机会，企业可以考虑放弃。

（三）环境威胁分析

营销环境既可能给企业带来环境机会，也可能给企业带来环境威胁。企业可使用威胁分析矩阵分析环境威胁，见图 2-4。

严重程度 \ 出现概率	大	小
高	Ⅳ	Ⅰ
低	Ⅲ	Ⅱ

图 2-4 威胁分析矩阵

图 2-4 中，对第Ⅳ象限的威胁，企业应高度戒备，制订应变方案以避免或降低损失。对第Ⅰ象限和第Ⅲ象限的威胁，企业也应密切关注。第Ⅱ象限的威胁对企业营销活动影响较小，可不予理会。

(四)SWOT 分析法

SWOT 分别代表 Strength（优势）、Weak（劣势）、Opportunity（机会）、Threaten（威胁）。该方法将营销环境提供的有利条件（机会）和不利条件（威胁）与企业内部条件形成的优势和劣势结合起来进行分析。SWOT 分析一般按以下步骤进行：

(1)对企业内部条件进行分析，列出企业优势和劣势(SW)。

(2)识别影响企业营销活动的环境因素，评价各因素对企业营销活动的影响(OT)。

(3)构建 SWOT 分析矩阵。如某企业 SWOT 分析矩阵如表 2-1 所示。

表 2-1 某企业 SWOT 分析矩阵

企业外部环境		企业内部环境	
		优势(S)	劣势(W)
		1. 产品创新能力 2. 规模经济 3. 成本优势 4. 驰名品牌	1. 设备老化 2. 资金紧张
机会(O)	1. 纵向一体化 2. 进入新市场 3. 没有强大的竞争者 4. 顾客收入持续增长	SO 战略	WO 战略
威胁(T)	1. 竞争加剧 2. 不利的政府政策 3. 顾客需求与爱好逐步转变 4. 市场增长缓慢	ST 战略	WT 战略

(4)确定营销战略。

SO 战略：利用企业内部的长处抓住外部机会。

WO 战略：利用外部机会来改进企业内部弱点。

ST 战略：利用企业长处去避免或减轻外来的威胁。

WT 战略：克服内部劣势和避免外来的威胁。

第二节　宏观环境分析

营销宏观环境包括政法、经济、人口、文化、科技和自然等环境因素，宏观环境一般通过影响微观环境进而对企业营销活动产生影响。

一、政治与法律环境

政治法律环境主要包括政治体制、政治局势、政府的政策、法律法规等。

（一）政治环境

政治体制指国家政权的组织形式及有关制度，包括国家结构、政治组织形式、政党体制及相关的制度体系。不同的国家结构（中央集权制、联邦制）、政治组织形式等，决定了不同的国家管理方式。在中央集权制国家，全国有统一的宪法、法令，各种法规、政策较为统一，对企业市场营销活动的影响较易把握。在联邦制国家，法令、法规和政策在地区间存在很大的差异，增加了企业营销的难度。

政治局势指企业营销所处的国家或地区的政治稳定状况。政治局势直接影响国家经济、政策、法律甚至政治体制的稳定性，稳定的政治局势是保证正常社会经济秩序的基本条件，能给企业的营销活动创造良好的营销环境。相反，战争、动乱、政权更替等都是政治局势不稳定的表现，会给投资和企业的营销活动带来极大的风险。

（二）法律环境

法律是体现统治阶级意志、由国家制订或认可、并以国家强制力保证实施的行为规范的总和。新法律的颁布和原有法律的修改都会影响企业的营销活动。法律对企业营销活动产生限制与制约作用的同时，也对企业的营销活动起到保障作用。企业只有依法进行营销活动，才能受到国家法律的有效保护。因此，企业开展市场营销活动，必须了解并遵守国家颁布的有关法律。经济立法主要有三个方面的内容和目的：一是保护企业间的公平竞争，制止不公平竞争；二是保护消费者正当权益，制止企业非法牟利及损害消费者利益的行为；三是保护社会的整体利益和长远利益。我国于 1994 年明确提出建立社会主义市场经济体制，发挥市场对资源配置的基础作用，国家通过宏观调控加以管理和引导。社会主义市场经济条件下的宏观调控，按照市场经济规律，主要运用经济手段和法律手段，辅之以必要的行政手段，对国民经济进行合理的调节。为规范企业的经济行为，我国已制定了大量的法律，如《中华人民共和国经济合同法》、《中华人民共和国消费者权益保护法》、《中华人民共和国商标法》、《中华人民共和国广告法》、《中华人民共和国反不正当竞争法》等。分析我国的法律环境时除分析国家立法机关制定和颁布的有关法律外，还必须分析由国务院等国家行政机关制定的行政法规对企业营销活动的影响。行政法规的地位和效力在宪法和法律之下，多数是为了配合宪法、法律在某一具体领域的适用或者是为了使行政机关在某一领域内开展行政管理活动而制定的。在出现现有法律尚未涉及或尚未具体涉及的问题而国家又急需以法律进行干预调整时，国家往往先制定相关行政法规，以提供处理问题的法律依据，实施一段时间后，再总结经验，由国家立法机关进行新的相关立法。很显然，这些行政法规会对企业营销活动产生直接、具体的影响。

二、人口环境

市场是由具有购买力和购买欲望的人构成的，人口是构成市场的第一位要素。因此，人口总量、增长率、结构、地理分布等对企业的营销活动有着重要影响。

(一)人口总量

一个国家或一个地区人口总量的多少，是衡量该国或该地区市场潜在容量的重要因素。人口增长特别是一些发展中国家人口的急剧增长是人口环境变化的重要特征之一。1850 年世界人口只有 5 亿，1970 年达到 36 亿，1987 年 7 月 11 日为世界人口 50 亿日，1999 年 10 月 12 日全球总人口已达到 60 亿。

我国是世界上人口最多的国家(表 2-2)，2005 年 1 月 6 日零点 2 分，中国第 13 亿个公民在北京妇产医院出生，这一天也成为“中国13亿人口日”。众多的人

表 2-2 世界上人口最多的 10 个国家

2006 年		2050 年	
国家	人口数(百万)	国家	人口数(百万)
中国	1 311	印度	1 628
印度	1 122	中国	1 437
美国	299	美国	420
印度尼西亚	225	尼日利亚	299
巴西	187	巴基斯坦	295
巴基斯坦	166	印度尼西亚	285
孟加拉国	147	巴西	260
俄罗斯	142	孟加拉国	231
尼日利亚	135	刚果民主共和国	183
日本	128	埃塞俄比亚	145

资料来源：美国人口咨询局，2006 年世界人口数据表。

口使我国成为世界上最大的潜在市场。但是,决定市场大小的除人口因素以外,还有与之相联系的购买力和购买欲望这两个因素。由于社会人口作为消费者是无条件的,作为生产者是有条件的,如果人口增长过快,会导致自然资源和经济资源相对不足、经济发展停滞、人们的生活水平降低,其结果可能会使市场需求、特别是对一些高档商品的需求不仅不会增加,反而会下降。

(二)人口结构

年龄结构、性别结构、民族结构等人口结构是构成人口环境的重要因素之一。我国人口结构基本情况见表 2-3。

表 2-3　2006 年中国人口及构成

指标	年末数(万人)	比重(%)
全国总人口	131 448	100.0
其中:城镇	57 706	43.9
乡村	73 742	56.1
其中:男性	67 728	51.5
女性	63 720	48.5
其中:0～14 岁	25 961	19.8
15～59 岁	90 586	68.9
60 岁及以上	14 901	11.3
其中:65 岁及以上	10 419	7.9

资料来源:《2006 年中国国民经济和社会发展统计公报》。

1. 年龄结构　关于人类年龄的划分,在 1994 年以前,国际上通用的标准是将人口划分为三个年龄段:0～14 岁为少儿人口;15 岁至 64 岁为劳动年龄人口(我国的划分标准是到 60 岁);65 岁以上为老年人口。

不同年龄层次的消费者因为生理和心理特征、收入水平等不同,他们的兴趣爱好、消费需求和消费模式也存在明显的差异。如婴幼儿对婴幼食品、尿布、简单玩具等消费品存在需求,主要用于满足生理需求;而对中青年消费者来说,生理需求和心理需求并存,除对食品、服装等消费品存在需求外,还需要学习用品、体育用品、书籍、文具等产品及休闲娱乐等服务。因此,企业应关注人口年龄结构状况。

年龄结构的变化也影响企业的市场营销。一方面,随着社会经济的发展,人们希望提高自己的生活水平、妇女离开家庭外出工作、节育知识的普及和节育技术的提高等原因,使人口出生率下降。另一方面,随着人们生活水平的提高和医疗保健的发展,死亡率大大降低,现代人口的平均寿命延长。“生”与“死”的这一变化使人口年龄结构发生变动,表现在社会总人口中儿童所占比重降低,老龄人口所占比重上升，并由此给一些行业带来机会，对另一些行业造成威胁。美国吉宝公司多年来以“婴儿是我们的事业，我们唯一的事业”为口号，但现在不得不改用“吉宝现在像对待婴儿一样地对待五十岁以上的人”这一口号。

在我国，人口年龄结构变化最显著的特征是人口平均期望寿命快速增长，人口老龄化提前出现。我国人口的平均期望寿命在建国初期只有 35 岁，是世界上最低的国家之一。20 世纪 50 年代提高到 41 岁，60 年代达到 50 岁以上，70 年代又提高到 60 岁以上，20 世纪世纪末达到 70.8 岁，在 40 年间，提高了 1 倍，并呈继续上升趋势。目前，我国人口的平均期望寿命低于发达国家，但已高于世界平均水平和发展中国家的平均水平，见表 2-4、表 2-5。

表 2-4 全国人口平均期望寿命(岁)

年份	地区	合计	男	女
1949 前		35.0	—	—
1957	11 个省、市的 70 个市、1 个县和 126 个乡镇	57.0	—	—
1973—1975	全国人口三年肿瘤死亡回顾调查	—	63.6	66.3
1982	1982 年第三次全国人口普查	67.9	66.4	69.3
1990	1990 年第四次全国人口普查	68.6	66.9	70.5
1997	1997 年全国人口抽样调查	70.8	68.7	73.0

表 2-5 2002 年平均期望寿命的国际比较

国家或地区	平均期望寿命(岁)
世界平均	66.7
高收入国家	78.2
中等收入国家	69.6
低收入国家	58.1
德国	78.1
日本	81.6
英国	77.5
美国	77.3
法国	79.2
印度	63.4
中国	70.8

伴随人口平均期望寿命的增长，我国已进入老龄化社会。如果以 65 岁以上人口占总人口的 7% 为老龄化标准。上海市已于 1982 年率先进入老龄化社会

(7.34%)。如果按照联合国确定的标准,即60岁以上人口占全国人口10%以上为老年型国家,则1987年底,北京市60岁以上人口已达到10.4%(比预测的老龄化时间提前了3年)。而无论以何种标准衡量,2006年我国都已进入老龄化社会(表2-3)。人口老龄化是社会进步的象征,但同时也对社会经济发展产生了一系列的影响,如老年人口迅速增加使劳动结构发生改变,各种老年人问题也相继出现。对企业来说,人口老龄化意味着"银色市场"形成并日渐扩大,很多企业已经注意到这一变化,并充分地利用这一变化带来的营销机会,老龄用品市场发展很快。

2.性别结构　性别不同,消费需求、购买习惯和购买行为也存在差异。一般情况下,一个国家或一个地区的男、女人口总数相差不大。但在特定条件下,某些地区男性人口和女性人口的总数会出现较大的差异。如由于农村劳动力(主要是中青年男性劳动力)大量转移,导致在一些经济较为落后地区的农村女性人口比例较高;而在经济较为发达的城镇或城镇中某些区域(如建筑工地)聚集着大量外来男性民工,使这些地区或区域的男性比重较大。城镇中民工在饮食、居住、医疗保健、学习、娱乐等方面的需求没有很好地得到满足,他们的生存状态已引起社会的关注,实际上,其中也蕴涵着大量的市场机会。

3.民族结构和宗教结构　中国是一个统一的多民族国家,由56个民族组成。由于自然环境、社会条件、经济发展水平的差异,各民族在漫长的历史发展过程中形成了自己特有的传统文化和风俗习惯,他们在居住、饮食、建筑形式和风格、婚丧、节日庆典等物质和文化生活上各有本民族的特点,有着独特的需求。虽然汉族人口所占比重大(占全国总人口的91.6%),但少数民族用品仍是不容忽视的巨大的潜在市场,有着很多的营销机会。

我国又是一个多宗教国家,佛教、伊斯兰教、天主教和基督教在中国都有传播;此外,还有中国固有的宗教——道教,以及萨满教、东正教、东巴教等。宗教信仰自由是党和国家对待宗教问题的基本政策,正当的宗教活动和宗教节日受到尊重。我国一部分群众,特别是一些少数民族群众,有着自己的宗教信仰。这些都会影响消费需求的内容、结构及消费者的购买行为和购买动机。

(三)地理分布

由于自然地理条件及社会经济发展程度的不同,人口在不同地理区域分布的密集程度不同。人口的地理分布情况一方面反映了不同地理区域间消费者需求和消费习惯的差异,另一方面也反映不同地理区域市场容量的不同。

中国是世界上人口密度较高的国家之一，每平方公里的平均人口密度为134人[①]。但分布颇不均衡，最突出的特点是东密西疏。从20世纪30年代胡焕庸先生发现中国人口分布的胡焕庸线（指从黑龙江瑷珲到云南腾冲的近似分割中国东部人口密集区和西部稀疏区的直线）以来，中国人口分布的宏观格局几乎没有多大变化。东部沿海地区人口密集，每平方千米超过400人；中部地区每平方千米200多人；西部高原地区人口稀少，每平方千米不足10人。东密西疏的特点十分明显。毫无疑问，对大多数企业来说，人口稠密的东部地区是其开展营销活动的重点区域。伴随着工业化和城市化进程，大量人口从农村流入城镇、从中西部地区流向东部地区。人口流动使人口的地理分布发生变化，并影响企业的市场营销。

（四）家庭规模

家庭是社会的细胞，很多消费品是以家庭为单位购买和消费的。在我国，三代或四代同堂的传统大家庭已很少。由于计划生育政策的实行、婚育年龄的推迟及单亲家庭和独身者的出现，我国呈现出家庭规模缩小的趋势（表2-6），这意味着家庭数量也在不断增加（表2-6）。这一趋势一方面引起对住房、家具、家用电器、厨房用品等家庭用品需求的上升，另一方面需求的结构也随之发生变化。

表2-6　1999—2003年中国家庭规模

年份	1999	2000	2001	2002	2003
家庭规模（人）	3.58	3.44	3.42	3.39	3.38

数据来源：国家统计局，1999—2003年统计年鉴。

三、经济环境

（一）购买力

购买力指货币支付能力。只有既有购买欲望，又有购买力时，消费者才能产生购买行为，也才对企业的营销活动具有现实意义。消费者的购买力取决于消费者收入水平、币值、储蓄与信贷、消费者支出模式等因素。

1.消费者收入水平　消费者的收入水平是决定购买力的重要因素。收入有多种不同的范畴。

（1）个人收入：指消费者从各种来源所获得的货币收入，包括消费者个人的工资、退休金、红利、租金、赠予等收入。

（2）个人可支配收入：个人可支配收入是从消费者个人收入中扣除缴纳税收和

①国家统计局，《2003年中国人口统计年鉴》。

其他经常性转移支出后剩余的部分。表 2-7 为 2002—2006 年城镇居民及农村居民人均收入情况。

表 2-7　2002—2006 年城镇居民人均可支配收入、农村居民人均纯收入及其增长速度

年度	城镇居民人均可支配收入(元)	比上年增长(%)	农村居民人均纯收入(元)	比上年增长(%)
2002	7 703	13.4	2 476	4.8
2003	8 472	9.0	2 622	4.3
2004	9 422	7.7	2 936	6.8
2005	10 493	9.6	3 255	6.2
2006	11 759	10.4	3 587	7.4

资料来源:《2006 年中国国民经济和社会发展统计公报》。

(3)个人可任意支配收入。个人可任意支配收入是指在个人可支配收入中减去用于维持个人与家庭生存所不可缺少的费用(如房租、水电、食物、燃料、衣着等项开支)后剩余的部分。个人可任意支配收入主要用于满足人们基本生活需要之外的开支,是影响非生活必需品和服务销售的主要因素,因而是消费需求变化中最活跃的因素,也是企业开展营销活动时所要考虑的主要对象。

2. 币值　货币收入只是一种名义收入,并不代表消费者所能购买的实际商品价值。由于受到物价水平等因素制约,有时货币收入增加而实际收入却可能下降。

3. 消费者储蓄与信贷　消费者可能将其可任意支配收入的一部分以银行存款、手持现金、金融投资等形式储存起来,形成消费者储蓄。消费者储蓄是一种推迟实现的、潜在的购买力。储蓄额越大,即期购买力越低,未来购买力越大。

通常用储蓄额、储蓄率和储蓄增长率这三个指标反映一个国家、地区或家庭的储蓄状况。储蓄额是消费者储蓄的绝对数量,反映一定时期的储蓄水平;储蓄率指储蓄额与消费者收入之间的比例;储蓄增长率则反映某一时期的储蓄增长速度。通过这三个指标,可以分析一定时期消费与储蓄、消费者收入与支出的变化趋势。表 2-8 反映了我国在 2002—2006 年间储蓄额和储蓄增长率情况。

表 2-8　2002—2006 年城乡居民人民币储蓄存款余额及其增长速度

年份	储蓄存款余额(亿元)	比上年增长(%)
2002	86 911	17.8
2003	103 618	19.2
2004	119 555	15.4
2005	141 051	18.0
2006	161 587	14.6

资料来源:《2006 年中国国民经济和社会发展统计公报》。

消费者信贷是指金融机构或商业机构向有一定偿债能力的消费者融通资金的行为。与消费者储蓄相反，消费者信贷是提前实现的购买力，它使消费者能超出现有收入的限制购买更多的商品。如可以使用消费者信贷购买住宅、汽车等大额商品。

4.消费者支出模式和消费结构　随着收入的变化，消费者支出模式会发生相应变化，继而使一个国家或地区的消费结构也发生变化。

1857年，德国统计学家恩斯特·恩格尔在对英国、法国、德国、比利时等国不同收入水平家庭支出情况调查的基础上，发现了关于家庭收入变化与各种支出之间比例关系的规律性，提出了恩格尔定律：①随着家庭收入的增加，用于购买食品的支出占家庭收入的比重（恩格尔系数）就会下降；②随着家庭收入增加，用于住宅建筑和家务经营的支出占家庭收入的比重大体不变；③随着家庭收入增加，用于其他方面的支出（如服装、交通、娱乐、卫生保健、教育）的支出占家庭收入的比重就会上升。

恩格尔系数是衡量一个国家、一个地区、一个家庭生活水平高低的重要参数。恩格尔系数越小表明生活越富裕，越大则表示生活水平越低。根据联合国粮农组织提出的标准，恩格尔系数在59%以上为贫困，50%～59%之间为温饱，40%～50%之间为小康，30%～40%之间为富裕，低于30%为最富裕。2006年，我国农村居民家庭恩格尔系数43%，城镇居民家庭恩格尔系数为35.8%[①]。

消费结构指消费过程中人们所消耗的各种消费品（包括服务）的构成比例，即各种消费支出占总支出的比例关系。

大量的研究表明，消费者支出模式和消费结构不仅与消费者收入水平有关，还受到以下因素的影响：①家庭生命周期所处阶段；②家庭所在地及消费品的生产与供应状况；③城市化水平；④商品化水平；⑤服务社会化水平；⑥食品价格指数与消费品价格指数变动是否一致等。

（二）经济发展状况

1.经济发展阶段　经济发展是经济增长和经济结构变化的综合过程，而经济结构又是多方面的，包括产业结构、就业结构、消费结构等。各国的经济发展一般都具有明显的阶段性，在不同的阶段，经济发展具有不同的特征和不同的任务。划分一国经济发展的阶段，既可以依据其经济社会变动状况做定性分析，也可以依据一定的数量指标和标准做定量判断。国际上对经济发展阶段的划分曾有过多种尝试，常见的划分方法多是以经济社会的工业化变迁为中心。

---

①国家统计局，《2006年中国国民经济和社会发展统计公报》。

1960年，美国经济学家罗斯特(W. W. Rostow)在《经济成长的阶段》中提出“经济成长阶段理论”，该理论将一个国家的经济发展过程分为5大阶段，即传统社会阶段、经济起飞前的准备阶段、经济起飞阶段、迈向经济成熟阶段、大量消费阶段。凡经济发展处于前三个阶段的国家属于发展中国家，处于后两个阶段的国家称为发达国家。1971年，罗斯特在《政治和成长阶段》一书中增加了第六个阶段：超越大众消费阶段。

“经济成长阶段理论”认为，传统社会阶段是围绕生存而展开的经济，而且通常都是封闭和孤立的经济；经济起飞前的准备阶段的一个重要任务是经济体制改革，改革为发展创造条件，该阶段的主导产业通常是第一产业或者劳动密集型的制造业；在经济起飞阶段，随着农业劳动生产率的提高，大量的剩余劳动力从第一产业转移到制造业，该阶段完成的标志是国家在国际贸易中的比较优势从农业转向劳动密集型产品的出口；如果国家的产业及出口的产品开始多样化，高附加值的出口产业不断增多，国民福利、交通和通讯设施显著改善，则标志着该国经济发展迈向经济成熟阶段；在大量消费阶段，国家的主要经济部门从制造业转向服务业，奢侈品消费增加，人们在休闲、教育、保健、国家安全、社会保障项目上的支出增加。根据上述分析标准，专家们一般倾向于认为我国正处在经济起飞阶段向迈向经济成熟阶段的转轨时期。

美国经济学家钱纳里(H. Chenery)等人通过实证和国际比较等研究方法，强调经济结构变化对各国经济增长的重要性，并把经济发展的阶段划分为初级产品生产阶段、工业化阶段和发达经济阶段，其中工业化阶段又进一步细分为初级阶段、中级阶段和高级阶段。

钱纳里把人均GDP(按1970年美元计算)作为划分经济发展阶段的总量标准，见表2-9。

表2-9　经济发展阶段与人均GDP

阶段	人均GDP(1970年美元)	发展阶段	
1	140～280	初级产品生产阶段	工业化阶段
2	280～560	工业化初级阶段	
3	560～1 120	工业化中级阶段	
4	1 120～2 100	工业化高级阶段	
5	2 100～3 360	发达经济初级阶段	发达经济阶段
6	3 360～5 040	发达经济高级阶段	

钱纳里关于经济发展阶段划分的结构标准包括就业结构(农业劳动力占全社会劳动力的比重)、生产结构(制造业占国民生产总值的比重)、制造业内部结构(机

械和运输设备占制造业的比重)、贸易结构(机电产品出口占出口额的比重)、城乡结构(城市化水平)、第二产业比重(第二产业增加值占 GDP 的比重),见表 2-10。

表 2-10 经济发展阶段与经济结构指标标志值 %

项目	工业化初级阶段	工业化中级阶段	工业化高级阶段	后工业化阶段
就业结构	80	50	20	10
生产结构	5	20	30	20
制造业内部结构	5	20	30	40
贸易结构	1	10	30	50
城乡结构	10	30	70	80
第二产业比重	20～40	40～60	60 以上	

分析表明,随着人均 GDP 水平的增长和发展阶段的提升,国内最终需求结构、增加值构成和就业结构等都将发生变化。其特征是:国内最终需求结构和增加值构成在初级产品生产阶段到工业化中级阶段之间变化比较迅速,而在工业化中级阶段到发达经济初级阶段之间变化比较缓慢;就业结构在初级产品生产阶段到工业化中级阶段之间变化较快,在工业化中级阶段到发达经济初级阶段之间变化更快。总的看来,就业结构一直处于快速变动之中;而国内最终需求结构和增加值构成在工业化中级阶段之前变化比较迅速;在工业化中级阶段之后变化比较缓慢。

2.人均 GDP 水平　人均 GDP 是反映一个国家或一个地区综合经济实力的重要指标。根据 1999 年世界银行发布的世界经济发展报告"分类法",人均 GDP 在 760 美元以下为"低收入国家(地区)";760～3 031 美元为"下中等收入国家(地区)";人均 GDP 3 031～9 360 美元为"上中等收入国家(地区)";人均 GDP9 360 美元以上为"上等收入国家(地区)"。

同时,人均 GDP 与居民消费之间存在密切的关系。处在不同人均 GDP 阶段,居民追逐的消费品是不同的,把握这些规律可以为企业寻找市场提供依据和方向。

四、社会文化环境

文化是人类社会特有的现象,没有文化就没有社会,文化和社会是统一的。"文化"的内涵十分丰富,人们从不同的角度对"文化"作了许多解释,其中较有影响的观点有三种:①认为文化是一定民族的生活方式,是一种并非由遗传而得来的生活方式。包括了人们的兴趣、爱好、风俗、习惯等。如,美国著名文化人类学者鲁斯·本尼迪克特对文化的定义是"文化是通过某个民族的活动而表现出来的一种思维和行动方式,一种使这个民族不同于其他任何民族的方式"。这一观点强调了文化的继承性。②认为文化是人类学习和制造工具,特别是制造定型工具的过程,包含了人类智力和创造能力的不断进化，强调了文化的演进性。③认为文化是作为社会的一个成员所获得的包括知识、信仰、艺术、音乐、风俗、法律以及其他种种能力的复合体，这一观点强调了文化的熔铸性。如人类学家爱德华·泰勒在其《原始文化》一书中说："文化是人类在自身的历史经验中创造的'包罗万象的复合体'"。综合以上观点，可以认为"文化"包含三个层次，即观念文化、制度文化和器物文化。

社会文化环境是影响企业营销活动的深层次因素。消费者作为社会的一个成员，在其社会化过程中，必然受到他所处的社会文化环境影响，形成独特的思维方式、价值观念、伦理道德、心理特征、行为方式、风俗习惯，并进而影响到消费者的需求、消费习惯、购买行为等。

社会文化主要由两部分组成：一是全体社会成员所共有的基本核心文化；二是容易随时间变化和外界因素影响而改变的社会次文化或亚文化。企业在分析文化环境时，除了分析基本核心文化外，还应该高度重视对亚文化的分析。

五、科技环境

科学技术及其发展对社会进步、经济增长和人类社会生活方式的变革都起着巨大的推动作用。科学技术的发展使新材料、新工艺、新设备层出不穷，并极大地扩大和提高了劳动对象的利用广度和深度，促进了企业生产经营和社会经济的发展。在一些发达国家，科技进步因素在国民生产总值中所占比重已从 20 世纪初的 5%～20%，提高到现在的 80%以上。科技的进步和发展的需求使人类焕发出前所未有的创造力。在短短 100 年间，全球 GDP 增长了 18 倍，人类所创造的财富超过了以往历史时期的总和。现代科学技术是社会生产力中最活跃的决定性因素。

科技发展表现出以下一些特点：①技术变革步伐加快。今天市场上供应的许多商品是前几年闻所未闻的，新构思与成功应用之间的时间差正在迅速缩短，技术引入期至生产高峰之间的时间差正在大大缩短。②科技开发的范围大大扩大。科研人员正在从事范围惊人的新科技研究。二战以后，微电子技术、电子计算机技术、生物技术、激光技术、航天技术等都在一定程度上摧毁旧市场和创造新市场。③科研与开发预算越来越大。基于科技在社会经济发展中的巨大作用，各国政府和有远见的企业都花巨资从事科研与开发。据上海市外经委对发达国家和跨国公司的调查，美国每年在研究与开发方面的投入约 740 亿美元，日本也达到 300 亿美元；欧美跨国公司在研究与开发方面的投入，基本上都达到其销售额的 10%以上。④对科技的各种规定越来越多。随着产品越来越复杂，消费者需要在产品使用中能保证安全。因而，政府在安全、健康、环境保护等方面制订了一系列的新规定和条例，用于监督和防范企业行为。

作为重要的营销环境因素,科学技术不仅直接影响企业内部的生产和经营,而且还与其他环境因素相互依赖、相互作用,影响企业的营销活动。企业营销人员应该关注科技发展动态,评估对企业营销活动的影响。

科学技术是一种"创造性的毁灭力量"。科技迅猛发展促使新产品和新行业不断涌现。一些老产品被市场淘汰,旧的行业受到冲击。因此,科技发展在给企业带来市场机会的同时也给企业带来环境威胁。

以电子计算机技术和现代通信技术为代表的信息技术迅猛发展为企业营销提供了强有力的手段。现代信息技术的应用使企业可以迅速反应顾客需求;通过数据库保存的顾客信息,企业可以更好地为顾客提供服务并与顾客建立感情纽带;计算机网络将生产者、供销商、客户联系在一起,提高工作效率,降低沟通成本。

科技发展还改变了人们生活方式和工作方式,从而对企业营销活动产生直接影响。

六、自然环境

人们对自然环境的重视始于20世纪60年代,罗马俱乐部的第一份报告《增长的极限》向人们敲响了警钟,虽然该报告过于悲观的态度不被所有的人所接受,但报告中所提出的问题却被人们广为赞同。世界经济高速发展和人口飞速增长,快速的工业化、城市化,庞大的人口数量和不断提高的生活水平极大地消耗着地球资源,人类活动不断地改变着亿万年形成的自然环境的面貌,数千年来人与自然相互协调的关系被打破。超越国家、地理与政治,集中体现为人口、资源、环境与经济发展的矛盾成为人类社会可持续发展的共同问题。对企业来说,应注意自然环境以下的趋势对营销活动的影响。

(一)资源短缺

自然资源是自然界中能为人类所利用的物质和能量的总称,是人类生产活动和社会经济发展的物质基础,是人类财富的最终源泉。自然资源可分为两大类:可枯竭资源和不可枯竭资源。可枯竭资源又可分为可再生资源和不可再生资源。自然资源并不是取之不尽、用之不竭的。绝大多数自然资源如空气、水、土地、各类矿藏、森林等都是可枯竭资源。其中,不可再生资源如石油、煤炭、金属矿藏等的数量是一定的,随着人类的开发利用,其数量在不断减少;可再生资源如森林、农产品、动物资源等具有再生能力,但如果人类对这类资源利用的速度超过其再生的速度,其数量也会不断减少,直至灭绝。世界经济迅速发展是以大量消耗自然资源为代价的。为获得丰富的产品满足人类自身的需求,人类大量消耗不可再生资源,使不可再生资源的数量不断下降,对可再生资源的开发利用速度也大大超过了其再生的速度和更新能力。例如，石油的年消费量由20世纪初的2 043万吨增加到35亿吨，增长了177倍。钢、铜和铝的消费量由1900年的2 780万吨、49.5万吨和6 800吨增加到2000年的8.47亿吨、1 400多万吨和2 454万吨，分别增长了30倍、28倍和3 600倍。

资源的大量消耗导致资源短缺，影响到人类社会经济的进一步发展，危及人类自身的生存，也必然对企业的市场营销活动产生影响。能源是现代经济的基础，全球化石能源探明剩余储量大约折合8 100亿吨油当量，其中石油、天然气和煤炭的比例为17：17：66。如按目前世界化石能源消费结构（石油、天然气和煤炭的比例为44：23：23），未来25年石油、天然气和煤炭的需求总量分别为1 100亿吨、70万亿立方米和1 400多亿吨。与目前世界石油探明剩余可采储量1 400多亿吨、天然气探明剩余储量150万亿立方米以及煤炭9 800多亿吨比较，全球石油资源供需形势不容乐观，天然气资源现有探明剩余储量也仅能维持40年左右，煤炭资源相对充足。未来20年，如果石油和天然气储量增幅不大，新能源和能源技术缺少突破，煤炭的清洁利用将成为保证能源持续供应的必然选择[①]。

（二）环境污染严重

环境既是人类生存与发展的终极物质来源，又承受着人类活动所产生的各种结果。人类的经济活动过程是人类社会与自然环境之间进行物资和能量交换的过程，在从自然界大量索取的同时，人类也把大量的废弃物如废水、废气、废渣等排放到自然环境中，对环境造成污染。可以说，有了人类社会就有了环境污染问题，但在很长的历史时期里，由于污染程度很低，没有超过自然环境的自我更新能力，环境污染问题没有表现出来或并不突出。随着现代工业的发展，在创造出巨大的物质财富的同时，人类对环境的污染也日益严重，环境污染已成为当代社会的一个严重问题。

实现可持续发展是人类的基本目标和基本任务。“今天的人类不应以牺牲今后几代人的幸福而满足其需求”这一原则已被广泛接受。环境污染问题对企业的市场营销活动有着重要的影响。国际标准化组织第207技术委员会（TC207）从1993年开始制定一系列的环境管理国际标准——ISO14000，包括环境管理体系、环境管理体系审核、环境标志、生命周期评估、环境行为评价等标准。ISO14000制定的目的是规范各国企业和社会团体等组织的环境行为，减少环境污染、节省能源，同时提高非关税贸易壁垒的透明度，尽可能消除国际贸易壁垒。ISO14000已成为产品进入国际市场的通行证，要求企业产品在设计、生产过程等方面，从根本

①全球矿产资源战略研究2001年报告（社会版）。

上解决由于不当的生产方式和消费方式引起的环境污染。我国很多企业已取得了该项认证，使产品得以顺利进入欧共体等国外市场。

随着人们对环境污染问题的重视，产生了社会营销观念，近年来又出现了“绿色营销”。绿色营销是指企业在整个营销过程中充分体现环保意识和社会意识，向消费者提供科学、无污染，有利于节约资源、使用和保持生态平衡的商品和服务，采取无污染或少污染的生产与销售方式，引导并满足消费者的有利于环保及身心健康的消费需求。绿色营销的主要内容包括：绿色产品开发、绿色促销策略、绿色分销策略等。绿色营销的实质是追求企业的经济效益、社会效益和环境效益的有机结合，是社会营销的一个分支。绿色营销是我国企业开拓国内、国际市场的必然选择，是国家实施可持续发展战略的一个有效支撑。这是因为，从国内方面看，我国的环境污染、生态破坏已经成为制约发展的头等大事；从国际方面看，我国的主要贸易伙伴如欧盟、美、日、新加坡等国环保法规日益完善和严厉，绿色壁垒应运而生。同时我国对外贸易依存度不断提高，企业对国际市场的依赖程度也不断提高。值得指出的是，人们往往以为实行绿色营销会加大企业成本，如对环境进行检测、治理、保护等均需要大投入，因而对绿色营销抱消极的态度。事实上，一方面，由于消费者愿意使用绿色产品，“绿色企业”往往有助于企业树立良好的形象，进而有助于企业扩大市场，增加销售量，形成一定的经济规模来获得更多的利润；另一方面，“绿色营销”又是一个巨大的商机，善于把握这一商机的企业，可以获得更多市场机会。

总之，我国由于人口众多，资源相对不足，经济发展与环境、资源的矛盾日益突出，粗放的经济增长方式难以为继。正确处理发展经济同人口、资源、环境的关系，合理开发和综合利用资源，保护和改善生态环境已是当务之急。自然环境对企业的营销活动必将产生重大而深远的影响，企业对此应有足够的重视。

第三节 微观环境分析

一、企业内部

企业高层管理部门（董事会、总经理及其办事机构）负责确定企业的任务、目标、方针政策和发展战略。市场营销目标是从属于企业总目标、并为总目标服务的次级目标，营销部门在高层管理部门规定的职责范围内作出营销决策，营销部门所制定的计划也必须在高层管理部门批准后才能实施。企业内部财务、采购、制造、研究与开发等部门的业务状况如何，它们与营销部门的合作以及它们之间是否协调发展，对营销决策的制定与实施影响极大。因此，企业营销部门在制定和实施营销目标与计划时，不仅要考虑企业外部环境力量，而且还要充分考虑企业内部环境力量，争取高层管理部门和其他职能部门的理解和支持。

二、供应商

企业开展营销活动，向消费者提供所需的产品或劳务，就必须要有特定的资源如原材料、资金、劳务、设备、能源等的供应作保障。向企业提供这些资源的企业或个人称为供应商。供应商对企业营销活动的影响主要体现在以下几个方面：①供货的及时性和稳定性。获得稳定、及时的资源供应，是企业营销活动顺利进行的前提条件；②供货的质量水平。供应商提供的资源质量直接影响产品的质量；③供货的价格水平。供应商供货的价格直接影响企业产品的成本、价格和利润，并最终影响产品在市场上的竞争力。

针对上述影响，企业在选择供应商时应注意以下方面：①树立“正和博弈”观念。现代社会经济交往中的重要原则是“双赢原则”，即在经济交往中互惠互利，双方均是胜利者。企业和供应商之间虽然存在竞争关系，但更应该是合作伙伴。建立长期稳定的合作伙伴关系和供应链，可以降低外部交易成本，双方均可从中获益；②充分考虑供应商的资信状况。选择那些交货及时、所提供的资源品质优良、价格合理的供应商，并且与主要供应商建立长期稳定的合作关系，保证企业所需资源供应的稳定性；③对供应商进行分类管理。根据所提供资源的重要程度、稀缺程度、供应量大小等标准把供应商划分为若干个等级，以便重点协调，兼顾一般；④使供应商多样化。为减少供应商对企业的影响和制约，企业应向多个供应商采购，尽量避免过于依赖单一的供应商，以免当与供应商的关系发生变化时，使企业陷入困境。

三、营销中介

营销中介是指在企业产品向目标市场顾客转移过程中提供各种服务和帮助的机构，包括营销服务机构（如广告公司、咨询公司、市场调研公司等）、中间商、实体分配机构、金融机构等。在现代商品经济条件下，企业的营销活动离不开这些机构的支持和合作，他们都是市场营销不可或缺的中间环节，成为企业营销的又一微观环境因素，企业在营销活动中必须处理好与他们的关系。

（一）中间商

中间商是介于企业与顾客之间促成商品转移的机构和个人，包括代理商和经销商。中间商是社会分工的结果。中间商通过提供时间效用和空间效用，帮助企业提高资金使用率和销售效率、扩大市场范围。随着科技进步和社会发展，直接销售渠道所占比重不断上升，中间商的作用有所降低。尽管如此，在整个经济生活中，中间商地位仍然不可缺少，是企业营销中重要的环境因素和分销系统的一个重要环节。

(二)实体分配机构

产品从企业(生产者)向消费者转移过程中，除产品所有权转移外，还伴随产品实体的空间位移。实体分配机构是在产品实体空间位移过程中，提供产品储存、装卸、运输等服务的机构。

在新型管理理念的影响下，企业把商流和物流分离开来，将物流业务外包，物流模式开始向第三方物流甚至第四方物流方向转变，企业因此可以更有效地节约成本、提高企业对顾客的服务水平和企业的竞争力。在过去几十年中，物流对企业在市场上能否取胜的决定作用变得越来越明显。

(三)营销服务机构

营销服务机构包括广告公司、咨询公司、传播公司等。这些机构提供的专业服务对企业营销活动产生直接影响。一些大企业可以通过建立有关机构来承担上述功能，但对于大多数企业来说，这些机构是不可缺少的。

(四)金融保险机构

金融保险机构是为企业提供资金融通等金融服务或分担企业风险的机构。金融是现代经济的核心，是当今社会经济体系中的“神经中枢”，金融机构对企业营销活动的影响是不言而喻的。如银行等金融机构开展的信贷业务、股票或债券发行业务，使企业可以通过间接融资渠道或直接融资渠道获得所需资金；企业之间因经济往来而产生的债权、债务关系通过银行结算；企业的财产要通过保险取得风险保障。

四、顾客

企业开展营销活动就是要满足顾客的需要。顾客是企业服务的对象，顾客的总和构成企业的目标市场。因此，企业顾客的多少决定着目标市场的大小，顾客的变化意味着目标市场的变化，顾客对企业营销活动的影响是不言而喻的。企业的顾客可能是最终消费者，也可能是生产者、转卖者、政府或国外顾客。随时分析和掌握顾客的状况及变化是企业最重要的工作之一。

五、竞争者

所谓竞争者是指能满足相同顾客同一方面需求的所有其他企业。在非完全垄断的市场结构中，竞争者的存在是不可避免的，任何一个企业在营销活动中都可能会面临着程度不同的竞争。竞争有以下四种类型：①愿望竞争，指消费者当前所要满足的愿望；②平行竞争，指能满足同一需要的其他产品的竞争；③产品形式竞争，指满足同一需求产品的其他形式的竞争；④品牌竞争，指能满足同一需求的同种产品不同品牌之间的竞争。知己知彼，方能百战不殆，在营销活动中，每个企业都必须分析研究在目标市场中有哪些竞争者，这些竞争者各有何特点，他们采取何种营销策略，本企业与竞争对手相比处于何种地位等，只有这样才能确定出富有竞争力的营销策略，也才能在营销活动中扬长避短，发挥自身的优势，取得营销活动的成功。

六、政府

政府是不可或缺的，没有政府，人类社会就会陷入冲突与战争状态。“政府一旦产生，因其强制性和人为性而具有侵犯性。”政府职能可分为政治职能、经济职能和社会管理职能。政府的经济职能主要表现在以下几方面：为市场经济提供制度基础、资源配置、调节职能、宏观经济稳定和收入再分配等。政府的许多职能部门，如工商、税务、审计、公安、海关等，都在自己的职权范围内行使行政管理职能，都对企业的营销活动产生较为直接的影响。因此，政府是企业营销另一个重要环境因素。

七、新闻宣传机构

主要指报纸、杂志、广播和电视等机构。因其受众数量巨大而广泛、信息大量复制而被称为大众传播媒介。新闻宣传机构有着巨大的影响力，报道对象往往成为社会公众注目的焦点。企业如果能获得大众媒介的支持和宣传报道，则可争取广大公众的了解和信任；反之，企业如有失误，如经媒介的披露则会火上加油，严重的还会危及企业的生存。如 2001 年中秋节前，南京冠生园用陈馅翻炒后再制成月饼出售的事件被媒体披露曝光。一时民众哗然，各界齐声痛斥这种无信之举。南京冠生园月饼顿时无人问津，很快被各地商家们撤下柜台。许多商家甚至向消费者承诺：已经售出的冠生园月饼无条件退货。由于没有正确处理好这一事件，生产难以为继的南京冠生园从此一蹶不振，2002 年 2 月 4 日，终于向法院提出破产申请。

【复习思考题】

1. 市场营销环境有哪些特点？分析市场营销环境有何意义？

2. 企业应如何适应市场营销环境的变化？

3. 微观营销环境由哪些因素构成？竞争者、消费者对企业营销活动产生何种影响？

4. 宏观营销环境包括哪些因素？各有何特点？

5. 如何分析市场营销的经济环境？消费者支出结构变化对企业营销活动有何影响？

6. 结合实际说明人口环境对企业营销活动的影响。

7. 如何评价科学技术对企业市场营销的作用？

8. 市场环境分析的方法有哪些？试用其中某种方法剖析一个营销实例。

【案例】

"蓝色巨人"的成长

IBM 不是第一个转移到计算机行业的公司，但它却迅速地把所有竞争对手都远远地抛在身后，在过去的半个多世纪中一直遥遥领先，成为全球 IT 第一巨头，人称"蓝色巨人"。20 世纪 30 年代的打卡机、20 世纪 60 年代的大型计算机、20 世纪 80 年代的个人计算机、20 世纪 90 年代的 IT 服务……，一次次的辉煌造就了今天的"蓝色巨人"。回顾 IBM 的历史，我们会发现 IBM 是在社会变迁、技术变革等多种因素的影响下发展的，是在一个不确定的历史中前行，最终获得现在的成功。

1914 年，托马斯·J·沃森(Thomas J. Watson Sr.)加入计算-制表-记录公司(CTR 公司)，1915 年，沃森当选为 CTR 公司总裁兼总经理。他说服商家们放弃账簿，使用打卡机和穿孔卡片来记账。"其他的机器能够使体力劳动实现自动化，从而提高双手的生产力；打卡机能使脑力劳动实现自动化，从而提高大脑的生产力。"1924 年，CTR 改名为国际商用机器公司(IBM 公司)。

1929 年 10 月 29 日，美国股市崩溃，许多公司大裁员，但老沃森没有解雇任何员工并始终坚持研发投资。他认为市场需求终会回升，并比以往任何时候需求都多。但是，5 年内，萧条的美国经济并未显现出沃森预期中的强势回升，在生产和研发上投入巨额资金使 IBM 公司濒临破产。1935 年 8 月 14 日，罗斯福总统签署了《社会保障法案》，该法案确立了美国的社会保障体系，带来了巨大的信息处理需求。一夜之间对打卡机的需求猛增，而只有一家公司能满足这种需求：IBM 公司。IBM 公司因此赢得了独家代理罗斯福新政会计项目的合同。

二战爆发后，大多数参与军工用品生产的公司都为军方订单开设新的工厂，这些公司意识到战争终会结束，军方订单会消失，经济学家也普遍预测战后经济将进入一个衰退期。因此,很多公司都做好了关闭工厂的准备。IBM的工厂也生产军工用品,但沃森向那些去参军的雇员承诺他们在战争中可以领到25%的工资,战后可以回到IBM工作,尽管这意味着到时他的工人将大大多于必需的人数。二战结束后,军方订单没有了,出现了经济衰退。约4 000名退伍军人重新回到IBM。不过,几个月后,经济即快速复苏,消费者抢着去买战时买不到的商品,美国公司因而需要更多的IBM打卡机来记账。

老沃森是20世纪前半叶伟大的企业家之一,他使IBM闻名遐迩。但是,把IBM带入计算机行业的则是他的儿子小托马斯·约翰·沃森(Thomas J. Watson Jr.)。于1951年IBM决定开发商用电脑,聘请冯·诺依曼担任公司的科学顾问,并于1952年12月研制出IBM第一台存储程序计算机——IBM701。IBM701及后续推出的702、650等计算机在技术上超过了UNIVAC。但是,使IBM最终在电子计算机上战胜UNIVAC的并不是技术,而是销售。很多公司需要购买计算机,但对如何使用计算机却没有自信,但他们相信IBM这样一家长期提供商业设备的公司能够帮助他们,销售打卡机给IBM带来了电子计算机时代的竞争优势。此外,1955年,因为一次奇遇,小沃森成了《时代》周刊的封面人物,成为电子计算机时代的代表,这一事件也促进了IBM计算机的销售。在小沃森的领导下,IBM开始远离打卡机和打孔卡片步入了电子计算机时代。

1961年,全美国6 000台使用中的大型计算机中有4 000台是IBM生产的。但是,与电子计算机业的蓬勃发展相反,IBM公司的增长放缓。并且公司提供的多种不同型号的计算机正成为问题,它们互不兼容,内部结构、软件、外围设备都不相同。1961年底,小沃森批准了一个名为"S360"的全新系列计算机计划——研发IBM360系列,一种"兼容性"产品,各种类型的360计算机都能使用相同的指令,使用相同的软件,配置相同的外部设备,还能相互连接在一起工作。1964年4月,投资50亿美元的S360计划终于获得成功,公司再次以近30%的速度增长。5年内,IBM360共卖出32 300台,创造了计算机销售的奇迹。

20世纪70年代末,以苹果公司为代表的"车库"公司在短短几年的时间里燃起了个人电脑之火,但是,IBM的介入才真正将这场大火燃遍全球,将小小PC一举推向计算机产业最核心的产品,统帅起整个产业。

1980年,IBM决定开发PC机。1981年8月,IBM PC机问世。1982年,IBM PC机卖出了25万台,1983年5月,IBM公司再次推出改进型IBM PC/XT,当年就使市场占有率超过76%。从此,IBM PC成为个人电脑的代名词,计算机厂商争相转产PC机,仿造出来的计算机就是IBM PC兼容机。IBM开拓的不仅仅是一项业务,而是一个全新的PC产业,并造就了今日的微软、英特尔等一大批公司。

在20世纪90年代初期的PC浪潮中，巨人摔倒了，三年内就亏损160亿美元。1993年，郭士纳出任CEO。他为IBM找到了“服务”，按他的说法是“20世纪60年代、70年代和80年代根本就不存在的、强调客户需要的服务”，也就是代表客户的利益为顾客提供信息技术服务，而不是站在IT厂商的立场上。郭士纳成功地将IBM从制造商改造为一家以电子商务和服务为主的技术集成商，完成重大转型。对此，郭士纳说，在输掉PC市场大战后，IBM需要新的契机，否则它就可能垮掉，当时互联网出现了，它救了我。

2000年，网络泡沫破碎，IT产业进入历史上最漫长的一次整体滑坡。彭明盛成为IBM的总裁，两年后，接任CEO。2002年初彭明盛正式获得权杖时，IBM刚刚度过一个收入锐减50亿美元的财年。而他还必须面对9.11过后的惶恐情绪和安然公司等一系列丑闻引发的投资者对大型企业的强烈不满。

2004年底，IBM将其PC业务售予联想集团。虽然12.5亿美元的价格对于年收入达900亿美元的IBM而言微乎其微，但作为该公司1980年代以来最富标志性的资产，IBM甩掉PC，就像爱迪生开创的通用电气卖掉照明业务、迪斯尼关掉动画业务一样，成为一个历史性时刻。

【案例思考】

1. 有人认为“IBM前三十年的历史就是IT业前三十年的历史”，你怎样看待IBM公司营销活动与其营销环境之间的关系？是IT发展成就了IBM公司，还是IBM公司的发展创造或影响了IT行业？

2. 2004年IBM公司将其PC业务卖给联想集团，对此你有何评价？

第三章　市场分析

【学习目的】

1. 了解市场的分类。

2. 了解消费者市场的特点、消费者购买行为的基本模式、类型、消费者决策过程及影响消费者购买行为的因素；掌握消费者购买行为分析的方法。

3. 了解生产者购买行为的基本模式、类型、生产者购买决策过程及影响生产者购买行为的因素。

4. 了解政府市场购买目的及影响因素。

第一节　市场剖析

一、市场分类

市场是有购买力和购买欲望的顾客群体。按照顾客购买目的或用途的不同，可将市场分为消费者市场和组织市场。组织市场又可进一步分为生产者市场、中间商市场和政府市场，见图 3-1。

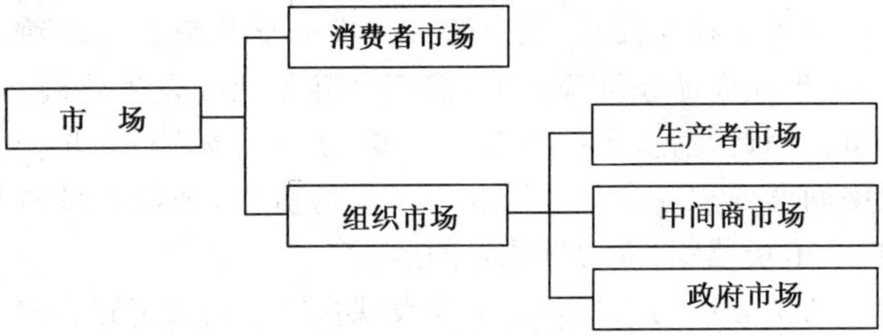

图 3-1　市场分类

(一)消费者市场与消费品分类

1. 消费者市场的含义　消费者市场是个人或家庭为了生活消费而购买产品或服务的市场。由于生活消费是产品和服务流通的终点，消费者市场也称为最终产品市场。

2.消费品分类　消费者市场的购买对象是各种消费品。可以依据不同的标准对消费品进行分类。①根据人们购买、消费的习惯把消费品分为便利品、选购品和特殊品。便利品是指生活中需经常使用、购买频率高、单价低的消费品,消费者在购买便利品时,几乎不作比较和选择。选购品指那些使用时间较长、单价较高的消费品。不同品牌的同种选购品往往在价格、质量或样式等方面存在较大的差异,消费者在购买前一般要进行反复的比较和挑选。特殊品是价格昂贵、使用时间长、购买频率低的一类消费品。这类消费品往往具有独特特征和品牌标志,能满足消费者某方面特殊偏好。②根据是否具有物质形态,可将消费品分为有形产品和无形的服务。③根据使用年限可将消费品分为耐用消费品和非耐用消费品。前者使用年限长,而后者的使用年限比较短。

(二)组织市场

组织市场是指那些为实现组织目标而购买产品或服务的购买者的集合。消费者市场的购买者是个人或家庭,而组织市场的购买者是某种组织。前者是个人市场,后者是法人市场。

按照购买目的的不同,组织市场又可进一步划分为生产者市场、中间商市场和政府市场。生产者市场又称为产业市场或工业市场,在生产者市场中,购买者购买产品或服务的目的是为了生产其他产品或服务以获得利润。中间商市场的购买者则通过转售或租赁所购买的产品或服务而获得利润。因此,中间商市场也称为转卖者市场。政府市场是由为执行政府职能而购买产品和服务的各级政府及其下属部门组成。

二、消费者市场特点

1.广泛性　为了生存与发展,社会的每一成员都要消费一定种类和一定数量的产品与服务,在现代商品经济条件下,都不可避免地要发生购买行为,成为消费者市场中的一员。因此,消费者市场人数众多,分布范围广泛。广泛性特点使得消费者市场需要中间商的积极参与。依靠中间商的协作,企业可以加大分销渠道的长度和宽度,扩大市场范围,方便消费者的购买。

2.复杂性　消费者市场的复杂性不仅表现在同一消费者存在多方面的需求并经常变化,还表现在不同消费者由于在性别、年龄、收入、受教育程度、职业、文化、市场环境等方面的差异而具有不同的需求和购买行为。

3.分散性　消费者市场一般以个人和家庭为单位购买与消费,每次购买的量较小,购买次数频繁。

4.可诱导性　消费者市场的购买者对所购商品大多缺乏专门知识,一般属于非专家购买，受企业促销活动、相关群体、个人情感等因素的影响较大，具有可诱导性。

5. 替代性　消费品种类繁多，不同产品之间、同种产品的不同品牌之间存在一定的替代性，替代性特点使消费者市场需求具有一定的弹性。

三、组织市场特点

与消费者市场相比较，组织市场具有以下一些特点：

1. 需求的派生性　组织市场购买者是为了实现组织的目标而购买产品或服务。因此，其需求取决于消费者市场的相应需求，是由对消费品的需求派生出来的，随消费者市场相应需求的变化而变化。组织市场需求的派生性是多层次链状递进的。例如，消费者对住宅的需求引起对各种建材、建筑机械等的需求，这些需求又引发对钢材、水泥、能源等产品的需求。在这一链条中，消费者需求是链条的起点，是组织市场需求的动力和源泉。

2. 需求价格弹性小　组织市场需求的派生性决定其需求的价格弹性小。决定组织市场需求变化的主要因素是消费者市场相应需求的变化，而非价格的变动。一般地，为实现自己的目标或履行自己的职责，组织市场的购买者难以根据价格的变动增加或减少其购买量，在短期内尤其如此。如建筑施工企业，就其所承建的特定项目，不能因为钢材涨价而减少对钢材的购买，也不会因钢材价格下降而增加钢材的购买量。

3. 需求波动大　消费者市场需求的变化必然会引起组织市场需求的变动，但组织市场需求变动要滞后于相应的消费者市场需求变化。而且组织市场需求的波动幅度大于消费者市场相应需求的波动幅度。因此，相对于消费者市场，组织市场具有需求波动大的特点。

4. 专业人员购买　不同于消费者市场，组织市场的购买通常由专业人员承担，他们一般都经过专业训练，具有丰富的有关产品及市场等方面的专业知识。

5. 购买者数量少、分布集中、每次购买量大　与消费者市场相比，组织市场购买者数量少，同类组织市场的购买者地理分布的集中程度较高，而且每次购买的数量一般都较大。

6. 交易双方关系密切　在组织市场中，一方面，由于每次购买的量大、产品技术性较强，购买者往往不经过中间商，而直接从供应商那里采购。这对购买者来说属于直接采购，对供应商来说是一种直接分销渠道，交易双方直接发生联系，因此关系十分密切。另一方面，组织市场的供应者为保持长期稳定的销路，购买者为得到稳定、及时的供应,双方都希望建立起密切的合作关系。

第二节 消费者购买行为分析

一、消费者购买行为模式

(一)消费者购买行为及其研究方法

1. 消费者购买行为的含义 消费者购买行为是指消费者为获取、使用、处置消费品或服务所采取的各种行动。购买只是消费者购买行为中的一个行动。除购买外,消费者的购买行为还包括购买前的认知需要、收集信息、评价选择、购买决策及购买后对产品的使用及处置等行动。因此,消费者购买行为是一个由一系列行动组成的完整过程。

之所以把消费者购买行为看作是一个由购买前、购买及购买后多种行动构成的过程,是因为企业研究消费者的购买行为是着眼于建立和发展与消费者的长期交换关系。为此,企业不仅要分析消费者是如何获取产品的,还要研究消费者如何使用和处置产品。因为消费者的消费体验、处置已购产品的方式和感受会影响消费者以后的购买。

2. 消费者购买行为分析方法 消费者行为研究是营销决策和制定营销策略的基础。企业要制定切实可行的营销计划和营销战略,成功地开展营销活动,就离不开对消费者购买行为的分析。分析消费者购买行为常用的方法是"5W1H"分析法。

Why——为什么购买。要弄清这一问题首先必须了解消费者的购买动机和影响其购买行为的因素。

Who——购买者是谁。通常要考虑几种不同的角色,如决策者、使用者、购买者、影响者。

What——购买什么。

When——何时购买。

Where——在何处购买。

How——如何购买。

上述六个方面的问题中,后五个问题是消费者购买行为的外显现象,可以通过观察、询问等方法获得较为明确的答案。而第一个问题,即"为什么购买"是由消费者心理这一"黑箱"决定的,是无法直接得到答案的。为此,人们提出多种消费者购买行为模式,试图解开这个"黑箱"之谜。

(二)消费者购买行为模式

消费者购买行为是一个非常复杂的形成过程。受多种因素影响,不同类型消费者的购买行为各不相同，并且处于不断的变化之中。因此，要找出消费者购买行为的规律性是相当困难的。不同的学科的研究者从不同的视角出发研究、探索，提出了各具特色的购买行为模式。

1. 经济学“经济人”模式 这种模式认为消费者是“经济人”，其行为是合理的、完全理智的。他们在理性的而且清醒的经济计算的基础上作出购买决策，追求的是“最大边际效用”，购买那些能使自己得到最大效用（或满足）的物品。经济学模式注重产品的价格和性能因素，强调消费者经济动机对其购买行为的影响。该模式虽有其合理性，但某些消费者购买行为的发生及其变化无法用单纯的经济动机加以解释，如一位顾客在面对几种价格相同、质量和性能相近的同类产品时，为什么最终选择其中的某一种？

2. 传统心理学“需求驱动力”模式 “需求驱动力”模式认为需求促使人们产生购买行为，而需求是由驱动力引起的。引起需求的驱动力可能是原始驱动力，也可能是学习驱动力。

3. 社会心理模式 社会心理模式认为人是社会的人，遵从共同的、大众文化的标准及形式，人们的需求和行为都要受到社会群体的压力和影响。因此，处于同一社会阶层的人在兴趣、爱好、需求、购买方式、购买习惯等方面有许多惊人的相似。营销人员的主要任务是确定哪些人最具影响力，以让他们在最大限度和范围内施加影响。

4. 行为心理学“刺激—反应”模式 “刺激—反应”原理是由行为心理学创始人沃森（又译为华生）提出的。该原理指出人类的复杂行为包括刺激和反应两部分，人的行为是受到刺激后的反应。刺激来自两方面：身体内部的刺激和体外环境的刺激，反应总是随着刺激而出现的。消费者购买行为的“刺激—反应”模式是“刺激—反应”原理在消费者购买行为分析研究中的应用，如图 3-2 所示。

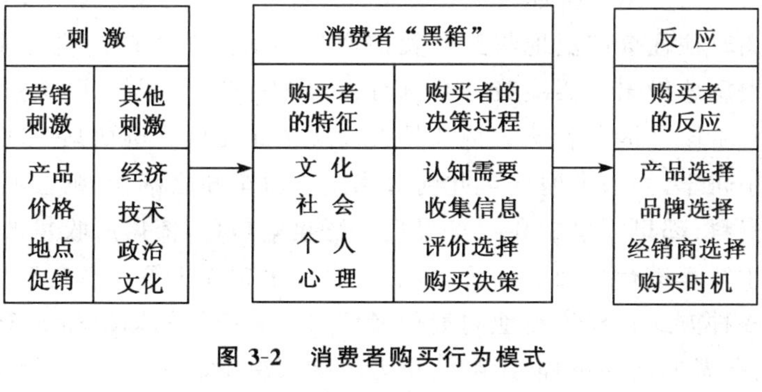

图 3-2 消费者购买行为模式

该模式表明，可控的市场营销因素和不可控的环境因素刺激消费者，他们根据自己的特性处理这些信息，经过一定的决策过程产生一系列购买决定，即消费者对刺激的反应。

二、消费者购买行为类型

（一）根据决策复杂程度划分

根据消费者在购买过程中的介入程度和品牌的差异程度，可将消费者购买行为分为四种类型，如表3-1所示。购买介入程度指消费者购买风险大小或消费者对购买活动的关注程度。如果产品单价高或者消费者缺乏该产品的相关知识，消费者的购买介入程度就高；反之，如果产品单价低或消费者对该产品有一定的了解和购买经验，则消费者的购买介入程度低。品牌的差异性指同种产品不同品牌之间在价格、性能、服务等方面的差别。显然，介入程度高或品牌差异大，购买过程复杂；反之，介入程度低或品牌差异性小，购买过程就简单。因此，根据介入程度和品牌差异程度进行划分的结果反映了四种复杂程度不同的购买行为。其中复杂购买行为的决策过程最为复杂，而习惯性购买行为的决策过程最为简单，多样化的购买行为和减少失调感的购买行为决策过程的复杂程度介于复杂购买行为和习惯性购买行为之间。

表3-1 消费者购买行为类型

品牌差异程度	购买者的介入程度	
	高	低
大	（1）复杂的购买行为	（2）多样化的购买行为
小	（3）减少失调感的购买行为	（4）习惯性的购买行为

1. 复杂的购买行为　如果消费者介入程度高并且品牌的差异程度大，则会产生复杂的购买行为。由于产品价格高，消费者对该产品又缺乏了解，为降低风险，消费者在购买时往往会广泛地收集有关该产品的信息并对产品进行全面的评估，在此基础上慎重地做出购买决策，购买后认真地进行购后评价，购买过程依次经过了购买决策各阶段。消费者购买特殊品大多属于此类型。例如某一家庭决定要购买一辆家用小轿车，而该家庭成员此前对家用小轿车知之甚少，则会通过有关厂商发布的宣传资料、邻里同事的介绍等渠道广泛收集信息，依据所收集的信息对多种品牌的家用小轿车进行全面的评价，最后才会作出购买决策。对复杂的购买行为，企业应利用多种方式积极主动地向消费者传递有关产品的知识和本企业产品的优势，以简化消费者的购买过程、影响消费者的购买决策。

2. 多样化的购买行为　如果消费者购买的产品品牌差异大而介入程度低，则其购买有很大的随意性并经常变换品牌，消费者对绝大多数选购品的购买行为属于此类。对多样化的购买行为，企业应采取一定的营销措施，设法使之转变为习惯性的购买行为。

3. 减少失调感的购买行为　当消费者对某产品的购买介入程度高，而该产品品牌差异小或消费者难以判断品牌之间的差异时，就会产生减少失调感的购买行为。某些产品虽然价格高、消费者缺乏了解，但由于不能判断品牌差异，消费者往往在没有广泛收集信息和对各品牌产品进行全面评价的情况下，就迅速地做出购买决策，在购买后又会怀疑购买决策的正确性从而产生失调感。如家庭装修时购买墙面涂料、地板、家具、瓷砖等产品往往属于减少失调感的购买行为。此类产品一般属于特殊品，购买频率低，消费者不能判断品牌差异或认为在一定的价格范围内没有品牌差异，匆忙做出购买决策。如果消费者在使用过程中因某种原因认识到品牌差异就会产生失调感。

4. 习惯性购买行为　大多数日用消费品价格低、品牌差异小，消费者在长期的消费过程中已养成了一定的消费习惯。消费者购买该类产品不是广泛收集信息、全面评价产品、谨慎决策的结果，而只是习惯使然。在上述四种类型的购买行为中，习惯性购买行为是最简单的一种购买行为。

（二）根据消费者心理特征划分

不同消费者由于性格、所处社会阶层、收入水平、受教育程度等不同，购买行为也呈现出一定的差异。根据消费者心理特征可将消费者购买行为分为习惯型、理智型、经济型、冲动型、情感型、疑虑型和随意型等类型。

1. 习惯型购买　习惯型购买指某些消费者通常根据过去的购买经验和消费习惯购买产品。比如一些消费者长期惠顾某商店或长期使用某种品牌的产品。

2. 理智型购买　这种类型的消费者在做出购买决策前广泛收集有关信息，全面评价相关产品，不受他人影响，独立做出决策。他们不轻易做出决策，一旦决策也不轻易更改。

3. 经济型购买　某些消费者对产品的价格尤其敏感，决策时较多地考虑价格因素。一些低收入者和老年消费者的购买行为属于这种类型。

4. 冲动型购买　冲动型购买与理智型购买相对。这种类型的消费者容易受外界因素如企业广告、产品外观、相关群体等因素的影响，以直观感觉为主，轻易做出购买决策，对自己的购买决策也容易产生反悔。

5. 情感型购买　情感型消费者购买时容易受情感影响，他们往往以产品是否符合自己的情感需要来决定是否购买。这类消费者想象力大多比较丰富。

6.疑虑型购买　有些性格内向、多疑的消费者购买时决策非常谨慎，购买后担心上当受骗。他们一般不信任他人，只相信自己的观察和判断。

7.随意型购买　某些消费者缺乏主见，愿意根据别人的意见和建议选购产品。

以上根据消费者心理特征对购买行为所作的分类是相对的。就某个特定的消费者来说，他的购买行为在多数情况下属于其中的一种类型，但并非绝对不变的，随着所购产品、购买地点、购买时间、购买目的、年龄、收入等因素的变化，其购买行为可能转为另一类型。即使是理智型的消费者在某些场合也可能会发生冲动型或情感型购买行为。

三、消费者购买行为过程

消费者购买行为过程是购买动机转化为购买活动的过程，是一个完整的决策的过程。在这一过程中，消费者需要就是否购买、购买何种品牌的产品、何时购买、何地购买、购买数量等一系列问题做出决策。根据消费者购买行为的"刺激—反应"模式，消费者对刺激的反应受购买决策过程的影响。因此，营销管理人员应分析消费者购买决策过程及其参与者。

(一)消费者购买决策过程的参与者

消费者市场是以个人或家庭为单位购买和消费产品与服务的。一些产品的购买决策往往不止一人，需要家庭成员的共同参与，家庭各成员在决策过程中担任不同的角色，起着不同的作用。家庭成员在购买决策过程中可能充当以下5种角色。

(1)发起者：首先提议或想到要购买某种产品或服务的人。

(2)影响者：对最后的购买决策有直接或间接影响的人。

(3)决定者：做出购买决策的人。如决定是否购买，如果决定购买则进一步对买什么、买多少、如何购买、何时、何地购买等问题作出决定的人。

(4)购买者：实际执行购买决定的人。

(5)使用者：直接使用所购产品或服务的人。

某些消费品的购买可能由一人承担上述全部角色，但对大多数消费品的购买，即使使用者是个人，也可能由家庭不同成员分担不同角色。例如，一名在校大学生在购买学习用品、日常生活用品时往往是他自己独立地做出购买决策；如果他希望购买一台计算机，则该学生是发起者和使用者，而该学生的家长往往是购买决策过程中的影响者和决定者，甚至是购买者。

不同家庭购买决策过程中各种角色的分担存在区别，家庭权威中心点理论将家庭分为四种类型。①各自做主型：每个家庭成员都可以相对独立地作出有关自己的购买决策；②丈夫支配型：丈夫掌握家庭购买决策权；③妻子支配型：妻子掌握家庭购买决策权；④调和型：多数购买决策由家庭成员共同协商作出。家庭权威中心点不是固定不变的，它会随着政治、经济、文化等因素的变化而转移。

家庭成员担任的角色也不是固定不变的。例如，在不同产品的购买决策过程中决定者会有所不同，有些产品由丈夫做出购买决定，有些产品由妻子做出购买决定，而另一些产品则是由夫妻双方共同作出购买决定。我国某些家庭中的独生子女被当作“小皇帝”，这些“小皇帝”对很多产品也有购买决定权。

家庭成员在不同产品的购买决策过程中担任不同的角色。不仅如此，即使在同一产品购买决策过程的不同阶段，家庭成员的角色也会发生转换。美国学者曾对家庭购买新轿车的情况进行研究，发现在是否购买的问题上，主要由夫妻双方共同决定；对何时购买这一问题，68%的家庭由丈夫决定，3%的家庭由妻子决定，29%的家庭是夫妻双方共同决定；在买什么颜色的车这一问题上，夫妻一方单独决定的各占25%，50%的家庭由夫妻双方共同决定。

营销管理人员只有认真分析消费者决策过程的参与者、了解家庭各成员在购买决策过程中扮演的角色，并针对其角色、地位与特性采取有针对性的营销策略，才能更好地实现营销目标。

(二)消费者购买决策过程

完整的消费者购买决策过程包括五个阶段，而不仅仅是购买决策(图3-3)。其中，认知需要、收集信息和评价选择阶段是购买前过程；购买决策阶段是购买过程；购后感受是购后过程。这样，消费者的购买决策过程就由购前、购买和购后三个过程的五个阶段组成。

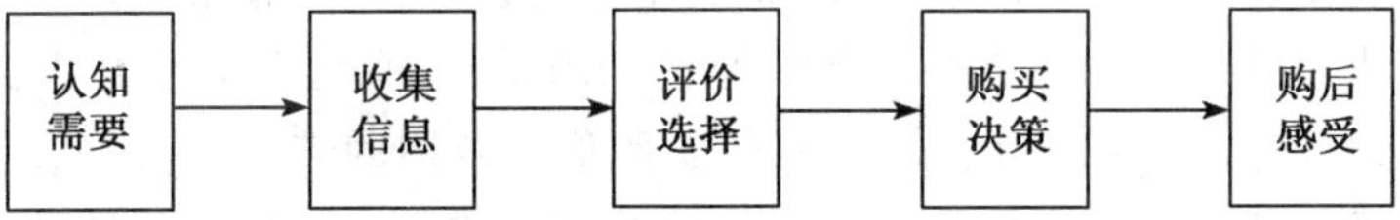

图3-3 消费者购买决策过程

一般地，购买决策过程包括五个阶段是针对复杂购买行为的决策过程而言的。如前所述，不同产品由于价格水平、消费者购买频率、重要程度及品牌差异程度等不同，消费者购买决策的复杂程度也不同。根据决策的复杂程度，消费者的购买行为分为复杂的购买行为、多样化的购买行为、减少失调感的购买行为和习惯性购买行为四类。其中，复杂购买行为的购买决策最复杂，其购买决策过程也最为完整。其他类型的购买行为因其决策复杂程度相对较低，购买决策过程也相对简单，往往省略五个阶段中的若干阶段。

1.认知需要 认知需要是指消费者意识到的实际状态与理想状态之间存在差距,从而需要采取一定的行动。认知需要实际上确定了所要决策的问题及决策的目标,缺乏对需要的认知,就不会产生购买决策。因此,认知需要是消费者购买决策过程的起点。

消费者的理想状态与实际状态之间的差距是认知需要产生的必要条件,导致差距的原因有很多,有的因素与消费者的欲望有关,而有的因素与消费者对其当前实际状态的认识有关;有的因素是企业可控因素,有些因素则是企业不可控因素。营销管理人员应通过对可控因素的运用,设计诱因、施加刺激,促使消费者产生认知。以下一些具体因素往往会促使消费者产生认知:①某些物品即将用完时;②对现有的物品不满意;③收入变化;④对新产品的需要;⑤对配套产品的需要;⑥需求环境的改变。

2.收集信息 认知需要后,消费者开始收集信息。所要收集的信息包括:①确定适当的评估标准;②寻找可行的消费方案;③寻找可行消费方案的产品属性。信息可能来自消费者自身,也可能来自外部。通常,消费者首先在自己的记忆里进行搜索,即通过回顾自己在过去消费过程中积累的经验,寻找是否已有现成的令人满意的消费方案。如果没有的话,再从外部寻求适当的评估标准、可行的消费方案等信息。对某些消费品,由于消费者已积累了丰富的消费经验,或者形成了独特的消费偏好,消费者可以仅凭记忆中储存的信息进行购买决策。而对另一些消费品,消费者必须花费一定的成本从外部收集信息。外部信息来源一般有以下几方面。①个人来源。家庭成员、邻里同事、亲戚朋友及其他相关群体。②商业来源。工商企业的广告宣传、推销人员的介绍、商品展销会等。③大众来源。大众传播媒介。

作为对认知的反应,消费者采取何种行动取决于理想状态与意识到的现实状态之间差距的大小、需要的重要性、当时的情境等多种因素。例如,某消费者希望更换一套更好的住宅,是否现在就购买新住宅不仅取决于该消费者现有住宅与其理想住宅之间差距的大小,还取决于其他一些因素。比如以其购买力水平,在住宅与汽车之间他优先考虑购买的是什么,他有没有足够的时间选购住宅或能不能找到合适的住宅。消费者对认知的反应不同,收集信息的方式与态度也有所区别。如果能立即采取购买行为,消费者会积极主动地收集相关信息;反之,消费者将需要保留在记忆中。此时,消费者往往不会有意识地去主动收集信息,但是他会留心接受信息。比如,某消费者决定购买住宅并希望在以后有条件时购买汽车,则他会积极主动地收集有关房产信息,同时也会留心有关汽车的信息。

3.评价选择 在收集一定量的信息后,消费者就会采用一定的评价方法和评价标准对同种产品的不同品牌进行评价并决定取舍。通常,产品在消费者心目中表现为一系列属性特征，由于每种品牌的产品都有自己的特点和优势，难以直接分出高低优劣。因此，消费者一般要对产品各方面属性赋予不同的权重，在对各品牌产品进行综合评价的基础上作出选择。可见，消费者的选择评价过程带有较大的个人主观感觉。以汽车为例，人们一般关心汽车的品牌影响力、价格、外形、安全性、舒适度、操作方便性、速度、耗油量、零配件价格及供应便利性等属性。如果某品牌汽车在以上各方面都有优势，毫无疑问，所有消费者都会选购该品牌的汽车。而现实情况往往是各品牌的汽车在以上几方面各有所长，也各有所短，没有一种品牌的汽车十全十美、令人完全称心如意。于是，消费者不得不退而求其次，对各种属性赋予不同的权重，在众多的属性中优先考虑其中若干个属性，再结合其他属性对各品牌汽车进行综合评价并最终做出选择。由于不同消费者对各种属性重视程度不同，综合评价的结果及购买决策也就因人而异。

4. *购买决策* 上一阶段选择评价的结果形成消费者的购买意向，在正常的情况下，消费者进一步就购买数量、购买时间、购买地点、支付方式等问题做出决策后，就会产生实际购买。

但他人态度和一些意外事件的发生会改变消费者的购买意向并影响实际购买的发生。他人态度的影响取决于他人的反对程度、与消费者关系密切程度、他人的权威性及消费者对他人意见的态度。一般地，其他人反对越激烈、与消费者关系越密切、权威性越大，则消费者改变购买意向的可能性就越大，消费者购买的可能性也随之降低。但即便如此，如果消费者不愿意接受他人的意见，则他人态度也就不会产生影响。价格上涨、失业、家庭收入和支出变化等意外事件的发生也会改变消费者的购买意向。

消费者购物的灵活性也影响其购买决策。消费者在实际购买过程中可能会获得一些新信息并据此调整购买决策。例如，某消费者决定购买甲产品，而在实际购买时，可能会因同类的乙产品开展促销活动提供更多的附加利益转而购买乙产品。

5. *购后感受* 消费者在购买并使用了某产品后，会有某种程度的满意或不满意感。消费者的满意程度取决于消费者所理解的产品性能与消费者对产品期望的比较，其中，消费者对产品的期望来自以往的购买经验、朋友的意见、营销者和竞争者的信息与承诺等。如果以 P 表示消费者理解的产品性能，E 表示消费者对产品的期望，则当 $P<E$ 时，消费者会感到不满意；当 $P=E$ 时，消费者会感到满意；如果 $P>E$，消费者则会很满意。

之所以将购后感受作为购买决策过程的一个阶段进行分析研究，原因在于对消费者来说，他们从所购买的产品的使用中获得经验，为将来购买同类产品提供了评价基础和选择标准，影响将来的购买决策；对企业来说，消费者的购后行为具有很大的反馈作用。如果消费者感到不满意，以后就会减少购买或转移购买，甚至要求企业赔偿或向周围的其他消费者诉说。反之，如果消费者感到满意，则会产生重复购买，企业就能维持老顾客，增加新顾客，不断提高市场占有率。

研究消费者购买决策过程的目的是为了更好地制定营销策略，更有效地开展营销活动。企业在消费者购买决策过程的不同阶段应有针对性地采取相应的营销策略：①在认知需要阶段，分析研究哪些刺激能唤起消费者对本企业产品的需要，设计诱因，唤起需要；②在收集信息阶段，了解消费者信息来源渠道及对消费者的影响，设计信息传播策略，积极主动地向消费者传递信息并加强信息的影响力和有效性；③在评价选择阶段，了解消费者对产品各种属性的重视程度并据以确定本企业产品的特点和优势；④购买决策阶段的营销任务是采取措施促使消费者的购买意向顺利地转变为实际购买；⑤购后感受阶段应仔细地设定消费者对产品的期望值，增加消费者的满意度，采取各种有效措施减少、消除消费者的不满意感或失调感。

四、影响消费者购买行为的因素

消费者的购买行为取决于他们的需要和欲望，而消费者的需要和欲望以及购买行为和消费习惯又是在很多因素的影响下形成的(图 3-4)。

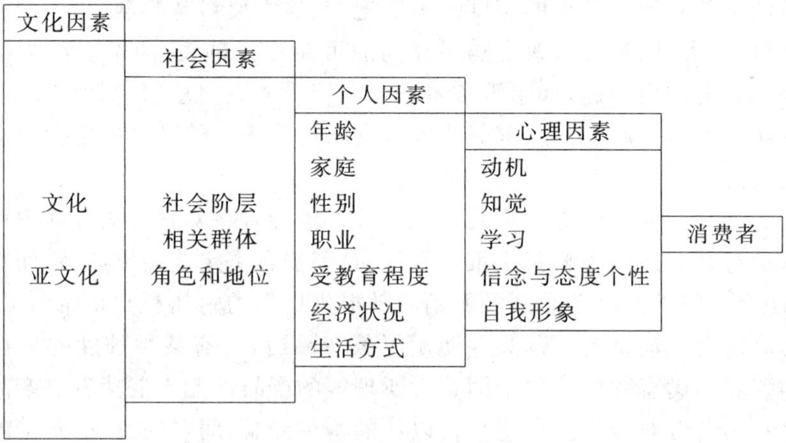

图 3-4　影响消费者购买行为的因素

如图 3-4 所示，影响消费者购买行为的主要因素有：文化因素、社会因素、个人因素和心理因素。这四类因素属于不同层次，对消费者购买行为的影响程度不同，文化因素是最深层次的影响因素，它影响着社会因素、个人因素并进而影响消费者的心理及其购买行为。心理因素是影响消费者购买行为最直接的因素。

由于上述因素的影响，同样的刺激对不同的消费者会产生不同的反应。因此，营销管理人员不仅要分析消费者的决策过程，还需要对影响消费者购买行为的各个因素进行分析。

(一)文化因素

1. 文化　文化是人类欲望和行为最基本的决定因素。每个人都是在一定的文化环境中成长起来的，不同的消费者因其文化背景不同而引起消费行为的差异，表现在饮食、服饰、建筑、兴趣、爱好、风俗习惯等多方面。

文化对消费者购买行为的影响有以下特点：①无形性。文化对购买行为的影响是无形的、潜移默化的。②共同性。具有共同文化特点的消费者的购买行为往往具有共同性。③传播性。文化对消费者购买行为的影响可以在空间传播。④自卫性。当原有的文化受到外来文化的冲击时，在一段时间内，会产生种种抵制行动。

2. 亚文化　每一国家的文化又可分为若干个亚文化群，亚文化群的划分标准可以是民族、宗教、地理区域和种族等。

(二)社会因素

1. 社会阶层　社会阶层是依据职业、收入水平、受教育程度、居住区域等对人进行的一种社会分类，是按层次排列的具有相对同质性和持久性的群体，消费者的购买行为受其所属的社会阶层影响。社会阶层具有 4 个主要特征：①同一社会阶层的人，行为大致相同；②人们以所处的社会阶层，判断自己社会地位的高低；③一个人所处的社会阶层是由多个因素决定的；④一个人在其一生中所处的社会阶层可能会发生变动。

美国社会学家劳埃德·沃纳将美国社会划分为 6 个阶层：①上上层，占美国人口不到 1%。这一阶层的人由出身于名门望族的社会名流、富豪的后裔组成，他们继承了大量的财富，是高档昂贵商品的主要购买者。②上下层，占美国总人口的 2%。这一阶层的人因具有卓越的工作能力或擅长做生意获得了极高的收入或巨额财富。③中上层，占总人口的 12%。他们是某一领域的成功人士，如律师、医生、科学家等。④中下层，占总人口的 30%。这一阶层主要由“白领”、“灰领”（如邮递员、消防员等）、“蓝领贵族”（如工厂领班等）组成。⑤下上层，占总人数的 35%。这一阶层主要由蓝领工人组成。⑥下下层，占总人数的 20%。指那些没有受过教育的非熟练工人，他们时常失业、靠社会救济生存。

中国社会科学院“当代中国社会阶层研究”课题研究结果将中国社会分为十大阶层：国家与社会管理者阶层、经理人员阶层、私营企业主阶层、专业技术人员阶层、办事人员阶层、个体工商户阶层、商业服务业员工阶层、产业工人阶层、农业劳动者阶层、城乡无业失业半失业者阶层。

不同社会阶层的消费者的购买行为往往存在一定的差异，表现在：①支出模式上的差异；②休闲活动上的差异；③信息接受和处理上的差异；④购物方式上的差异。

2. 相关群体　对个人的态度和行为有直接或间接影响的群体称为相关群体，包括直接相关群体和间接相关群体的影响，前者对消费者购买行为的影响是直接的，后者的影响是间接的。

直接相关群体又称为成员群体，消费者个人从属于该群体或与该群体有直接关系。直接相关群体又可分为主要群体和次要群体。主要群体是指消费者与之经常接触的一些人，一般都是非正式群体，如家庭成员、亲戚朋友、邻里同事等，这类群体对消费者的购买行为影响最大。次要群体是较为正式但并不经常接触的群体，如宗教组织、各类社会团体和职业团体等。次要群体对消费者购买行为的影响要小于主要群体的影响。

间接相关群体是指消费者个人并不属于该群体，但又受其影响的一类群体，包括向往群体和厌恶群体。向往群体也称渴望群体，消费者虽然并不属于该群体，但渴望加入该群体，常以该群体的生活方式、价值观念等作为自己的生活准绳。如由影视明星、体育明星、政府要员等构成的各种群体即属于向往群体。与向往群体相反，厌恶群体是消费者反对、排斥的群体，消费者希望与之保持距离，甚至经常反其道而行之。

消费者与间接相关群体的联系与接触通常是间接的，但就其对消费者购买行为的影响力来说并不一定比直接相关群体小。某些消费者，特别是一些年轻消费者，极其崇拜影视明星、体育明星等某些向往群体的特定成员，高度关注他们的动态，极力模仿他们的言行，这些消费者的购买行为甚至喜怒哀乐都受其影响。

相关群体(除厌恶群体)对消费者购买行为的影响表现在 3 个方面：①示范性。相关群体向消费者展示出新的行为模式和生活方式。②仿效性。消费者仿效相关群体的行为模式、生活方式，从而使消费者的消费习惯及购买行为受其影响。③一致性。相关群体的示范性、仿效性使消费者的行为趋于一致。

相关群体对消费者购买行为影响的大小取决于消费者的个性特征、产品和品牌、产品的生命周期等因素。企业在营销活动中，应了解目标顾客相关群体的组成及影响力大小，研究如何利用相关群体的影响力对目标顾客施加影响。

3. 角色和地位　一个人在不同的场合扮演着不同的社会角色，有着不同的地位。例如，某一个人在家中是妻子的丈夫、子女的父亲，同时也是父母的儿子；在单位，是自己上级的下属，也是下属的上司，同事的同事。他在不同场合下的言谈举止、服饰打扮等往往都要考虑自己的角色和地位，这是因为每个人都有意或无意地使自己的行为有助于塑造自己的角色、符合自己的地位。因此，角色和地位影响消费者的购买行为。

(三)个人因素

每个消费者都是社会中一个相对独立的个体，都有着有别于其他消费者的一些个人特征，如年龄及家庭生命周期、职业、经济状况、生活方式、个性等，这些个人特征影响消费者的购买行为，使不同的消费者在购买行为和购买习惯等方面存在差异。

1. 年龄 不同年龄的消费者在需求和购买行为等方面存在一定差异。显然，一个 20 岁的青年与一位 65 岁的老年人有着不同的爱好和需要。即便是同种需求，也往往存在明显的差异，如年轻人喜欢新潮、有个性的服装，而老年人则喜欢穿着沉稳、舒适、大方。在购买行为上，年轻人较易接受新产品，容易受外界刺激发生冲动型购买；而老年人习惯型购买居多，对产品或品牌有较高的忠诚度。

2. 家庭 家庭是社会的细胞，每个人都是在某一特定家庭中成长起来的，他的价值观念、生活习惯、行为方式等都深深地打上了家庭的烙印。从这个意义上说，家庭对消费者购买行为有着潜移默化的影响。

家庭也是消费者市场购买和消费的基本单位，家庭各成员在购买决策过程中担任不同角色，起着不同作用并相互影响。同时，家庭也是消费者主要相关群体之一。因此，家庭对消费者购买行为产生直接的影响。

在家庭生命周期的不同阶段，消费者对产品的需求有明显的变化。家庭生命周期一般分为以下 7 个阶段。①未婚阶段：年轻，单身；②新婚阶段：年轻夫妇，没有孩子；③"满巢"Ⅰ：年轻夫妇，有 6 岁以下的幼儿；④"满巢"Ⅱ：年轻夫妇，有 6 岁或 6 岁以上的孩子；⑤"满巢"Ⅲ：年纪较大的夫妇，有未独立的子女；⑥"空巢"：老年夫妇，子女已分居；⑦独居的未亡人：年老，单身。

3. 性别、职业、受教育程度 性别、职业、受教育程度等方面的差异，使消费者在生理、心理和社会角色等方面存在差异，他们因此在需求结构、审美情趣、购买习惯等方面有所不同。例如女性消费者在美容、服装等方面的支出一般要高于男性消费者；足球比赛的观众以男性观众为主；专业期刊、书籍的购买者一般都为专业技术人员；早期的网民受教育程度一般都较高。

4. 经济状况 消费者的经济状况决定其购买力的大小。一般地，经济状况好的消费者，产品需求弹性小，购买决策过程相对简单。因此，向可随意支配收入高的那些消费者推广新产品更容易成功。此外，消费者由于经济状况不同，他们的消费结构和支出模式也会不同。

5. 生活方式 生活方式指一个人根据自己的价值观念确定的生活模式。生活方式多种多样，如节俭型、奢华型、守旧型、革新型、事业型、娱乐型等。不同的消费者因生活方式不同，具有不同的需求特征和购买行为。

（四）心理因素

消费者的购买行为受动机、知觉、学习、信念和态度等心理因素的影响。

1. 动机　即消费者为什么购买？要弄清这一问题就必须分析消费者的购买动机。通过对动机的分析可以使营销管理人员更深刻地把握消费者的购买行为。

动机(Motivation)这一概念是由伍德沃斯(R. Wood Worth)于1918年率先引入心理学的。他把动机视为决定行为的内在动力。一般认为，动机是引起人们动作行为的原因，是刺激和触发行为反应并为这种反应指明具体方向的内在力量。简言之，动机决定行为。而动机与需要关系密切、需要是动机的基础，动机则是需要的表现。

有关动机与行为的理论中最有代表性的是美国人本主义心理学家亚伯拉罕·马斯洛(A. H. Maslow)提出的需要层次论。该理论是从总体上解释人类行为的宏观理论。亚伯拉罕·马斯洛将人类需要分为生理需要、安全需要、社会需要、尊重需要和自我实现需要5个层次，见图3-5。

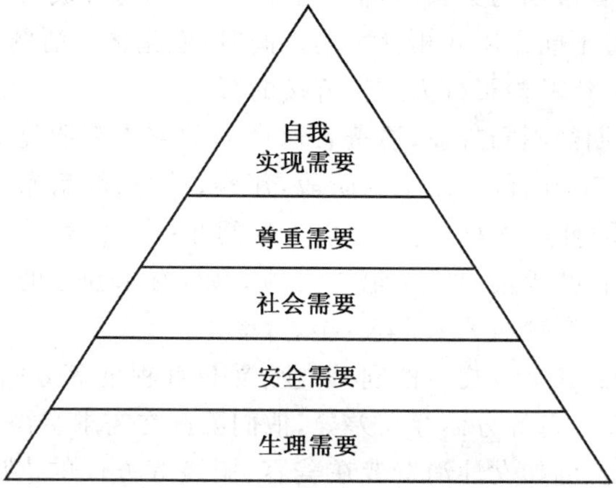

图3-5　马斯洛的需要层次

①生理需要：指关系到个人生存的需要，生理需要导致消费者对基本生活必需品的需求。②安全需要：对保证人身安全与健康的需要。人们可通过对人寿保险、医疗服务、保健用品等产品和服务的消费满足此类需要。③社会需要：指对归属感、被接纳的需要，即期望获得他人的承认与友谊。基于这种需要，人们会增加与他人的交往，积极参加某些团体。④尊重需要；人们希望获得别人的尊重、取得一

定的社会地位。⑤自我实现需要:希望自己的才能得到最大限度的发挥,实现自己的理想和抱负。

马斯洛认为,上述五个层次的需要是按从低级到高级的顺序排列的。只有低层次的需要获得满足后,才会产生高层次的需要。只有未满足的需要才会形成动机,已满足的需要不再是一种动力。因此,需要什么,取决于已有什么。

马斯洛的需要层次论为理解人类一般行为提供了基本指南。将该理论用于消费者行为分析,对理解消费者购买动机,帮助营销管理人员制定营销策略具有重要价值。但该理论主要描述需要变化的"满足——前进"这一情形,美国心理学家奥尔德佛的"ERG"理论指出了需要变化也可能会出现"受挫——倒退"的情形。

弗洛伊德创立的精神分析法把无意识的心理过程作为理论核心,提出无意识动机理论,认为人们并不完全了解自己的动机,造成人类行为的真正心理力量大部分是无意识的。因此,有人据此认为研究消费者购买行为必须深入到无意识水平。

实际上,消费者购买某种产品往往是出于多种动机。其中,有些动机是消费者意识到并承认的动机,称为显性动机;有些是消费者没有意识到或不愿承认的,称为隐性动机。营销管理人员应分析哪些动机影响目标市场顾客对某种产品的购买,并以此为基础制定相应的营销策略。由于存在多种动机,产品应该提供多种利益,并通过一定的促销方式有效地传递这些利益。

2.知觉　人们通过自己的感官接受客观事物的刺激形成感觉,但感觉只是人们对客观事物某种属性的直接反映。知觉是人脑对刺激物各种属性和各个部分的整体反映,是对感觉信息加工和解释的过程。可见,知觉以感觉为基础,是对感觉材料的加工和解释。感觉是天生的反应,而知觉则要借助于过去的经验,知觉过程中还有思维、记忆等的参与,因而知觉对事物的反映比感觉要深入、完整。

消费者购买动机形成后,其购买行为还受到知觉的影响。在相同的情况下,有同样动机的两个消费者可能会采取不同的行为,原因在于他们的知觉不同。例如,在听过某个推销员的介绍后,一个消费者认为该推销员口齿伶俐、介绍详细;而另一个消费者可能会认为该推销员言不由衷、夸大其词。

人们对同样的刺激可能产生不同的知觉是因为知觉是一个选择性的过程。这一选择性过程包括选择性注意、选择性曲解、选择性记忆。

(1)选择性注意:一个人在同一时间可能面对着很多刺激物,其中能引起注意的只是少数。一般来说,影响注意的因素主要有刺激物、个体和情境三类。刺激物的大小、强度、色彩、运动、对比、格式及信息量等因素会对注意程度产生影响;而兴趣和需要是影响注意程度最主要的个体因素;环境中主体刺激物之外的刺激以及因环境导致的暂时性个人特征是影响注意的情境因素。

注意的选择性要求企业认真分析影响注意的各种因素,在此基础上设计出更能引起消费者注意的广告、包装、品牌等营销刺激物。

(2)选择性理解:理解是个体赋予刺激物以某种含义或意义的过程。理解涉及个体依据现有知识对刺激物进行组织分类和描述。因此,理解也是一个选择性过程。理解的选择性过程同样受刺激物、个体和情境因素的影响。

营销管理人员应注意理解的选择性对营销活动的影响,如在与消费者或社会公众的沟通过程中,如何才能降低误解,使对方正确地理解所传递的信息。

(3)选择性记忆:根据认知一致性理论,人们倾向于保持一套一致的信念和态度。认知系统中的不一致将引发心理不安和紧张。因此,消费者更倾向于接纳那些与其态度相一致的信息。

了解消费者知觉的选择性过程对企业更加有效地开展营销活动是十分必要的。例如,为提高广告效果,企业应分析研究什么样的广告才能吸引消费者的注意,消费者对广告内容是如何理解的,怎样才能加深消费者对广告内容的印象等问题。此外,消费者对产品质量的知觉、消费者对购买风险的知觉等都涉及到知觉的选择性问题。

3. 学习　人类行为少数是与生俱来的,大部分是经由后天学习得来的习得行为。学习是指由于经验引起个人行为的改变。心理学认为,学习是驱使力、刺激物、诱因、反应和强化等因素交互作用的结果,人的学习模式如图 3-6 所示。

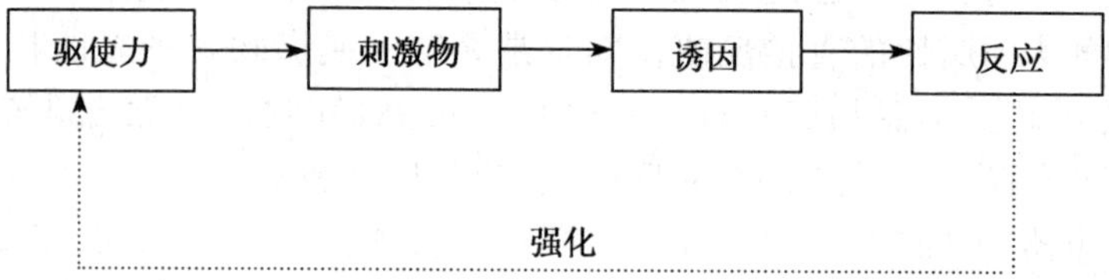

图 3-6　人的学习模型

驱使力是人的内在需要,它使人处于某种紧张状态。刺激物是可以满足内在需要的物品,当某一驱使力引向某种刺激物时就形成动机。诱因是刺激物具有的吸引力的原因,它决定动机的方向和程度。反应是人们采取的行为。如果反应的效果好,以后遇到相同的驱使力和刺激物就会产生同样的反应,形成正向强化;反之,形成反向强化。例如,一个饥饿(驱使力)的消费者看到商店里的面包(刺激物),面包的香味、食用的便利、可承受的价格(诱因)使他决定购买面包充饥(反应)。吃完面包,如果他感到满意(效果好),以后遇到同样的情况他会再次购买该种面包(正向强化)。

4. 信念与态度　人们通过学习形成信念与态度。信念与态度进一步影响人的行为。

信念是指人们对某些事物所持有的描述性思想,是被一个人所认定的可以确信的看法。信念可以建立在不同的基础上,有些信念是建立在科学知识基础上,有些则是依据个人的“见解”或来自“信任”。因此,信念既可能是科学的,也可能是一种偏见甚至迷信。比如,“吸烟有害健康”这一信念来自科学知识,而“进口的产品就是比国产的好”显然是不正确的。

态度是一个人对某些事物或观念长期持有的认识上的评价、情感上的感受和行动上的倾向。态度是逐渐形成的，具有持久性和一致性。因此，改变消费者的态度是较为困难的，往往需要投入大量的经费。消费者态度的改变包括两层含义：态度强度的改变和态度方向的改变。消费者态度的改变一般是在某一信息或意见的影响下发生的，从企业角度来说，消费者态度改变的过程也就是劝说或说服的过程。

消费者的信念决定了企业和产品在其心目中的形象,决定了消费者对企业和产品的态度。因此,消费者的购买行为在很大程度上受其对产品或服务的信念与态度的支配。例如,由于美国消费者常常将摩托车与犯罪联系在一起,摩托车的市场需求量很低。为打开美国摩托车市场,日本本田公司以“你可以在本田摩托车上发现最优雅的人”为主题,开展了一系列宣传活动,成功地扭转了美国消费者对摩托车的观念,顺利地打开了美国市场。

5.个性和自我形象　个性指一个人表现出的经常的、稳定的、实质性的心理特征,决定一个人对环境的反应模式。个性特征有很多种类型,如外向与内向、细腻与粗犷、乐观与悲观、谨慎与急躁、保守与激进等。个性的差别也会导致购买行为的不同。

自我形象是指消费者在心目中把自己看成是怎样的一个人。自我形象有实际的自我形象、期望的自我形象和社会的自我形象。消费者的某些购买行为是为了保持或美化自我形象。

第三节　组织市场购买行为分析

一、生产者购买行为概念

(一)生产者购买行为

生产者市场的购买者是各类产品和服务的生产者。为生产产品或服务,生产者必须购买生产设备、原材料等产品或服务用于生产消费。生产者的购买行为是指生产者为获取、使用、处置产品或服务所采取的各种行动。

(二)生产者购买行为模式

生产者市场的购买者是组织而非个人,组织也不仅仅是人的集合。因此,生产者购买行为与消费者购买行为有很多不同点。然而组织是由人组成的,是由组织中的人而非组织本身作出购买决策。因此,生产者购买行为与消费者购买行为也有相似点。根据刺激—反应原理,生产者购买行为模式如图 3-7 所示。

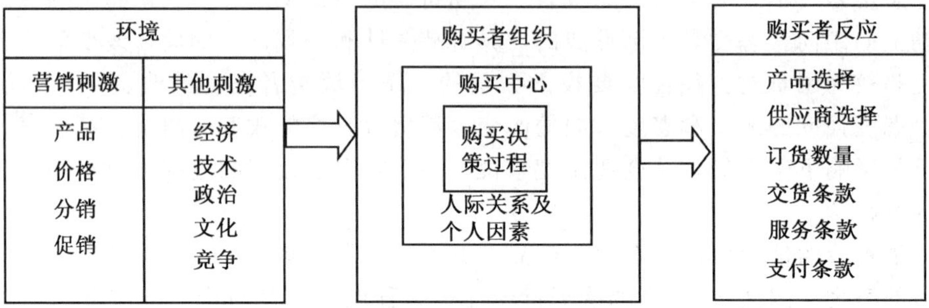

图 3-7 生产者购买行为模式

除上述模型外,谢斯于 1973 年提出了描述生产者购买行为模式的谢斯模型。该模型包括三个独立部分:参与购买决策的个人内在心理领域、促使决策参与者共同决策的条件、共同决策的过程及决策过程中的冲突与冲突解决方法。可见,谢斯模型侧重于分析生产者购买行为过程中的心理因素和决策过程。

二、生产者购买行为类型

根据购买决策的复杂程度不同,可将生产者的购买行为分为直接重购、修正重购和新购三种类型。

(一)直接重购

直接重购是指生产者按照过去的订货目录和基本要求向原有的供应商购买产品。由于不需要重新选择确定供应商及购买条件,这种类型的购买行为决策最为简单。企业的采购部门在对以往的供应商进行评估后,选择其中感到满意的作为直接重购的供应商,当原材料、零配件等的库存量低于一定水平时,直接按过去的条件发出订单即可。

(二)修正重购

购买者因某种原因调整或修订原有的采购方案,并根据调整后的采购方案进行购买,这样的购买行为被称为修正重购。如生产者为寻求更低的价格、更好的服务或更有利的交货条件而重新选择供应商或改变购买条件等即属修正重购。由于需要修改采购方案,修正重购的购买决策要比直接重购的购买决策复杂得多。

(三)新购

指生产者首次购买某种产品或服务的购买行为。由于是第一次购买,购买者一般没有或只有较少的经验可供参考,为降低购买风险,需要广泛收集相关信息、对多方面的问题做出决策。因此,新购的决策过程最为复杂、完整。

三、生产者购买行为过程

(一)生产者购买决策的参与者

1. 倡议者　指生产者内部提出建议购买某一产品或服务的人员。

2. 影响者　指生产者内部和外部能对购买决策产生直接或间接影响的人员。

3. 决策者　指生产者内部对是否购买、购买产品的规格和数量、供应商选择等问题作出最终决定的人员。一般地,购买类型不同,决策者往往也不同,直接重购可由采购部门作出决策,而新购的决策者则是高层领导。此外,决策者还因生产者规模、组织结构、规章制度、业务程序、人际关系等的不同而有所不同。为有效地促成交易,供应商应当设法弄清生产者用户的购买决策者是谁。

4. 使用者　指生产者内部实际使用所购产品或服务的人员。通常是他们首先提出购买建议,在确定购买产品的品种、规格等方面他们也具有较大的影响力。

5. 采购者　采购者的主要任务是按照采购方案选择供应商及商谈采购条款。在重大复杂的采购活动中,高级管理人员可能会参与到采购者的工作中。

6. 控制者　指生产者内部或外部能够控制信息流程的人员。

(二)生产者购买过程

生产者购买过程一般包括 8 个阶段,由于决策复杂程度不同,不同类型的购买行为其购买过程也不尽相同。其中,修正重购和直接重购可能跳过其中的某些阶段,新购则要经过完整的 8 个阶段,详见表 3-2。

表 3-2　生产者购买过程

阶段	类型		
	新购	修正重购	直接重购
认识需要	是	可能	否
确定需要	是	可能	否
说明需要	是	是	是
物色供应商	是	可能	否
征求供应建议书	是	可能	否
选择供应商	是	可能	否
签订合约	是	可能	否
绩效评价	是	是	是

1. 认识需要　认识需要是购买过程的起点，它可能是由内在因素引起的，也可能是由外部因素引起的。常见的内在因素有：存货下降到某一规定水平；已购进的产品不理想或不适用，需更换供应商；应用新的生产工艺或生产技术以及因推出新产品而需要新设备或新原料，出现更为理想的产品等外部原因也会引起认识需要。

2. 确定需要　确定待购项目的特性和数量。标准化产品易于确定，非标准化产品需要采购部门与技术人员、使用部门共同协商确定。

3. 说明需要　对待购产品的品种、规格、型号、性能、特征、数量和服务等内容，作出详细的说明，供采购人员作为采购的依据。

4. 物色供应商　采购部门采用多种方式、通过各种渠道寻找供应商并筛选出其中一部分作为备选供应商。

5. 征求供应建议书　请备选供应商提交各自的供应建议书。

6. 选择供应商　对备选供应商提交的供应建议书进行分析评价，考察供应商的交货能力、产品质量、价格、信誉、服务、结算方式的能力等因素，经谈判最终确定供应商。

7. 签订合约　与选定的供应商签订订单。

8. 绩效评价　分析供应商的履约情况，收集使用部门对供应商所供产品及服务的意见，对供应商进行考察评价。考察评价的结果作为决定是保持、修正还是终止供货关系的主要依据。

四、影响生产者购买行为的因素

影响生产者购买决策的因素主要包括环境因素、组织因素、人际因素和个人因素等四大类。如图 3-8 所示。

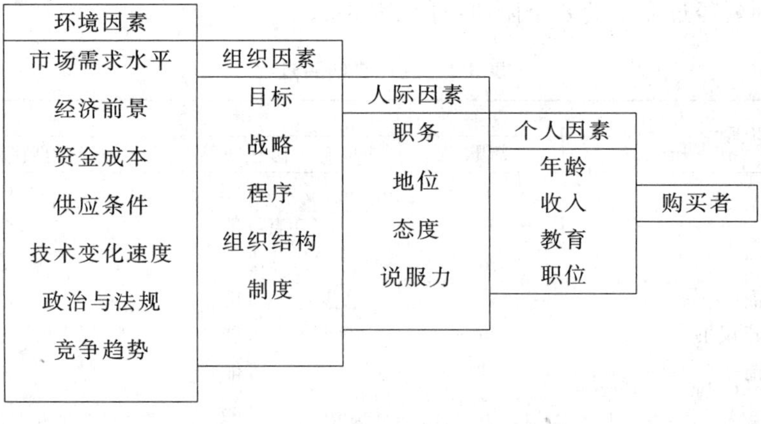

图 3-8　影响生产者购买行为的主要因素

(一)环境因素

指生产者不能控制的宏观环境因素。包括经济发展前景、供求状况、科技发展、竞争态势等,这些因素及其发展变化情况都会对生产者的购买行为产生影响。例如,如果经济发展前景不佳,生产者就会压缩投资、减少采购。当市场需求上升,供应条件恶化时,为保证生产需要,生产者会增加采购、加大库存;而资金成本的上升会促使生产者减少采购量,以降低库存,减少资金占用。

(二)组织因素

组织因素是指生产者用户自身的有关因素,如经营目标、战略、组织结构、制度体系等因素。组织因素对生产者的购买行为有着重要影响。

(三)人际因素

生产者购买决策过程比较复杂,参与者众多。各种参与者的职务、地位、态度和相互关系影响生产者的购买行为。

(四)个人因素

个人因素是指生产者购买决策过程参与者的年龄、受教育程度、个性、对风险的态度等因素。这些因素同样影响着生产者的购买行为。

五、政府市场购买行为

(一)政府市场的购买目的

与生产者市场和中间商市场不同,政府市场的购买目的不是为了获得利润,而是为了履行政府的职能。政府具有多方面的职能,如国防、维持正义、建立与维护公共设施、宏观经济管理等。

(二)购买对象

由于政府具有多方面的职能,使政府购买的对象极其广泛。如为维持一定的军事力量以保护国家领土的安全,政府必须采购各种武器装备、军人生活用品等;为维持正义,政府必须建立监狱、设立公检法等部门,需要采购相关产品和服务;为调节供求、稳定物价以实现对经济运行的宏观调控,政府购买和储存石油、粮食、棉花等产品,参与公开市场业务,在金融市场上购买债券、黄金、外汇等金融资产;政府还需要为建立与维护城市交通系统、供电、供水系统买单。可见,政府购买的对象从军需品到民用品、从工业用品到消费品、从有形的产品到无形的服务,几乎无所不包。

(三)政府市场购买过程的参与者

政府市场购买过程的参与者主要有两种类型:①各级政府部门的采购组织;②军事部门的采购组织。比如,美国在联邦、州、地方各级一般都有政府的采购组织；联邦军用采购由国防部，大部分通过国防军需机构和陆海空三军的采购部门执行。在我国，包括各级国家机关、事业单位和团体组织的采购组织，以及负责军事采购的国防部、后勤部、各大军区和各兵种的后勤部门。

政府市场购买过程的参与者具体包括使用者、影响者、决策者、采购者和信息控制者。

（四）政府市场的购买方式

一般地，政府市场的购买方式包括公开招标、邀请招标、竞争性谈判、询价、单一来源采购等。不同购买方式下决策过程的参与者及采购程序往往存在一定的差异。

（五）影响政府购买行为的主要因素

与生产者市场相同，政府市场的购买行为也受到环境因素、组织因素、人际因素和个人因素的影响。但是，政府市场的购买行为在以下一些方面有所不同。

1. *受到社会公众的监督* 主要的监督者有：①国家权力机关；②国家行政管理部门；③媒体；④公民和民间团体。如《中华人民共和国政府采购法》中对此有相关规定："我国各级人民政府财政部门是负责政府采购监督管理的部门，依法履行对政府采购活动的监督管理职责"、"各级人民政府其他有关部门依法履行与政府采购活动有关的监督管理职责"、"政府采购的信息应当在政府采购监督管理部门指定的媒体上及时向社会公开发布"、"政府采购项目的采购标准应当公开"、"采用本法规定的采购方式的，采购人在采购活动完成后，应当将采购结果予以公布"等。此外，《中华人民共和国政府采购法》的第六章"质疑与投诉"，专门就供应商的质疑与投诉做出了规定。

2. *受到一些重大事件的影响* 国际国内发生的一些重大事件对政府的采购有重要影响。如：在国家安全受到威胁时，对军用品的采购就会大幅度上升；发生重大自然灾害时，政府就会增加对救灾物资的采购。"非典"时期的情况就是典型的例证。

3. *受到采购政策的影响* 一般地，政府采购往往都倾向于照顾本国企业。此外，某些特殊的采购政策可以提高特定类型的企业或行业的中标率，达到扶持这些企业或行业发展的目的。如美国规定：在政府采购中，要给予中小企业价格优惠，中型企业价格优惠幅度在6%以下，小型企业价格优惠幅度在12%以下，美国有些州政府还规定，在国际招标中给予本国供应商10%～30%的价格优惠。阿根廷规定，只要本国产品的价格不高于进口产品价格的5%，就必须优先购买本国产品。运用首购制度和政府采购合同制度扶持技术创新企业是国际上通行的做法和有效手段。20世纪五六十年代，美国的航天航空技术、计算机、半导体、集成电路等产业的建立和发展，基本都是靠政府采购的推动，通过政府采购降低了这些产品早期进入市场的风险。我国也有类似的规定，如《中华人民共和国政府采购法》规定，除某些情形外，“政府采购应当采购本国货物、工程和服务”。2007年4月3日，财政部颁布了《自主创新产品政府采购预算管理办法》、《自主创新产品政府采购评审办法》和《自主创新产品政府采购合同管理办法》三大办法，规定：“应当优先安排采购自主创新产品的预算”、“采购人在政府采购活动中，应当优先购买自主创新产品”、“采用最低评标价法评标的项目，对自主创新产品可以在评审时对其投标价格给予5％～10％幅度不等的价格扣除”。

【复习思考题】

1. 什么是消费者市场？它有哪些特点？
2. 为什么要分析消费者的购后感受？
3. 企业如何帮助和促使消费者认知需要？
4. 文化因素是怎样影响消费者购买行为的？中国文化有哪些特点？
5. 根据本章的内容，你认为应该怎样衡量广告的效果？怎样才能提高广告的效果？
6. 试用马斯洛的需要层次理论描述你在毕业后若干年内需要的变化情况。
7. 针对不同的生产者购买行为应采取什么样的营销策略？
8. 政府购买行为与消费者购买行为有何区别？
9. 根据消费者购买行为的一般模式分析你购买某种服装的过程。

【案例】

买单的标准是“喜欢”——“80后”刷新国人消费主张

名牌不等于首选，便宜也不会动心，贵贱全没概念，买单的唯一标准就是“喜欢”——“80后”悄然刷新国人消费主张。

一、66.9％的人认为“80后”的消费欲望远远大于消费能力

25岁的唐妮把她准备的情人节礼物炫出来——一小盒巧克力。同事们顿时大失所望：“就这个?!”唐妮得意道：“这是独一无二的！”这是她跑到一家人气超旺的手工巧克力店亲手做的，6小块儿，99元——“天长地久”！43岁的汤大姐说：“妮妮太好骗了，不就是把巧克力化了再冻起来吗，99元，都能买五六斤了！”

“80后”跟上一代之间的消费观念代沟，宽得足够撑船。唐妮现在满心期待的，是男友的那份情人节礼物——白色掌上游戏机PSP。虽然男友刚刚研究生毕

业,几乎没有储蓄,却毫不犹豫地刷卡买下了她心仪已久的 PSP。“80 后”的唐妮们如今是最受商家欢迎和重视的新客户群。虽然有人给他们冠以“ATM 世代”的称号——缺乏积累(accumulation shorten),乐于消费(tingled on consumption),不做计划(making no plan)——但无可否认,有全新消费主张的“80 后”正成为中国的消费主力。

中国青年报社会调查中心与腾讯网新闻中心日前联合开展的一项“80 后”消费调查(7 791 人参与)显示,66.9%的人赞同“‘80 后’消费欲望远远大于消费能力”的说法。

二、全新的消费主张:关键得看喜欢不喜欢

26 岁的外企职员江南是公司里出名的“血拼族”,她认为自己并不是一味崇尚名牌的“败家女”,“不会傻到为了一个名牌商标去浪费血汗钱,关键还得看喜欢不喜欢。”江南的衣柜里,既有攒了几个月工资买的限量版包包,也有大量她轧马路淘小店淘来的便宜宝贝,买单的唯一标准就是“喜欢”——有品位,有风格,不会跟同事“撞衫”。

“80 后”的消费主张,是上一代人无法理解的。他们的消费准则并不一定有明确目的和实用意义,而更基于主观的喜好。“喜欢”,正成为“80 后”越来越主要的消费冲动。

此次调查也证明了这一点。什么样的东西会让你乖乖掏钱?在这个多项选择中,虽然“自己确实需要的”占了首位(21.5%),但“喜欢的”以 19.5%的比率紧随其后。

三、膨胀的消费欲望:把消费作为赚钱的动力

零点公司的相关分析认为,“独生子女的资源操纵与话语优势”、“市场经济的影响”、“大众传媒与商业发育对于流行文化的推崇”等等,都使得“80 后”的消费欲望不断膨胀。在“80 后”中,大部分人在经济可承受的基础上,主动消费的意识都比较强。他们崇尚“钱不是省出来的,而是赚出来的”,“钱挣来就是为了花的”的理念。

零点公司日前发布的一项调查显示,目前已经工作的“80 后”青年,其月生活支出是所有人群中最高的,平均月支出每人为 1 180 元。

江南也是“消费论”的拥护者。她无法认同父辈那种拿了工资就存银行,看着存折数字变化兴高采烈的消费态度。“攒能攒多少呢,尤其是我们这些刚工作的,工资本身就不高的,攒半天钱,结果房价一涨,还是啥都买不起。”江南更喜欢用消费作为自己赚钱的动力。比如,为了攒下圣诞节泰国游的经费,她义无反顾地接了一个难啃的项目,整个 12 月份都一头扎在公司里,没休息过一天。等到躺在异国

的五星级酒店，享受精致的SPA时，江南觉得满意极了，“如果攒再多钱都不花，生活还有什么意义呢？”

四、无计划消费，是“80后”消费的一大特征

在此次调查中，关于“有无定期存款”一项，坦言“没有，我是标准月光族”的，占了28.7%，而更多的人则表示“说不定，有时花剩下的钱也可以攒起来的”(43.9%)。调查中，“80后”普遍承认的自身消费状态有：想过记账的，最后都放弃了；永远缺钱；我好像什么都没干，但账户又空了；不会理财，跳过所有报纸的理财版。常透支，喜欢刷卡，热衷于网络购物，是“80后”消费的另一特点。“虽然是透支，但用明天的钱享受今天，应该说是一种明智的消费理念吧。”

（来源：中国青年报，2007年2月12日（有删减））

【案例思考】

1. 你认为“80”后购买行为和消费心理有何特点？
2. 你是怎样看待“80后”消费群体需求的？

第四章　行业与竞争者分析

【学习目的】

1. 掌握行业竞争类型及反映行业特点的基本内容。
2. 掌握行业竞争的影响因素及竞争规律。
3. 能识别不同类型的竞争者。
4. 掌握基本竞争战略及不同竞争者应采取的竞争策略。
5. 明确合作联盟战略的意义及内容。

第一节　行业特点及竞争分析

在决定是否投资或进入某一市场之前，首先应对该市场的行业背景，包括该行业的现状、行业发展趋势、行业竞争特点等做一深入的调研分析，以便于企业从行业发展的角度，审视企业的营销活动，把握发展机会，制定或调整科学的营销方案和投资决策，有效实施和推进竞争战略。

一、行业概念

在市场营销学中，买方的集合被称为市场，卖方的集合被称为行业。进一步，从竞争者行为角度分析，行业是指一组提供一种或一类相互密切替代产品的卖方的集合。所谓密切替代产品是指具有高度需求交叉弹性的产品。如果一种产品的价格升高引起另一种产品的需求增大，这两种产品就是密切替代产品。生产和销售这两种产品的所有企业便构成一个行业。例如，生产和销售家电的企业构成家电行业，生产和销售彩电的所有企业构成彩电行业。市场经济条件下，行业内部不可避免地会产生竞争，显然，生产和销售相互密切替代产品的企业相互是对方的竞争者。

二、行业特点及其分析

行业不同，市场竞争结构不同、竞争激烈程度不同、竞争规律不同、市场吸引力和威胁不同。行业特点主要由生产企业和销售企业的多少，产品或服务的差异化程度，进入的障碍、退出的难易、纵向一体化程度和全球化经营程度等反映。也就是说，一个企业在决定是否进入某一行业之前，需要对上述几方面该行业的情况进行深入系统的调研。

(一)行业竞争结构类型

行业竞争是指行业中的各利益主体为在市场上争夺各自的利益而进行的竞争。包括买方和卖方之间、买方之间、卖方之间的竞争。市场营销学注重研究的是卖方之间的竞争。这类竞争的核心是争取顾客，争夺市场销路，使企业的市场占有率得以提高。在现代市场经济条件下，行业中的卖方之间的竞争依据生产销售企业的数量，以及产品的差异程度的不同，划分成竞争激烈程度不同的4种结构类型。

1. 完全竞争(pure competition)　也可称为纯粹竞争。完全竞争的行业是由许多提供相同商品或服务的企业所构成的。在这样的行业里，参与竞争的企业很多，但规模不是很大，所提供的产品或服务基本上是相似的，所以竞争者的价格也是相同的，任何企业都不能影响和控制产品的价格。

在完全竞争的行业中，每个企业可以根据行业的发展状况、赢利情况，自由选择进入或退出，并且能掌握相关产品的价格信息和市场的最新动向。现实中，完全竞争的行业少见，是一种较为理想的行业类型。

2. 完全垄断(pure monopoly)　也可称为纯粹垄断或完全独占。完全垄断是指在一定地区整个行业由一家企业完全独占，提供某种产品或服务(如电力公司)。完全垄断产生的原因主要有：对于一些特殊行业，国家或地方政府出于经济安全考虑，以法律法规设置准入限制，采取完全垄断；处于完全垄断的企业拥有某产品或服务的专利权；某些产品或服务需要大规模的投资，规模经济显著；一家企业控制了某种产品或服务的全部资源或关键资源等等。在现实市场中，处于完全垄断状态的企业不多见。只是在一些特殊时期或特定的地理条件下，可能出现类似于这种情形的企业。

在完全垄断的行业内，产品或服务的产量、价格等都由一家企业所控制，这对消费者不利。因不存在任何竞争对手，无竞争可言，消费者别无选择，只能被动地接受垄断企业所提供的产品或服务的种类和价格。如果有部分替代品出现，完全垄断企业会投入更多的技术或服务对新进入者设置障碍。对于一个守法或有社会责任的垄断企业会为消费者提供合理的价格及较多的服务。

3. 垄断竞争(monopolistic competition)　垄断竞争的行业是一个由许多生产或销售有一定差异的产品或服务的企业所构成。也就是说，在垄断竞争行业中，企业数量较多，但大多是中小企业；各企业所提供的产品力图有别于其他企业具有一定的特色，这就使得顾客有选择的机会。

这种行业既有垄断又有竞争，它是一种介于完全垄断和完全竞争之间的行业结构。因为,参与竞争的各个企业针对相应的细分市场的顾客需求,提供相应的特色产品或服务。这种产品或服务的特色和差异化使其提供者在细分市场上享有一定的排斥其他竞争者的垄断权力,保持一定的竞争优势,包括价格优势。但该产品的共同点又促成了相互的竞争。那么,产品或服务的差别程度越大,垄断成分就越大;产品或服务的共同性越大,竞争就会越激烈。因此,在垄断竞争的行业里,企业可以通过针对特定的细分市场,提供有特色的产品或服务满足顾客需求,来形成竞争优势,建立市场壁垒,维护市场地位。

4.寡头垄断(oligopoly) 寡头垄断行业通常是由少数几家大企业所构成的。这些企业提供从差别化到标准化的产品,控制着整个行业的产品生产和销售,是现实中较多的一种竞争类型,有以下两种类型:

(1)纯粹寡头(pure oligopoly)。指某一行业是由几家在产品本质上没有明显差别的垄断企业所构成,如石油、钢铁等行业,则这些企业被称为纯粹寡头。在这个行业中,企业一般获得竞争优势实现垄断的唯一办法是通过大量生产来降低生产经营成本。

(2)差别寡头(differentiated oligopoly)。指某一行业是由几家生产在质量、特性、服务等方面有差别的产品(如汽车、照相机)的企业所构成的。这些企业被称为差别寡头。在差别寡头控制行业中,竞争参与者可在其中一种产品属性上寻求突破,吸引和巩固顾客对该属性的偏好,并实现较高的市场定价。

在寡头垄断的行业中,因为只有少数几家企业提供某产品或服务,在市场需求量一定的情况下,每个企业都可获得相当大的市场份额。如果某一企业调整自己产品或服务的供应数量和销售价格时,就会对整个市场的价格和销售量产生影响,同时会影响竞争对手在市场上的竞争力。因此,每个企业在进行生产和销售决策时都应慎重考虑,尽量避免引起行业内部的纷争。由于寡头垄断企业在生产规模、技术装备等方面占有优势,其他企业进入寡头垄断市场的难度较大。

在上述四种行业竞争结构类型中,完全竞争行业和完全垄断行业是两个极端,现实中不多见。垄断竞争和寡头垄断两个类型介于两个极端之间,是大量存在的两种行业结构。行业的竞争结构会随着时间的推移而变化。以索尼公司发明随身听微型收录机为例。在随身听微型收录机行业,索尼公司开始完全独占,但很快有少数几家公司进入,该行业就转化为寡头垄断。随着更多的竞争者提供各种型号的随身听,行业结构进入垄断竞争。因此,企业可以根据自身优势及能力,把握市场时机,为企业赢得竞争。

(二)进入障碍

当一个行业有吸引人的利润时,企业必须考虑该行业是否容易进入。不同行业是否容易进入是有差别的。如开设一家洗衣店较为容易，而进入彩电行业就比较困难。这是因为不同的行业有不同的进入障碍。

所谓进入障碍，是指企业欲进入某一行业所需具备或跨越的限制性条件。企业进入行业的障碍主要有：

1. 政府政策和专利　所有可能限制进入或者阻止进入的政府政策、行业标准和法律保护下的专利都是强有力的行业进入障碍。面对市场全球化和技术创新不断加快的时代，这两种障碍的作用不可以低估。

2. 资本及技术投入的要求　有些行业如通讯、汽车制造等虽然利润率比较高，但初始投入成本高，技术含量及投入大，后期大量的存货也会占据资金，使得资金流动不灵活，而具备这些实力的企业相对较少。所以，行业的资本投入，尤其是前期的资本投入量，技术的投入，就自然成为某些行业进入的障碍。

3. 资源的获得性　新进入者要想生产具有同等竞争力的产品，在资源的获得上也要花很大的代价，先进入者已经与资源供应商建立了良好的合作关系，作为后者，寻找新的合作伙伴不是一件容易的事。

4. 品牌偏好　如果消费者过度地关注产品的品牌和知名度，偏好一些著名品牌和知名度较高的企业，这就对新进入企业及其产品构成了一种感情障碍。感情障碍给新进入企业带来的困难是难以克服的，如果顾客对老产品老品牌信任和偏爱程度越高，就越难接受新产品新品牌，新品牌建设的难度大，投资也大，进入这样的行业的难度就越大。

5. 进入渠道的难度　在越来越激烈的市场竞争中，进入行业所需要的销售渠道、网点等正在成为越来越稀缺的资源。原先的企业拥有固定的销售渠道、网点，若新的加入者想进入该渠道，不仅在人力、财力、物力上花费很多心思，而且还需要说服很多的经销商。因此有很多的潜在进入者所担心的不是生产不出该种产品，而是没有办法或者没有足够的资金、时间克服渠道的障碍。

6. 规模经济　如果进入一个行业，只有当大规模生产才能使企业赢利时，规模经济效益就比较明显(例如汽车行业)，如果该行业中已经有了规模优势大的企业，对于潜在的进入者来说就要花大量的资产在前期的投入上，那么规模经济就构成了这个行业的进入障碍。

另外，缺乏生产销售所需的场地；行业中原有企业对新企业的抵抗等等，都会成为企业进入行业的障碍。

进入障碍的跨越难度大小不同，原有企业对技术投入的积极性和整个行业的技术进步进程会不同。如果进入一个行业的障碍难以跨越，原有企业较少受到新企业的威胁，它对科研、创新的积极性较弱，因而，整个行业的发展进步将较为迟缓;如果进入一个行业的障碍易跨越,原企业为抵制新企业进入,会注意及时引进新技术,积极创新,以此取得竞争优势,为新企业进入设置新的障碍,因此,会推动整个行业的科技进步。

(三)退出障碍

企业进入一个行业会遇到种种障碍,但是一旦进入并经营了一段时间之后,如果发现本企业在该行业中竞争力不强,或该行业利润上已无多少吸引力时,就可能选择主动退出,转向更有吸引力的行业。但是,要想从一个行业全面退出,往往也不是件容易的事,可能会面临退出障碍。所谓退出障碍,即企业欲退出行业所面临的损失、困扰。主要有以下几种:

1. *企业必须担负的社会责任及其压力* 企业作为营利性组织,虽然以利润最大化为最终目标,但同时也必须担负一定的社会责任。因此,在一些特定地区、特殊时期或特殊行业,特别是在强调社会公众利益的时候,企业的退出行为可能会受到政府的限制,同时需要面对来自社会各方面的压力,包括应对媒体的谴责。

2. *企业对股东、雇员、合作者等负有的法律和道义上的责任* 企业退出时,需要就财务状况对股东作出说明;需要根据劳动法或劳动协议规定,支付原有职工的安置费用;对于到期不能履行的订货合同、供应合同等,需要向有关合作方支付赔偿费;需要支付停用厂房、设备的维持费用,等等。这些费用越高,就越难退出原来所在行业。除此,还受感情因素的困扰,包括员工对行业的感情、员工之间的感情、员工与顾客之间的感情等。这些感情越深,退出行业就越困难。

3. *企业过分专业化的设备和技术所带来的资产损失问题* 设备和技术的专业化程度越高,就越难在新行业中得到充分的应用,那么,这种专业设备和技术的原来投资越大,因退出而带来的资产损失就会越大,企业退出就越难。

很显然,企业即使不完全退出原行业,仅仅是缩小经营规模,也会遇到收缩障碍。如果企业不能一次完全退出某行业,但又必须从该行业中战略转移,则可采取逐渐缩小规模的措施,分业务、分步骤、分阶段地撤出。这样,可减轻来自上述各方面的压力和损失。

(四)纵向一体化程度

纵向一体化程度是指一个行业内上游、中游、下游企业之间的联系程度,或者是指一个行业中的上游、中游、下游企业之间相互发展成为一体的可能性。如果一个行业内纵向一体化的程度较高,说明上中下游各企业之间的联系程度较高,较高的联系程度使得市场原材料或成品的需求与供给变化的信息流相对流畅,这样处于上中下游各企业应对市场变化的能力增强,市场发展相对稳定,可减少资源浪费。或者某些行业发展前景很好,上中下游各企业实施前向和后向一体化会更有利，如可降低经营成本并可更好地控制增值流。除此，还能在它们所经营业务的各细分市场中控制其价格和成本，在税收最低处获取利润。

很显然，纵向一体化程度高的行业，企业进入能获得纵向一体化发展的机会，同时可减少资源浪费、降低经营成本，稳步发展。

三、影响行业竞争格局的力量

迈克尔·波特教授的竞争理论认为：企业的获利能力在很大程度上取决于企业所在行业的竞争强度，而竞争强度取决于市场上所存在的五种基本力量。正是这些力量的综合强度影响和决定了企业在行业中的获利能力、产品的价格、成本与投资水平，也决定行业的竞争格局及强度。因此，企业需要对打算进入的行业所存在的五种基本竞争力量进行分析，明确行业的竞争格局及竞争强度，并通过分析的结果来判断自身所处的境地，进而作出正确的行业选择、战略规划包括竞争策略。波特教授所指出的五种基本竞争力量，见图 4-1。

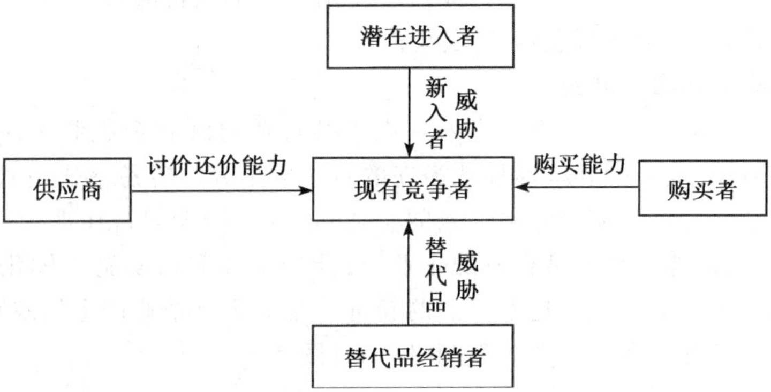

图 4-1　波特竞争模型

(一)现有企业竞争特点的分析

如果某个行业已经有了众多的、强大的或者竞争意识强烈的竞争者，那么，这个行业就不宜进入。不同行业现有企业之间的竞争程度是不同的，行业内企业之间的竞争程度由以下几个因素决定。

1. 行业内企业的多少和竞争实力　如果行业内有较多的企业，尤其是有较多具有竞争实力的企业，在总的市场需求基本一定的条件下，各企业为扩大自身市场份额就必然会产生激烈的竞争。

2. 行业需求增长速度　如果行业需求增长趋缓，无论在产品生命周期的哪一个阶段上，或需求增长率不断下降，都意味着行业内企业之间要在有限的市场份额内争夺地盘，而不是想方设法去扩大市场。因此竞争就会更加激烈或者残酷。

3. 固定成本　单位产品的固定成本高时，企业会通过降低成本，不断增加产量，降低价格来追求更大的利润空间，因此，这种行业的企业之间容易采用低价竞争的策略，而且只要还有边际贡献竞争依然会进行下去。

4. 库存成本　这个行业的企业经常为尽快销售产品而不择手段，以比较低的价格抛货来追求企业的利润，只要低价抛货的损失低于库存的成本，低价抛货就成为必然的选择。

5. 产品的差异性　如果这个行业所生产的产品是标准化的，尤其是一次性使用的产品。那么这个行业内部的竞争基本上就只能围绕着成本与价格进行。同时，如果产品的差异性小，那么竞争策略的差异性也是有限的，主要通过降低价格、提高品牌知名度和服务质量开展竞争。

6. 行业对业内参与竞争企业的重要程度　如果一个行业正处于兴盛时期，行业内企业的竞争就会更激烈，行业的兴衰对企业的兴衰起着至关重要的作用。

7. 退出障碍　如果退出一个行业需要付出很高的代价时，即使企业赢利很小，也得继续经营，这样会使行业竞争更激烈。

（二）潜在进入者的威胁

潜在进入者的威胁是指新的进入者进入某行业对既有企业形成的竞争威胁。现实的竞争对手很容易判断，但预测潜在的竞争对手并非容易。他们通常是：不在本行业但不费气力便可克服障碍进入的企业；进入某行业可产生明显协同效应的企业；其战略的延伸将加入某行业的企业；可能向前或向后实施一体化的企业；可能实施收购或兼并的企业。这些可能的新进入者对既有企业产生的威胁取决于该行业进退的难易程度及该行业的利润吸引力（图 4-2）。

		退出障碍	
		低	高
进入障碍	低	获利低而稳定	获利低而有风险
	高	获利高而稳定	获利高而有风险

图 4-2　行业障碍与获利

受行业利润的驱使，新的企业会采取措施跨越障碍，最终打入行业，一方面，使行业增加了新的生产销售能力；另一方面，争得一定的市场份额，因而加剧行业的竞争，使行业的成本上升、产品价格被迫下降、利润降低。尤其是那些具有竞争实力的大型企业为了控制某一行业，往往从战略角度考虑，不计短期成本和经济损失，迅速地抢占市场。它们一旦发动行业攻势，会彻底改变行业的竞争格局。即便它们不是在行业内新建企业，采取对行业内企业实行并购的措施，这虽然没有增加行业内企业的数量，但事实上增加了被并购企业的竞争能力，因此，也间接地加剧了行业内部的竞争。

如果某行业进入的障碍高、退出的障碍低，在这样的行业里新的企业很难打入，经营不善的企业可以安然撤退，这样的行业竞争强度不高；如果进退的障碍都高，虽然利润潜量可能较大，但往往伴随较大的风险，这样的行业竞争强度也不会高；如果进退障碍都低，企业可进退自如，获得的利润稳定，但不高，竞争强度一般；最坏的情况是进入的障碍低，而退出的障碍高，会导致激励的竞争。

(三)供应商的威胁

为企业的生产或销售活动提供各种资源要素和服务的供应商的讨价还价能力是影响行业竞争及其格局演变的重要因素之一。供应商讨价还价的能力主要表现在提高供应价格或者降低产品质量和服务，甚至控制所供产品的总量等方面，从而形成对企业的威胁。一个行业的供应商具有这样的能力，则这个行业不宜进入。因此，如果企业在进入一个行业或者制定行业竞争战略之前，需要分析供应商讨价还价的能力，供应商的讨价还价能力取决于以下 6 个方面。

1. *供应商集中或组织程度*　如果供应商集中度较高，或为了提高议价能力，供应商自发地组织在一起，集中定价并控制产量，以维持利于自己的价格和应有的利润。在这两种情况下，供应商的讨价还价的能力较大，从而会改变行业的竞争格局，对企业形成威胁。因此，与供应商建立良好的合作关系并开拓多种供应渠道是企业争取主动，摆脱威胁的上策。

2. *供应商与其替代品的力量对比*　如果供应商提供的产品独特没有替代品；或替代品的供应商没有足够的供应能力，企业的选择余地很小，其生产和发展会受到供应能力强的供应商的制约。

3. *企业对供应商的重要性*　如果一个供应商的生产能力很大，而购买者很多，每一个购买者所购产品的数量只是供应商总量的一小部分。也即企业所需货源占据供应商业务的比重较小，供应商的权力就较大。

4. *供应品对于企业的重要程度*　如果供应商所生产的产品或者服务对购买者来说是非常关键的——是重要的投入要素，或者转换成本高，那么供应商的威胁相对就大。

5. *行业与供应商的供求关系*　当行业的需求大于供应商的供给时，供应商讨价还价的能力就因此上升。

6. *供应商的前向一体化*　供应商对于购买企业来说，容易产生成前向一体化的威胁。比如,织布厂想利用自己的布来织衣,那么这对于服装加工企业就会构成很大的威胁。此时的购货企业想在购买时讨价还价肯定会很困难。

(四)替代品的威胁

如果某个行业存在替代品或者潜在的替代品，那么，进入这个行业就会面临替代品的威胁。由于替代品能够给消费者提供同样或类似功能或效用，可以满足消费者同样或类似的需求，因而会产生对同类需求消费者的争夺。那么，当一个行业所生产的产品有替代品或潜在替代品时，替代产品的生产销售企业就成为行业的竞争对手，会给行业中的经营企业造成一定威胁。如果行业中具有充分竞争力的替代品的大量出现，会限制已有企业产品的价格和利润空间，而且即使遇到严重供不应求的情况已有企业的产品也不能够过分提高价格；如果在这些出现了替代品的行业中，技术不断进步，或者竞争日趋激烈，那么，这个市场的价格和利润就可能逐渐下降，甚至，会使行业中原有产品逐渐失去市场吸引力，有完全被替代品挤出固有市场的风险。当然，行业不同，产品的专业化程度和技术水平不同，被其他产品替代的可能性不同，面临替代品威胁的程度不同。一般，产品的专业化程度和技术水平越高，被其他产品替代的可能性就越小。因此，企业在决定进入一个新的行业之前或者制定竞争决策的时候，必须考虑这个行业专业化程度、技术水平高低、有没有替代产品或替代品出现的可能性、替代品的赢利能力、购买者的转变费用、生产者的经营战略和发展趋势等因素，以判断分析替代产品威胁行业的可能性，以及威胁的程度。

(五)购买者的压力

如果一个行业购买者讨价还价的能力越强,经营者的赢利空间越小,对经营者的压力越大,这个行业的吸引力就会越小。在这类行业中,购买者通过各种措施对其购买的商品压低价格,并对产品质量和服务提出更高的要求,使经营者的利润下降、行业内的企业之间竞争加剧。对行业产生的这种压力主要源于购买者的讨价还价能力,影响和决定购买者讨价还价能力强弱的因素主要有以下 4 个方面。

1.购买者的集中或组织程度　如果少数大用户在一个行业的产品购买量中占很大比例,那么它们对该行业的讨价还价能力就强;反之,就弱;同样,如果购买者自发地组织起来,统一购买,讨价还价能力也会大大增强。

2.产品差异性　如果同行业中各竞争企业之间所提供产品的差异小,则产品之间的竞争性强,如果这样,购买者往往确信自己能找到更有利的供应者,他们的讨价还价能力就强。

3.购买者的转换成本　如果购买者转用替代品不需付出太大代价,比较容易买到替代品。因此,购买者的讨价还价能力较强。

4. 购买者对产品需求强弱或质量的需求　如果产品是购买者迫切需要的、不可缺少的，或购买者追求产品的质量，往往这种情况下，购买者对产品的价格不是特别关注，或者会被动的接受价格；反之，购买者会对价格非常敏感，讨价还价的能力会上升。

除此，所购产品在购买者的成本中占有较大的比重；购买者的购买能力强，包括掌握了市场需求、实际市场价格、供应商的成本等方面的信息、评价和鉴赏产品的能力强，等等，购买者的讨价还价能力就会增强。

第二节　竞争者分析

知己知彼，百战不殆。赢得市场竞争的一个重要保证，是对竞争对手的了解。企业制定竞争战略的一个中心任务，是了解和分析竞争对手，把握竞争态势。不了解竞争对手，不对竞争对手做深入的分析，企业一厢情愿制定的竞争战略就是盲目的，不可能有必胜的把握。

一、竞争者类型

所谓竞争者，从广义来说，指的是与企业争夺顾客及其利润的组织或个人。从狭义来说，是指那些生产经营与本企业的产品或服务相似的或可以互相替代的产品或服务、以同一类顾客为目标市场的其他企业。可从不同角度对企业的竞争者进行分类。

（一）按地理位置分

可分为同一市场（地理区域）竞争者，国内市场竞争者和国际市场竞争者。一般来说，企业受到的最大最直接的竞争压力就是与企业处于同一市场的竞争者。

（二）按顾客需求分

从满足消费需求或产品替代的角度看，每个企业在试图为自己的目标市场服务时，通常面临着以下 4 种类型的竞争者：

1. 愿望竞争者（desired competitors）　即提供不同产品或服务，满足顾客不同愿望，与本企业争夺同一顾客群购买力的所有企业。如某个家庭想买一台冰箱，又想买洗衣机，还想买电脑。在顾客购买力一定的条件下，顾客购买了其中的一两件产品后，可能无力购买其他产品，那么，提供冰箱、洗衣机和电脑的各个企业之间就在这一部分市场上形成了竞争关系，互为愿望竞争者。愿望竞争属于生产经营不同产品的企业之间的竞争。

2. 一般竞争者（generic competitors）　又称为产品类别竞争者。即向目标市场提供不同的产品或服务满足同一种需要的企业之间互为一般竞争者。这些不同企业所提供的不同产品或服务在功能效用上具有相互替代的作用，可以满足某种同样的需求。因此，各个企业之间就在这一部分市场上形成了竞争关系，互为一般竞争者。这些产品就是所谓的替代产品。如茶叶、纯净水、果汁饮料互为替代品。产品或服务的替代功能越强，竞争就越激烈。一般竞争考察的主要是不同行业间生产经营替代产品的企业之间的竞争问题，一般竞争将使购买力的投向在不同行业的生产经营相关产品的企业之间发生转移。

3. *产品形式竞争者*(product form competitors)　向同一目标市场提供能满足同一种需求的但质量、规格、型号、款式、包装等不同的同类产品或服务的企业之间互为产品形式竞争者。这些种类相同但形式不同的产品在对同一种需要的具体满足上存在着差异，购买者有所偏好和选择，因此这些产品的生产经营者之间便形成了竞争关系，互为产品形式竞争者。这种竞争关系一般存在于同一行业内的企业之间，因此，也被称为行业竞争者。

4. *品牌竞争者*(brand competitors)　品牌竞争者向企业的目标市场提供种类相同，产品规格、型号、款式也基本相同，但品牌不同的产品。由于消费者的喜好和对品牌的信赖程度不同，消费者往往对同种同形不同品牌的产品形成不同的认识，具有不同的信念和态度，从而有所偏好和选择，因而这些产品的生产经营者之间便形成了竞争关系，互为品牌竞争者。这类企业之间主要依靠各自的品牌竞争力展开市场竞争。

产品形式竞争和品牌竞争，属于狭义的竞争，是在相同产品之间进行的同行企业间的竞争。这两种竞争，体现的是一种直接的竞争关系，将使同行业内不同企业的市场占有率和市场地位发生变化。一般竞争体现在不同行业之间的竞争，是一种间接的竞争。市场营销学中所讲的竞争，较多地是指品牌竞争、产品形式竞争以及一般竞争。

(三)按市场占有率分

1. *市场领导者*　或称为市场主导者。指在同一市场范围内处于市场领导地位的企业，其产品或服务占据最大的市场份额，其市场占有率在40%以上，并且对本行业的其他企业起着领导作用。

2. *市场挑战者*　在行业中的市场地位仅次于领导者，处于第二位，市场占有率在40%～20%的企业。当市场领导者发生变化时，处于市场次要地位的企业将根据环境所带来的机会、市场的风险和自己的实力做出竞争策略的选择，可以是“挑战”，也可以是“追随”。

3. *市场追随者*　或称为市场跟随者。追随者的市场占有率仅次于挑战者，在

20%～10%范围。每个追随者都会为了获取更多的市场份额，而采取多种措施，争取自己的目标顾客。市场追随者包括：紧密追随者、距离追随者、选择追随者。

4. 市场补缺者　仅占有很小的市场份额，其市场占有率在10%以下。补缺者往往见缝插针地提供某一特定产品或专门服务以充分满足某一细分市场的需求。市场补缺者不与主要的企业竞争，只是通过专业化经营来占据有利的市场。

除此，根据形成竞争关系在时间上的不同，可以分为现实竞争者和潜在竞争者。对于前者相对容易识别，而对于潜在竞争者，由于时间上的难以预料性，对企业往往具有更大的威胁。

二、竞争者分析

在所有可以影响企业战略地位的各种外部环境因素中，竞争者对企业的影响可能是最直接和最大的。要想在激烈的市场竞争中立于不败之地，企业在进行战略制定时，仅仅了解自己的顾客是远远不够的，还必须对竞争者有充分的了解和深入的分析。对竞争对手进行分析的目的在于更有效地制定本企业的竞争战略。分析竞争者应从以下几个方面入手：识别竞争者并明确竞争对手战略目标及其动向；分析竞争对手对自身和所处行业的评价；分析竞争对手潜在的能力；预测每个竞争者可能对市场变化做出的战略调整。

（一）识别并确定竞争对手

识别谁是真正的竞争对手，是对竞争对手分析的前提。从前面竞争者类型分析可知，竞争者来自于多方面，包括现有的、新加入的、潜在的、直接的、替代品的、国际的、国内的，等等。但现实中，正确识别竞争者并非易事。特别是对潜在竞争者的识别更不容易。通常可以从顾客需求和行业中的市场占有率两方面来识别企业的竞争者。在识别的基础上进一步确定本企业的真正竞争对手。企业最直接的竞争对手是一些为相同的目标市场推行相同战略的企业。

（二）判别竞争者战略

竞争者之间的战略差别主要表现在目标市场、产品档次、性能、技术水平、价格、销售范围等的不同，通过收集竞争者这些重要的信息资料，有助于辨别竞争对手战略。具有相同战略的竞争者之间的竞争最为激烈，任一企业的竞争战略都会受到其他企业的高度关注，并且任一企业战略或策略的变动在必要时都会做出强烈反应。富有活力的企业会随着市场的变化而修改或调整其战略的。而企业最直接的竞争对手是一些为相同的目标市场推行相同战略的企业。因此，要赢得竞争，企业就必须善于辨别竞争者的战略及其动向，尤其是具有相同战略的竞争者，以预测其对本企业的态度及可能做出的反应。

(三)分析竞争者目标

总体来说,所有竞争者的最终目标都是努力追求利润最大化。但是每个企业对其长期利润和短期利润的重视程度不同,对利润满意水平要求也不一样。如有的企业追求利润"最大化";有的追求利润"满意"目标,这必然决定他们采取的行为不一样。竞争者的战略通常有多个,如利润率、投资报酬率、市场占有率、低成本领先、技术领先、服务领先等。对于这些目标,不同的竞争者有不同的侧重点和组合。根据竞争者目标的侧重点和组合可以判断他们对不同竞争行为的反应。例如,以"技术领先"为主要目标的竞争者,将对其他企业在产品研究和开发开发方面的进展做出强烈的反应,而对价格方面的变化相对不那么敏感。

(四)评估竞争者的优势和劣势

竞争者的优势和劣势可以通过他们所拥有的资源和能力来判断。竞争者所拥有的资源和能力决定了他们能否有效地执行其战略和达到其目标。通过了解竞争者所拥有的资源和能力,判断其竞争优势和劣势,以便企业能避其锋芒、攻其弱点、出其不意、制定出行之有效的竞争策略,取得竞争优势。

企业可以通过向顾客、供应商、中间商调研收集有关竞争者的销量、市场占有率、心理份额、情感份额、毛利、投资报酬率、技术与设备投资及其利用率、现金流量、品牌价值、等有关信息数据来判断竞争者的优势和劣势。其中心理份额指回答"举出这个行业中你首先想到的一家公司"这个问题时,提名竞争者的顾客在全部顾客中的比例。情感份额指回答"举出你最喜欢购买其产品的一家公司"这一问题时,提名竞争者的顾客在全部顾客中的比例。一般来说,在心理份额和情感份额方面稳步进取的企业其市场份额和利润也将稳步发展。在分析竞争者的优势和劣势时,要用战略的、发展的眼光来分析竞争对手的潜在的能力,预测其潜在的竞争力。可以从企业的研究开发能力、人力资本、技术、融资、营销、各职能领域适应变化能力、管理层的素养等方面来衡量。

(五)判断竞争者的反应模式

单凭竞争者的目标、优势和劣势还不足以判断其对竞争可能采取的行为和反应。为了准确估计竞争者的反应及可能采取的行动,企业还应了解竞争者的经营哲学、内在文化、主导信念。了解竞争者对于竞争会作出何种反应,有利于企业制定可行的竞争策略。竞争中常见的反应类型有以下 4 种。

1. 从容型　指竞争者对一些特定的竞争行为没有迅速反应或反应不强烈。可能原因是:认为顾客忠诚度高,不会转移购买;认为该行为不会产生大的效果;对竞争不够重视,未能捕捉到相关信息而反应迟钝;缺乏做出反应所需要的资金及其他条件,等等。总之,企业需要对竞争出现从容反应的原因进行分析。

2.选择型　指竞争者只对某些类型的竞争行为做出反应，而对其他类型的竞争行为无动于衷。比如，对降价行为做出反应，以此说明对手降价是无用的。但对增加广告费用不做任何反应。这可能是竞争者根据自己的战略及目标作出的选择，也可能是自身竞争条件和能力局限，等等。

3.凶狠型　指竞争者对所有的竞争行为都做出迅速而强烈的反应。这类竞争者通常是市场上的领导者，他们对竞争行为做出迅速而强烈的反应意在警告其他企业最好停止任何攻击行为。因此，一般企业不宜轻易挑战其在市场上的权威，尽量避免与其作直接的正面交锋。

4.随机型　这类竞争者在任何特定的情况下，对竞争行为可能会也可能不会作出反击，而且无论根据其经济、以往反应或其他情况都无法判断其有无反应或反应强弱。因此，这类竞争反应类型又可称之为不规则型。许多小企业对竞争的反应都属于这一类型。当他们发现能承受竞争时，就站在竞争前沿，而当竞争成本太高时，就躲起来。

第三节　竞争与合作战略

企业的营销战略主要解决如何在特定的行业、产业或市场中参加竞争、确定或改善自身的竞争地位、获取稳固的竞争优势，以赢得竞争，在激烈竞争的市场上持续稳步发展。所以，企业的营销战略实际上是一种竞争战略。依据企业战略出发点的不同，可以将竞争战略分为不同的类型。

一、基本竞争战略

企业在制定竞争战略时，首先要明确两个主要问题：①应当依靠低成本还是其他因素（技术、质量、服务等）参加竞争？②应当同主要竞争对手正面对抗，以追求最大的市场份额，还是找一个不大的但有利可图的细分市场？据此，竞争战略专家迈克尔·波特教授提出了三种一般的竞争战略：总成本领先战略、差异化战略和集中化战略。三种基本战略之间的区别如图 4-3 所示。

战略目标 \ 战略优势		
产业/行业内	差异化（别具特色）	总成本领先（低成本地位）
细分市场内	集中化（目标集中）	

图 4-3　三种基本竞争战略

(一)总成本领先战略

总成本领先战略是指企业通过加强成本控制和管理,使生产成本和销售成本最低化,成为行业中的成本领先者,凭借成本优势在激烈的市场竞争中获得竞争优势的战略。

1.总成本领先战略动因　企业采取总成本领先战略的动因,是可通过获得低成本优势,以低于竞争对手的价格赢得较大的市场份额。主要动因有以下4种:

(1)形成进入障碍。企业的生产销售成本低,便为行业的潜在进入者设置了较高的进入障碍。那些在生产技术尚不成熟,经营上缺乏规模的企业都很难进入该行业。

(2)增强讨价还价能力。企业的成本低,可以使自己应付投入费用的增长,提高企业与供应者的讨价还价能力,降低投入因素变化所产生的影响。同时,可以提高对购买者的讨价还价能力,对抗强有力的购买者。

(3)降低替代品的威胁。企业凭借其低成本的产品或服务优势,一方面有利于与现有竞争者竞争,吸引大量的顾客;另一方面,有利于缓解或降低替代品的威胁。

(4)抵御行业的价格战。当企业与行业内的竞争对手进行价格战时,由于企业的成本低,具有竞争优势,可以在竞争对手无利润或低利润的水平上,保持较好的赢利,从而可以有效地抵御价格战。

2.总成本领先战略面临的风险　实施总成本领先战略需要一定的内部条件和外部环境。从企业自身来说,具备持续低成本生产销售的技术和管理能力,有规模经济效益,有合理的组织机构和制度保证严格的成本控制,等等;企业面对的行业或市场,顾客对企业提供的产品需求较为稳定且广泛,同时具有较高的价格需求弹性,或产品的差别不大,行业内在一定时间内难以出现具备低成本优势的企业,等等。

企业在选择该战略时,还应看到这一战略有以下风险,而可能使企业处于不利的竞争地位。

(1)竞争对手开发出更低成本的生产方法。例如,竞争对手利用新的技术或更低的人工成本,形成新的低成本优势,使得企业原有的优势成为劣势。

(2)竞争对手模仿。当企业的产品或服务具有竞争优势时,竞争对手往往采取模仿的办法,形成与企业相似的产品或服务和成本,给企业造成困境。

(3)顾客需求转移。如果有更好的替代品出现,或者由于企业过分地追求低成本,降低了产品服务的质量,影响了顾客的需求,顾客需求就会发生转移,企业会失去市场。

因此,企业在采用总成本领先战略时,应及早注意上述问题,采取防范措施。

(二)差别化战略

该战略也即差异化战略。是通过提供能针对性地满足顾客特定需求,与众不同的产品或服务以形成竞争优势的战略。

1.差别化战略动因 企业采用这种战略的动因是,可以很好地防御行业中的各种竞争力量,获得超过行业平均水平的利润。具体的动因有以下4方面:

(1)成为进入障碍。企业利用自身资源的优势形成特色的、能满足顾客特定的需求的产品,能够获得消费者的偏爱。这样企业既能保持较高的价格,获得更多的利润,又可以成为新竞争者进入该行业的障碍。

(2)抵御现有竞争者。企业利用自身资源的优势形成特色的、能满足顾客特定需求的产品,竞争者难以仿效,因此,企业凭借这种差异性形成竞争优势而避免现有竞争者的竞争。

(3)防御替代品的威胁。企业针对顾客需要生产销售的特色产品或服务,能够获得顾客的偏爱,易形成情感依赖和消费习惯,难以发生消费转移。这是替代品难以跨越的障碍,从而可以防御替代品的出现而产生争夺顾客的威胁。

(4)增强讨价还价能力。一方面,差别化战略可以为企业带来较高的边际收益,降低总成本,增强企业对供应商的讨价还价能力。另一方面,顾客对特色产品或服务的偏爱,而对价格高低的敏感度低,或顾客别无选择,又增强了企业对购买者的讨价还价能力。

2.差别化途径 企业实现与竞争者差异的途径有两种:

(1)价格差异化。企业的产品或服务与竞争者形成价格上的差异。这往往易被竞争者跟进模仿,而使企业陷入困境。如产品价格定得较高,易吸引新的竞争者加入,进而会使市场价格下降从而减少企业的利润;如定的较低,不仅减少企业的利润,还会引起恶性价格竞争。因此,价格差异一般采用不多。

(2)非价格差异化。这是一类常采用的差异化战略。企业的产品或服务与竞争者形成非价格上的差异。这种差异包括产品差异化、服务差异化、人员差异化、渠道或企业形象差异化。

第一,产品差异化。企业生产销售与众不同的产品或服务,以此赢得竞争。产品或服务的差异化可以表现在:质量、功效、性能、品牌、技术含量、成分、风格、设计等方面。

第二,服务差异化。指与产品同时提供才能使消费者需求得以满足的服务与众不同,以增强企业竞争力的措施。包括服务项目的不同、服务项目多少的不同,及服务质量与水平的不同,等等。

第三,人员差异化。就是通过聘用和培养比竞争者更好的人员来获得强大的竞争优势。人员的差异化主要表现在企业人员:能力、素养、诚实、谦恭热情、敬业负责等方面。

第四,渠道差异化。即企业可通过独特的分销渠道获得竞争优势。如在渠道的覆盖面、专业化、与渠道成员的合作方式或稳固的关系等方面形成利于产品市场推广和销售的竞争优势。

第五,形象差异化。即企业通过赋予企业或品牌独特的个性,或鲜明的形象而在消费者心目中产生一种与众不同极具亲和力的印象,以赢得竞争。

3. 差别化战略面临的风险　企业如要成功的实施差异化战略需要具有较强的产品研制和市场开发的人力物力和财力。同时,可能面临以下几种威胁,需要企业加以防范。

(1)成本过高,失去竞争力。往往企业实施差异化成本过高,而使产品或服务价格过高,大多数的购买者难以接受,企业就难以赢利。或竞争者的产品或服务价格很低,购买者也会不再愿意为具有差异化的产品支付较高的价格。

(2)竞争对手推出相似的产品或服务,使企业产品或服务的特色降低,差异化减弱,而失去竞争力。

(3)竞争对手推出了更有特色的产品,使得企业的原有顾客转向竞争对手。

(4)由于差异化与高市场份额有时是矛盾的,企业为了形成差异化,有时需要放弃获得较高市场份额的目标。

(三)集中化战略

就是企业将其力量集中在为几个细分市场甚至一个细分市场服务上的战略。该战略与总成本领先战略和差异化战略不同之处是,这两个战略都是面向整个行业或市场,在整个行业或市场进行营销活动。而集中化战略不是面对整个行业或市场,只是在整个行业或市场中选择最适宜本企业发展的一个或几个细分市场,集中企业的力量或实施总成本领先战略或实施差异化战略,或者两者皆有的战略。

1. 集中化战略动因　采用集中化战略的企业基本上是规模较小的企业,他们无力在整个行业或市场与大中企业抗衡,而只能选择市场面较小的细分市场;同时市场面较小的细分市场不宜形成规模经济效益,往往是大中企业所不关注的,这就有效地避开了与强大竞争对手的竞争;选择一个或几个细分市场作为目标市场,可以更深入地了解顾客的需求,在为该目标市场的专门化营销中,一方面降低成本,形成低成本优势;另一方面深得顾客喜爱,赢得竞争优势,获得较高的市场份额。

2. 集中化战略面临的风险

(1)以较宽的市场为目标的竞争者采用同样的集中化战略;竞争对手从企业的目标市场中找到了可以细分的目标市场,并以此为目标实施集中化战略,从而使本企业失去竞争优势。

(2)技术进步,替代品的出现、消费者价值观念的更新和消费偏好变化等方面的原因,本企业的目标市场与整个市场之间对于产品或服务的需求差别变小,使得本企业原来赖以实施集中化战略的基础丧失。

(3)在较宽的目标市场营销的企业与本企业之间在成本上的差别日益变小,抵消了企业为目标市场服务的成本优势,而导致集中化战略的失败。

3.集中化战略的原则　为了规避集中化战略的风险,企业实施集中化战略要解决的关键问题是选好战略目标市场。一般原则是:企业应尽可能地选择那些竞争对手最薄弱的目标市场和最不易受替代品冲击的目标市场。在选择目标市场时,企业必须确认以下问题:目标市场顾客群体在需求上存在差异;该目标市场上没有其他竞争对手试图采用集中化战略;该目标市场在市场容量、成长速度、获利能力和竞争强度方面具有相对的吸引力;本企业的实力有限,不能追求更大的目标市场。

二、合作联盟战略

在世界经济全球化和一体化的背景下,企业营销的战略选择,除了竞争战略之外,更高层次的战略应该是联盟战略。实际上在企业之间并不只有竞争关系,也存在合作的可能性。竞争并不一定是最好的选择,也许合作对双方更有利。企业需要面对竞争对手,但更需要合作伙伴。

(一)竞争新思维——合作联盟概念

合作联盟是从一个全新的角度来看待企业之间的关系,跳出了导致企业间白热化的竞争关系,将企业置于一个发展空间极为广阔,发展途径更科学合理的战略高度。是20世纪80年代兴起的一种全新的竞争理论和模式。对此,不同的专家给予不同的解释。

1.战略联盟　战略联盟是现代企业的一种竞争模式。它是指两个或两个以上具有互补优势的企业之间,为了共同的战略目标,以共同拥有市场,共同享有资源和能力、共同增强竞争优势为目的,通过各种协议而结成战略伙伴关系。以建立这种关系的战略称之为联盟战略。

2.共生营销战略　共生营销战略,美国营销学家阿得勒对其定义为:通过两个或两个以上相互独立的企业组织间在资源或项目上的合作,达到增强共同市场竞争力的目的。共生营销策略的产生使企业在制定营销策略的时候有了更多的选择,营销者的思维也有了发散的空间:彼此间的竞争并不一定是最好的选择,也许合作对双方更有利。

(二)合作联盟兴起的原因

市场竞争是市场经济的基本特征之一,竞争推动了行业的发展,促进了经济的腾飞,优化了社会资源的配置,促进科学技术的创新。然而,传统的竞争理论和实践却陷入了很深的误区。强调竞争是残酷的,是你死我活的争夺,把行业中的各企业置于有限的市场容量之下。因此,一般认为竞争对手对企业的生存和发展构成威胁。企业之间在有限的市场容量之下,为争夺市场份额,必然会采取克敌制胜的战略。或想方设法抵制竞争对手进入市场,或者一心要战胜对手,从竞争对手手中夺取市场份额。这往往会导致资源浪费、两败俱伤的结果。随着经济发展的全球化,无论是国家之间,还是企业之间的依赖程度日益加深。因此,越来越多的市场营销理论专家和企业越来越清醒地意识到,竞争并非你争我夺,甚至两败俱伤,竞争对手并非一定对企业的生存、发展构成威胁,企业竞争的最高境界是双赢共处。企业需要竞争对手,但更需要合作伙伴。合作联盟使企业之间共享资源和能力,实现双赢共处。正是这种双赢模式促使企业纷纷实行合作联盟,以合作联盟的方式参与国内与国际竞争。因此,从 20 世纪 80 年代起,全球涌起了联盟潮。

(三)合作联盟的意义

首先,合作联盟从战略高度改善了企业的经营环境和条件。实施合作联盟可以将竞争对手转变成合作伙伴,双方共享伙伴的有效资源和能力,降低生产成本和管理费用,减少浪费,提升竞争优势,增强了与竞争者抗衡的能力。其次,合作联盟扩大了企业内部环境和外部环境的分界线。合作联盟的双方互享对方的技术或市场等资源,同时在组织没有任何扩大的前提下,壮大了企业的力量,克服了市场交易的不确定性。合作联盟的合作具有灵活性,对复杂多变的经济环境有良好的适应能力,形成灵活的经营机制,能够不断地进行技术创新,拓展市场空间,提升生存和发展能力。

不同的企业实行合作联盟的动因不同,主要有以下几种:①弥补现有市场和技术的缺陷;②把过剩的能力和资源转化成利润;③降低新产品开发的成本和风险;④加快产品转入市场的进程;⑤扩大现有业务的范围和降低现有业务撤离的成本;⑥克服法律和过度竞争;⑦产生规模经济,实现规模效益。

(四)合作联盟的形式

尽管合作联盟有若干积极的意义,但实施合作联盟战略最终失败的比例也很高。据麦卡锡的一项研究提示:49 家联盟企业中约 1/3 最后以失败告终,原因是没有达到合作伙伴的期望。为了使合作联盟战略的实施能达到双赢的目的,需要注意:战略上的适应性即应寻找在业务上、能力上或地理位置上等能互补的,能实现上述目的之一的伙伴建立合作关系。并且更多地关注合作联盟后的获利可能性、持续发展的问题，而不是仅仅关注合作联盟的成本降低的问题。除此，还应选择合适的合作联盟形式。常见的可供选择的合作联盟形式有以下 4 种：

1. 产品或服务联盟 如一个企业许可另一个企业生产销售其产品或服务，或两个企业共同营销它们的补充产品或服务，或两个企业合作设计、共同制造、共同销售新产品或服务。

2. 分销渠道联盟 经济的全球化拓展了企业的市场空间，企业单凭自身能力很难在更大范围(如全球或全国范围)建立完整的分销体系。因此，借助合作联盟，通过伙伴方的分销网络，使产品在更大范围销售，减少销售费用。

3. 促销联盟 即一个企业为另一个企业的产品或服务促销，包括广告、营业推广、销售折扣等促销手段的合作。例如，旅馆可以和航空公司联盟实行促销合作：凡是在该旅馆消费达到一定金额的顾客可以获得一张某航空公司的免费机票；同样，在某航空公司消费达到一定金额的顾客可以免费入住该旅馆。

4. 价格联盟 即几个企业加入特定的价格合作。如旅馆连锁店和租车公司共同推出价格折扣。

三、不同竞争地位竞争者战略

在同一行业或同一目标市场中，竞争者的市场占有率不同，决定他们在竞争中的地位不同，按其市场占有率的大小可以分为市场领导者(market leader)、市场挑战者(market challenger)、市场追随者(market follower)、市场补缺者(market nicher)。由于各自所处市场竞争地位的不同，所制定的竞争战略也迥异。研究这些竞争者的竞争战略，对于企业更好地了解和掌握竞争规律，具有十分重要的意义。

(一)市场领导者战略

市场领导者是指占有最大的市场份额，在价格变化、新产品开发、分销渠道建设和促销战略等方面对本行业其他企业起着领导作用的企业。我国一些行业著名的市场领导者如冰箱行业的海尔集团、计算机行业的联想集团等。通常如果市场领导者没有获得市场上的法定垄断地位，必然会面临来自各竞争者的挑战与威胁。作为市场领导者，为维护自己的竞争优势，通常可以采取下列策略。

1. 维持既有市场占有率 处于市场领导地位的企业，其战略的核心是保持其领导地位，维持市场占有率。为了兼顾未来经营规模的扩大和现有市场份额的维护，市场领导者有必要采取适当的防御措施，认真分析防守的重点，尽可能降低主营业务受到攻击的可能性，并设法减弱竞争者进攻的强度。

(1)先发制人防御。即在竞争者尚未进攻之前，先主动攻击，以削弱或挫败竞争对手。这是一种比较积极的防御策略，好比用小量的预防措施来达到较大的治疗目的。企业应准确地判断发起进攻的最佳时机,以免贻误战机,以及选择合适的先发制人的方式。有的企业在竞争对手的市场份额接近于某一水平而危及自己的市场地位时发起攻击,有的企业在竞争对手推出新产品或推出重大促销活动之前抢先发动进攻。如推出自己的新产品、宣布新产品开发计划或开展大张旗鼓的促销活动,以先发制人。既可对个别对自己形成威胁和挑战的企业实施,也可对所有竞争者展开攻击,形成人人自危的局面。

(2)阵地防御。指根据竞争对手在产品、价格、渠道和促销等方面可能采取的进攻战略而制定的预防性营销策略,并在竞争对手发起进攻时,坚守原有的产品和业务阵地。这是一种静态防御,是防御的基本形式。但单纯依赖这种防御则是一种“营销近视症”。企业更重要的任务是技术更新、新产品开发和扩展业务领域。如当年福特固守T型车的阵地而惨遭失败,使得年赢利10亿美元的公司险些破产;海尔没有局限于赖以起家的冰箱市场,而是积极从事多元化经营,开发了空调、彩电、洗衣机等一系列产品,成为我国家电行业著名品牌。

(3)侧翼防御。指对自己产品或市场的薄弱环节加以改进和保护,以防止竞争对手乘虚而入,造成市场的丢失。

(4)收缩式防御。当市场领导者在所有市场范围内实行全面防御时会由于成本过高、效果不明显而得不偿失;或企业的力量因分散而太薄弱,而竞争对手正在几个市场一点一点蚕食时,应实行战略性收缩,放弃一些不太重要的市场,而把竞争力集中到主要市场上;或从实力较弱的市场撤出,将力量集中于实力较强的市场。

(5)运动防御。指市场领导者在防守现有市场领地的同时,还要扩展到新的市场阵地,作为未来实行进攻和防御的中心。主要不是过多地依赖正常的品牌扩展,而是通过市场拓宽或市场多样化。这种有战略深度的运动防御,可以使企业增强应对竞争的能力。市场拓宽是指企业从产品经营扩大到对该产品基本需求的经营。如某茶叶公司为应对饮料市场激烈的竞争,将公司经营的产品由茶叶扩大到能满足顾客对饮料的需求的一系列产品——茶叶、果汁饮料、纯净水等等。市场多样化是指企业开发与原产品不同的无关联的产品。如茶叶公司进入房地产业、食品业。

(6)反攻防御。指市场领导者在遭受竞争对手发动的攻击所采取的反击措施。①正面反攻:即与竞争对手采取相同的竞争措施。如果竞争对手开展大幅度降价或大力度的促销等活动,市场领导者凭借雄厚的实力卓著的品牌以牙还牙地采取降价或促销措施,可以有效地击退对手。②侧翼反攻:即选择竞争对手的薄弱环节加以反击。如某著名家电企业的电冰箱受到竞争对手的削价竞争而损伤了市场份额,该企业利用其洗衣机的质量和价格优势,对洗衣机大幅度降价,迫使竞争对手忙于应付洗衣机降价而撤销对电冰箱市场的进攻。③延迟反击：当竞争对手的攻击（降价或促销）并未造成本企业市场份额迅速下降；或为避免正面交锋的损失，不急于反击，待竞争对手攻击活动结束时，或放松攻击活动时，予以反击。

2.扩大市场需求量　市场领导者占有的市场份额最大，在行业产品结构基本不变的条件下，在市场总需求扩大时往往受益最大。因此，为保持市场领导地位，市场领导的企业可以通过以下几个途径来扩大市场需求量。

(1)寻找新顾客。这是扩大市场需求最便捷的途径。通常采用以下三种策略：①市场渗透策略，即通过各种措施，使现有产品在现有市场中扩大需求量。因为一般情况下消费者对某种特定产品的所有功能并不会十分了解，那么通过充分介绍；或改变产品不合理的定价，或改进产品可能存在的缺陷，从而使该市场中的潜在顾客转变为现实顾客，使现有顾客增加购买量。②进入新的细分市场，即通过改变消费者的消费观念、生活方式等活动使现有产品进入新的细分市场。③地理扩展策略，即寻找尚未使用且有可能使用本产品的地区，开发新的地理市场。

(2)开拓产品新用途。即努力挖掘并推广现有产品的新用途新功能，以扩大市场需求。开辟产品的新功能新用途，有时并不需要在产品改进方面投资，如经过消费实践医学临床证明茶叶除饮用解渴功效外，有明显的消食除腻、明目利尿、降压降脂等保健功效及修身养性功效，只要加以宣传推广，可以增加市场需求量。有的需要对产品性能进行改进。一项产品一旦开发出新用途新功能，市场需求必然会增加，市场领导者的地位就会更加稳固。

(3)刺激消费者增加用量。这是扩大产品需求量的一种重要手段。通常企业可设法说服消费者增加产品的使用频率，多消费。如蒙牛根据温家宝总理的心愿推出每人每天0.5千克奶的促销活动。可以说服提醒或倡导消费者每次多使用、多消费。多场合使用消费，如可倡导为了方便、防止冲突人手一台电脑，家庭中一室一台空调或一室一台电视，从而扩大需求。

3.扩大市场份额　市场领导者也可以通过进一步增加其市场份额来巩固其市场竞争地位及提高其利润率。PIMS(Profit Impact of Marketing Stratify)研究指出：税前投资报酬率随市场份额的上升而上升。市场份额在10%以下，税前平均投资报酬率为9%；市场份额超过40%的企业将得到30%的税前平均投资报酬率，或者它的税前平均投资报酬率是市场份额在10%以下企业的3倍。另外，企业管理学者将研究战争双方兵力损害量的罗契斯特法则应用到企业竞争关系上，得出重要的“三一原则”：如果竞争双方的市场占有率差距达到3∶1以上，市场领导者的地位是难以动摇的。进一步地推论：如果市场占有率约3/4，即约73.88%，企业地位最为稳固，73.88%被称为独占值；市场占有率达到41.7%这一安全值，企业的市场地位相对稳定；如果市场占有率接近 1/4，即 26.12%，即使是市场领导者，也仍然没有明显优势，竞争各方对市场份额的争夺尚未结束，竞争结局仍不明朗。因此，市场领导者必须比其他企业更注意最佳市场占有率的问题。这些研究结果说明，许多企业为什么要把扩大市场份额作为其战略目标，尤其是市场领导者。然而，不是所有企业提高市场占有率都意味着投资报酬率的增长，还取决于企业提高市场占有率采取的策略。为提高市场占有率所付出的代价，有时会高于所获得的利益。因此，企业提高市场占有率要考虑以下 3 个要素。

(1)引起反垄断活动的可能性。世界许多国家都有反垄断法，当企业的市场占有率超过一定限度时就有可能受到制裁。

(2)经济成本。市场份额在达到某个水平后还继续增大，赢利能力可能会下降。有研究表明，最佳市场占有率是 50%，如果继续提高市场占有率其成本可能超过其价值。

(3)争夺市场份额时所采取的营销组合策略。有些营销组合变量可以增加市场份额，却不能增加收益。只有在下面两个条件下，市场份额提高才会导致高利润：一是单位成本随着市场份额的增加而减少；二是产品价格的提高大大超过为提高产品质量所投入的成本。

(二)市场挑战者战略

市场挑战者在行业中居于第二、三位，他们有较强的实力与市场领导者和其他竞争者抗衡，他们的战略目标是不断地增加市场份额，并有可能脱颖而出成为市场领导者。所以对市场领导者往往形成强劲的挑战和威胁。市场挑战者要实现自己的战略目标，首先必须确定挑战对象，然后选择适当的进攻战略。

1. *确定挑战对象*　市场挑战者除了向市场领导者发动挑战外，还可以向与自己实力相当者和弱于自己者展开进攻。

(1)挑战领导者。一般来说，这种进攻风险最大，而潜在回报也最大。挑战者需事先详细调查研究领导企业的缺点和存在的失误，找出其薄弱环节，尤其是了解顾客对领导企业的不满之处，作为进攻目标。

(2)进攻与自己实力相当者。这种攻击相对于第一种攻击风险要小的多，成功率也较高。为提高挑战的成功率，挑战者可以从与自己实力相当者中挑选经营不善、资源有限的或因各种原因造成亏损的企业作为进攻目标，夺取它的市场份额。

(3)攻击弱小企业。此种进攻相比前二种攻击对挑战者来说风险最小、成功率最高。通常挑战者可轻易夺取他们的顾客群，甚至于这些弱小企业本身，从而壮大自身。

2.选择挑战策略 在确定了挑战目标后,挑战者就需要认真考虑采取什么进攻策略。通常有以下几种策略。

(1)正面进攻。指挑战者集中全力向目标发动进攻,并进攻对手的强项而不是弱项。在正面进攻中,挑战者以产品对产品、价格对价格、促销对促销的针锋相对的形式,与竞争对手展开直接较量,这需要一定的人力支撑,耗费一定的物力和财力。这就是说,正面进攻的胜负取决于双方实力的对比。因此,挑战者必须在产品质量、价格、成本等各方面优于对手,才有可能取胜。一般对市场领导者发动挑战不宜于采用这种方式。

(2)侧翼进攻。当市场挑战者难以实施正面进攻时,往往采用侧翼进攻。即集中全力进攻竞争对手的市场空隙(竞争对手未占领的地理区域或消费者群体——即所谓的"无争地带")、薄弱环节、失误之处。侧翼进攻的实质即竞争于无争地带。通常有两种策略:其一,地域侧翼进攻。在竞争对手所覆盖的地域范围内,寻找对手力量薄弱的区域,在这样的区域内向对手发起进攻;或寻找对手没有覆盖的区域,打入进去。其二,细分市场侧翼进攻。即寻找市场领导者尚未涉足的细分市场,迅速填补这些市场空缺。如日本的汽车制造商根据顾客日益增多的节油汽车的需求,向市场推出新型节油汽车,一举成功。对市场领导者,挑战者可采用这一策略。

(3)迂回进攻。这是一种完全避开对手现有市场而间接的进攻策略。即绕过竞争对手的现有市场抢占容易进入的市场。具体又分为三种情况:一是以现有产品抢先进入新市场,实行市场多角化;二是发展不相关的产品,实行产品多元化;三是发展新技术、新产品,实行产品替代战略。如拥有高新技术力量的挑战者,集中人力和财力潜心研究并推出能满足消费者更高需求的新产品,从而绕过现有产品的市场竞争,将竞争转移到它已经占有优势的新产品市场。

(4)包围进攻。这是一种全方位、大规模的进攻策略。当进攻者拥有优于对手的资源,并确信可以迅速打垮对手时可采用这种策略。该策略的目的是对竞争对手全线出击,令其顾此失彼,在激烈的较量中暴露其弱点,进而攻击之,直至打败对手。采用此策略的进攻者必须向市场提供比对手更多的、质量更优、价格更低的产品和服务,并配合有力的分销和促销。

(5)游击进攻。指对竞争对手发动小型的、断断续续的进攻。其目的是干扰对手、逐渐削弱的对手士气和实力,以占据长久性的市场阵地。主要方法有:有选择的减价措施、密集的促销活动和偶尔的法律行动。此种策略适用于规模较小、力量较弱的企业。值得注意的是,持久的游击进攻也需要大量的资金投入。而且,游击进攻更多的是进攻的准备而非进攻的本身,要想击败对手,仅靠游击进攻是难以达到目的的，还需要在适当的时机发动更强大的攻势。

（三）市场追随者

市场追随者是行业中位于第二、三或稍后位次，在战略上追随市场领导者的企业。市场追随者关注市场领导者的动向，在产品、价格、技术、销售渠道等大多方面模仿或追随市场领导者。

1. 追随战略　按追随程度的不同，市场追随者有三种类型：紧密追随型、保持距离的追随型、有选择的追随型。因而有三种不同的战略。

(1)紧密追随。指在细分市场和营销组合方面尽可能模仿市场领导者。这种追随者，有时因为完全模仿，不进行任何创新而成为寄生虫；有时又好像是挑战者，但他们只是尾随市场领导者其后获利，实际并不会侵犯到市场领导者的利益。

(2)有距离追随。指在产品包装、价格水平、目标市场、广告等方面仿效市场领导者，同时保持与市场领导者之间的差异性，不使领导者有被侵入的威胁。这样可以在不被攻击的环境中不断积蓄经营资源和竞争实力，在不被关注的情形下发展壮大，逐渐成长为市场主导力量。

(3)有选择追随。即根据企业自身的条件，选择市场领导者战略、策略中适合自己条件的部分，作为自己战略或策略的依据。这类企业通过积极学习，适时改进并不断提高，可能会成为未来的挑战者。

2. 市场追随者特点　市场追随者最主要特点是“跟随”。“跟随”主要体现在技术和市场两方面。在技术方面，它不做新技术的开拓探索者和率先使用者，而是做有价值和有目的地积极追随学习者和改进者。在市场方面，不做市场培育的开路者，而是搭便车，充分利用市场领导者在市场开发方面的外溢效益，既减少风险、又降低成本。市场追随者的第二个特点是“看中学”。市场追随者通过观察、借鉴、选择、模仿市场领导者的行为，在市场领导者的成功经验和失败中学习，从而提高自身水平和能力，降低失败的风险和成本。这样，既可以避免竞争招致的两败俱伤，又在“跟随”和“看中学”中，不断受益壮大。

（四）市场补缺者策略

市场补缺者是行业中一些弱小企业。由于弱小企业不具备与大企业竞争的实力，因此常通过专业化的经营模式来占据大企业不注意的一些细分市场，从而获得生存空间。大企业不感兴趣的这些既安全又有利的市场空隙称之为补缺市场，或利基市场。因此，市场补缺者又可称之为市场利基者。

一个理想的补缺市场应该具备以下条件：①对主要的竞争者不具有吸引力，或是大部分的市场竞争者不屑一顾；②具有足够的规模和购买力，使企业可以赢利；

③具有成长潜力，以便企业进一步发展；④企业具备向这一市场提供优质产品和服务的资源和能力；⑤企业能够依靠自己在顾客中建立的良好声誉，保卫自身的地位，抵御竞争者入侵。采用补缺市场战略的主要风险是，补缺市场会枯竭或受到竞争者攻击。因此，为减少风险，企业通常选择多个补缺市场，而不是单一的补缺市场。企业可以根据以上五个条件选择两个或更多的补缺市场，以确保企业的生存和发展。

市场补缺者生存发展的关键就是专业化经营。下面是一些常采用的专业化方案：

(1)最终使用者专业化。指企业专门服务于某类最终使用者。某电脑软件公司专门为商场设计购物结账程序。

(2)特定顾客专业化。指企业专门为一个或几个特定的顾客服务。如企业将其所有的产品销售给一家特定的公司。

(3)顾客规模专业化。指企业专门为某一类规模的客户或公司服务。如专门为小规模客户提供产品或服务。

(4)产品专业化。指企业只生产一种产品或一类产品。

(5)客户订单专业化。指企业只按客户的订单生产预订的产品。

(6)质量和价格专业化。指企业只生产或经营某种质量、价格既定的产品，如只生产高质高价产品或低质低价产品。

(7)服务项目专业化。指企业只提供一种或几种其他企业所没有的服务项目。

(8)分销渠道专业化。指企业只为某一类分销渠道提供服务，如只生产适于大型超市销售的产品。

(9)地理市场专业化。指企业只为国内或国外某一特定区域的顾客服务。

(10)垂直纵向专业化。指企业专门致力于生产、分销某一纵向垂直层面的产品，例如一个铜业公司可能集中于生产铜制零件。

【复习思考题】

1. 行业竞争有哪些主要类型？
2. 简述影响行业竞争格局的因素。
3. 举例说明如何对竞争对手进行分析。
4. 简述如何对企业进行市场策略定位？
5. 试述三种竞争战略的异同？
6. 试比较处于不同市场地位的竞争者所能采用的竞争策略。
7. 如何理解企业之间的战略联盟是一种全新的竞争理论和模式？

【案例】

本田摩托车市场的兴与衰

20世纪50年代初，日本摩托车行业有50多家企业群雄并立。当时，摩托车行业市场份额占第一位的是东发公司，为22%，第二位是本田公司，为20%。但是，在此后的五年时间里，本田公司面对迅速增长的摩托车市场，利用东发公司安于现状的保守经营姿态，灵活运用“先发制人”策略，果断筹集了大量贷款，力求与需求增长率相适应，扩大市场占有率，从1955年到1960年使年销售额增长了66%，获得了44%的市场占有率。而东发公司的市场占有率却降至4%。1960年，本田公司的税后利润率达10.3%，而东发公司却出现了相当于销售额8%的亏损。1964年2月，东发公司破产。本田公司取得了摩托车行业稳固的霸主地位。

本田公司成为摩托车行业的霸主后，包揽了世界主要国家的摩托车市场。到20世纪60年代中期，摩托车的需求量已接近饱和，本田公司就迅速转向汽车生产，实行多角化经营，到1970年，汽车部门的收益已超过摩托车。趁本田公司分心于汽车事业之机，新的摩托车厂家雅马哈开始扩大生产份额，争夺摩托车市场。雅马哈公司从20世纪60年代中期尚不足10%的市场份额到1981年却增至35%左右。而本田公司的国内市场份额却从1960年的65%降至1980年的40%。

雅马哈为了击败本田，把他们拥有的一切资源都投入到摩托车及相关的产品上。产品品种日趋齐全，生产能力不断提高，进一步缩小了和本田的差距。20世纪70年代初，雅马哈的产品品种是18种，约为本田35种的一半。1981年，雅马哈增至60种，本田是63种，双方大致相当。

1981年8月，雅马哈宣布开始建设年生产能力为100万辆的新摩托工厂。这个新工厂一旦建成，雅马哈的总生产能力将超过本田20万辆左右。如果雅马哈新工厂生产的摩托车在日本全部销出，将在国内市场份额中接近60%。

（注：案例摘录自《企业战略管理—战略选择与核心能力》，陈收、毕少菲编著，湖南大学出版社，2003年6月）

【案例分析】

1. 在1964年之前，本田公司处于什么竞争地位？请简要分析本田公司所采用策略的利弊？

2. 东发公司处于什么竞争地位？并分析其失败的原因以及它可能采取的应对措施。

3. 1964年之后，雅马哈公司处于什么竞争地位？它采取了什么进攻策略？并比较分析其和本田公司所采取策略的异同。

第三部分

战略规划

第五章　目标市场选择

【学习目的】

1. 掌握市场细分、目标市场选择、市场定位的基本概念。
2. 了解市场细分的标准和目的意义。
3. 懂得企业如何识别并选择具有吸引力的目标市场。
4. 懂得企业如何进行产品定位以便在市场中获得有利的竞争地位。

第一节　市场细分

任何一个企业以其实力也无法同时满足所有的市场需求，所以只能选择最适合自己的市场。要找到这样的市场就必须将看似整体的市场划开，分成一个个小市场。这就是市场细分。它是目标市场营销战略的关键一步。

一、市场细分概念与意义

(一)市场细分

市场细分指按照购买者需求的某些特征和变量为依据，将购买者区分为若干个具有类似需求的购买者群体的过程。市场细分以后所形成的具有相似需求的顾客群体称为细分市场或分市场。在同类产品市场上，同一细分市场的顾客需求具有较多的共同性，不同细分市场之间具有较多的差异性，企业应明确有多少细分市场及各细分市场的主要特征。

(二)市场细分意义

1. 了解目标顾客　将市场作为一个整体，对其了解只能是抽象的。而将市场分成一个个具体的人群时，对其了解将更加深刻。当一个保健品企业将老人作为一个市场时，它的了解仅限于老年人一般信息。但当它将老人分为健康老人与非健康老人时，它的信息将更加有效。因为非健康老人对保健品更加关注。

2. 发现机会　市场细分可以帮助企业找到未曾发现的市场。剃须刀向来是男人的专有产品。但是吉列公司将女人分为体毛多的女人和体毛少的女人之后，它突然发现了一个巨大的市场。在美国，一个女人用来脱毛的花费甚至比她的化妆品少不了多少(这里特指西方白人女性)。吉列公司顺势推出了“雏菊”刮毛刀(其实就是刮胡刀的略加改进),在其他公司为此大为惊讶时,自己大赚了一笔。

3.降低竞争压力　中国古代的军事思想是“不战而屈人之兵”为上策。市场细分在竞争中的运用就是“不战而胜”。发现新市场并能抓住新市场就可以“不战”,不需要与自己的竞争对手为抢原来的市场而打得头破血流。中国的非常可乐之所以能在“两乐”(可口可乐、百事可乐)夹击中发展壮大,重要一点就是将中国市场细分为农村与城市并成功地占领了“两乐”尚未顾及的农村市场。娃哈哈集团在这个细分市场上没有遇到强大的竞争压力,非常可乐不仅成功横空出世而且成为该集团的大“现金牛”。试想,如果娃哈哈集团一开始就将非常可乐放在城市与“两乐”竞争,其后果与中国原有“八大可乐”将没有任何区别。

二、市场细分标准

(一)消费者市场细分标准

1.地理变量　根据消费者的地理位置、自然环境等因素细分市场。具体变量包括:国家、地区、城乡及其规模、气候、交通等等。之所以用地理变量作为细分标准是因为不同地理位置的市场需求可能不一样。如,四川人爱吃辣而上海人爱吃甜,其原因在于地理位置不同。四川地处盆地,湿气重,吃辣对身体有利,而上海、浙江等地,气候适宜则无此要求,他们偏向于吃甜。服装生产厂家销售到广东、福建的服装一般号码偏小。因为南部居民身材偏瘦、偏小。而山东、东北地区因为气候与饮食影响,身材则偏高、偏壮,要求的服装尺码一定偏大。地理位置导致了需求的变化。

2.人口统计变量　将消费者按人文统计学变量,如年龄、性别、收入、职业、教育、宗教、国籍、种族、代际、家庭人数、家庭类型、家庭生命周期为基础划分成不同的群体。以上变量的具体使用需要根据具体情况确定,不是全部使用而是根据需要选择若干个变量进行细分。如服装企业一般根据地理位置初步划分市场,如东北、华北、华南三大市场。而在东北市场则可以根据性别划分为男性与女性市场。男性市场又可以根据年龄划分为中年男性市场、青年男性市场、男孩市场等。青年男性市场又可以根据职业细分白领市场与蓝领市场等等。

3.心理变量　根据消费者的心理特征将购买者分成不同的群体。这里的心理特征主要指生活方式、个性、购买动机、爱好、兴趣、价值观等。属于同一人文统计群体的人可能表现出差异极大的心理特性,所以采用心理变量细分市场是非常必要的。福特公司曾推出面向青年人的野马轿车,但销售时发现不仅年轻人喜欢,老年人也买;北方的顾客喜欢,南方的顾客也欢迎。这时该车的目标市场仅用人口变量不足以描述,必须用心理变量才能进行更准确刻画。福特公司最后用个性成功分析出该市场——心理年轻者的坐骑。对于一些老成持重的年轻人,野马对他们并不合适,虽然他们年轻;但对一些心理年轻的老年人来说,野马让他们感到生命的活力,感到再次"回到了从前",这样的车他们当然喜欢。心理变量一般包括以下4个方面:

(1)生活方式。生活方式指人们对日常生活所体现出来的模式化的观点、兴趣、活动等,可以简单理解成一个人每天生活主要内容。人的生活方式不一样会使其需求大不相同。比如,隔壁的小王经常宣称"我爱老婆,我爱 cooking"(观点)。于是就经常看见小王和他的老婆一道去买菜,而且每到吃饭时总是小王家的饭菜最香,他的老婆笑的格外甜(兴趣与活动)。而另一位邻居小李则完全相反,他坚信事业第一,家庭第二(观点)。小李现在仍然单身,而且从不做饭。每天可以看见小李埋头学习与工作,吃的不是盒饭就是其他熟食(兴趣与活动)。可以想象,小王与小李一道去家乐福超市买食品,小王肯定直接去了蔬菜、水果、肉类销售专区,而小李肯定会去熟食专区。同为邻居,对食品需求因生活方式不同而差异非常明显。

(2)个性。指每一个人所表现出来的性格。营销人员可借用个性多样化的特点来细分市场,给自己的产品赋予品牌个性,以符合相对应的消费者个性。苹果品牌在日本的成功部分原因是它自身所建立的有趣又兴奋的形象。其目标是时髦青年。而前面所介绍的野马例子也很好说明了这点。可以在现实中生活中更好地理解这个知识点:一袭白色长裙,一头秀发再加上一本书,这样的女孩十有八九是文静偏内向的;而超短裙,贴身牛仔,短发,善跳街舞,这样的女孩大多是活泼外向的。营销者非要设法将适合外向者的超短裙卖给内向者,这往往是事倍功半,甚至彻底失败。

(3)价值观。价值观是比生活方式和个性影响更大的心理变量。它是指一个人所认可的最基本的信念。人的所有行为几乎都体现了自己的价值观。一个"物质幸福"观的人可能会拼命挣钱再拼命花钱,自己拥有的物质越多越高兴,要的就是车子、房子和票子。而一个"精神幸福"观的人并不会去拼命挣钱和花钱,但是这样的人会设法使自己每一天过得充实、愉快,他是一个没有多少钱但能每天笑口常开的人。这种人即使因为偶然原因有了很多钱他可能也懒得去花,干脆捐给"希望工程"了事。这两类人对于金钱的态度差异如此之大,关键在于他们对幸福所持有的基本信念(价值观)是完全不同的。

(4)态度。态度包括观点、情感与行为倾向。可以根据态度将消费者分为热情、肯定、中间、否定、敌视等不同群体。企业应该感谢热情和肯定者,对中间者积极争取,对否定和敌视者则放弃之。因为争取否定者和敌视者的支持的成本往往与效益不成比例。

4.行为变量　根据消费者对一件产品了解程度、使用情况、反应等不同变量将他们分成不同的群体。许多营销人员坚信，行为变量、时机、利益、使用者地位、使用率、忠诚状况、购买者准备阶段是对建立细分市场至关重要的出发点。在理解这一变量时关键要理解“行为”的所指的具体内容。这里“行为”不仅指简单的购买行为而是指与购买相关的一系列行为，以及行为产生的时间、地点、动机等。对于这个划分标准不同的人有不同的理解，而且营销知识还在不断的更新。具体类型有以下6种：

(1)购买行为产生的时机：根据购买者产生需要、购买或使用产品的时机，可将他们区分成不同的群体。如中国的5月19日，啤酒节，在每年的这一天，很多啤酒爱好者都要买点啤酒喝。而聪明的商家更是大肆宣传，各地的喝酒大赛此起彼伏。节日营销成为很多商品的促销手段。

(2)购买行为背后所追求的利益：根据消费者追求的利益将其归入各群体。亚洲女士爱穿紧身服装的原因是各不相同的。东京和雅加达的妇女追求的是礼堂上显得更娇柔，而对于首尔(汉城)和曼谷的妇女来说，促使他们购买的主要原因不是为了体现体形美，而是因为穿在自己身上显得很漂亮。其他地区的妇女则认为这种衣服使自己显得更性感。在准确判断每个群体所追求的利益之后可以根据他们的具体需要设计产品。

(3)使用者状况：对于某一产品而言可划分从未使用者、曾经使用者、潜在使用者、首次使用者和经常使用者。面对学生所编撰的书籍往往是根据这种标准来进行细分的。如对于营销学习者来说，入门教材是给那些从未使用或初次学习者用的，而中级教材是给那些有一定理论与实践基础者用的，高级教材是给那些有较好基础且从事复杂营销活动者使用的。

(4)使用率：少量使用者、中量使用者和大量使用者。大量使用者的人数通常只占总市场人数的一小部分，但是他们在消费量中所占的比重特别大。酒的目标顾客划分往往根据消费者对产品的使用率进行。啤酒的少量和中量使用者所占市场都较小而大量使用者则是各个厂家的目标顾客群。因为大量使用者占据了酒消费量的80%左右。

(5)品牌忠诚状况：根据消费者对品牌忠诚度划分成不同的群体。主要有坚定的忠诚者(始终不渝地购买一种品牌的消费者)，中度的忠诚者(忠于两种或三种品牌的消费者)，转移型的忠诚者(从偏爱一种品牌转换到偏爱另一种品牌的消费者)，多变者(对任何一种品牌没有忠诚度的消费者)。通过分析品牌忠诚度可以了解很多信息，研究自己的坚定忠诚者，以更好地确定自己的目标市场；研究中度的忠诚者可以改进公司的品牌定位来与竞争者抗争；公司通过考察从自己的品牌转移出去的顾客，就可以了解到自己营销方面的薄弱环节，并且希望能纠正它们；对于多变者，他们的人数正在增加。公司可以通过变换销售方式吸引他们。

(6)购买者准备阶段：在任何时候，人们对于购买一件产品的准备程度各不相同。有些人不知道，有些人已知道，有些人已被通知，有些人已产生举动，有些人已有购买欲望，还有些人则打算购买。对于不同的人应该设计不同的营销计划。对于一个新饮料的市场推广，在市场推广初期可以免费品尝以提高知晓度，在大多数消费者都知道该饮料的时候就宣传喝该饮料对健康的好处，在大多数人都知道这种饮料的优点之后就可以收取费用，甚至是高价。

当然，企业在进行市场细分时更多则是同时利用上述多个变量进行综合细分。

(二)产业者市场细分标准

产业购买者除了按地理因素等消费者市场使用的细分标准加以细分外，还有如下一些自己特有的变量：

1.基本变量

(1)行业：根据购买企业所在的行业对购买者进行划分。这是产业市场细分最通用的标准。行业可分为工业机械、汽车制造、交通运输、电力、采掘、冶金、建筑、电讯、家电、食品、医药等。在产业市场上，不同行业对同一类产品的使用往往不尽相同，对同类产品的需求也就是不同。一种最终用户行业的要求便可成为企业的一个细分市场。同是橡胶轮胎，飞机制造商和汽车制造商相比，飞机制造商对其安全性能要求要高得多；同一汽车制造商，制造赛车与一般汽车所用轮胎在耐磨性方面也有明显不同的需求，从而可以形成不同的细分市场。企业对不同的最终用户行业要相应采取不同的市场营销组合策略，从而满足不同最终用户行业的需要。

(2)公司规模：根据公司规模大小细分顾客。在很多银行当中有大客户部，这是典型的按规模来细分市场例子。对于某些企业来说能抓住一个大客户就可以保证生存下去。所以很多企业都重视“我们应把重点放在多大规模的公司”这样的问题上。

(3)地址：根据地址(距离远近)来细分顾客。如果服务的顾客对产品要求差异不大，可以将在地理上比较集中的客户集中到一起作为一个细分市场。这样企业供给产品的成本会相应降低，竞争力得以提升。

2.经营变量

(1)技术：根据顾客所需要的技术将他们划分成不同群体。比如在向一些农村蔬菜合作社销售生产资料时，就可以根据他们使用大棚技术进行细分。一些合作社使用钢架大棚而另外一些则使用竹制大棚。这两类购买者需求差距较大。

(2)使用率:一般分为大量使用者、中量使用者、少量使用者、未使用者。与消费者市场细分标准相同。

(3)顾客需要的服务:根据顾客所需要服务的多少来划分。一般可分为需要很多服务、需要一些服务、需要很少服务。

3.采购组织变量

(1)采购组织职能:根据采购组织所拥有的权力细分顾客。有些企业的采购组织有很大的权力可以直接采购,而有些采购组织没有决策权,需要上级领导批准。对于不同权力的采购组织,企业有必要采用不同的方法来处理。如:我们要高度集中的公司还是采购组织高度分散的公司?

(2)权力结构:根据企业权力归属结构细分顾客。比如一些技术导向型的公司,其权力主要由那些技术人员掌握;而重视营销公司的权力往往由营销人员掌握。与不同权力结构的企业打交道需要不同的处理方法。所以企业在权力结构差距十分明显时可以用这类细分标准。

(3)总采购政策:根据企业总体采购政策差异细分顾客。有些公司采购政策是非常简单明了的招标方式,重视的是质量与价格。要抓住这样的顾客重点是做好标书并提供价廉物美的产品。而有些公司喜欢系统购买,他们需要大量的、繁琐的服务,他们希望一次购买能解决一系列问题。对于这样的购买者需要根据他们的需要设计一系列产品,并提供长期服务。

(4)购买标准:根据采购时使用的标准细分顾客。有些公司采购时以价格为第一标准,比如我国一些实施成本领先战略的公司,降低价格是他们第一重任。而另外一些公司相反并不重视价格他们重视产品的质量与功能,他们愿意为创新支付高价。所以对不同的购买者销售不同类型的产品才是上策。所以企业经常要问的问题是"我们的重点是追求重视质量的公司还是注重价格的公司"。

4.情境变量

(1)紧急:根据顾客所要求的时间与反应速度细分顾客。比如,丰田与戴尔要求供应商供货要非常及时,迟几分钟则往往拒收;而一般的农业企业仅要求供给数量要合理,至于提前或落后一二天,他们都不介意。

(2)特别用途:根据顾客对产品用途进行细分。如果产品具有特殊的用途,顾客对它的质量可能有特别的要求。比如马鞍山钢铁公司提供给一般企业的钢材没有特殊的品质,但如果这些钢材是供应给荣事达这样的冰箱企业,其钢材的柔韧性要求就非常高(折上千次而不断,一般铁丝几次就断)。

(3)订购数量:根据顾客每次订购数量大小细分顾客。企业是仅服务大订购量顾客还是所有顾客都服务而不管其订购量大小？这是一个业务非常好的企业必须要考虑的问题。

5. 购买者的个性特征变量

(1)购销双方的相似点：根据购销双方相似程度细分顾客。如：是否把重点放在那些其人员与价值观念与本公司相似的公司？在西方很多企业承担了社会责任，如果自己的顾客违反了一些社会基本价值，他们会拒绝与这样的企业做生意。如，欧盟的企业要求自己的供应商不要使用童工，否则就停止购买。

(2)对待风险的态度：根据顾客对待风险的态度细分顾客。如：我们应把重点放在敢于冒风险的顾客还是避免风险的顾客？

(3)忠诚度：根据购买者对供应商的忠诚度细分顾客。如：是否把重点放在那些对供应商非常忠诚的公司？

三、市场细分方法

一般将市场细分为3个阶段。

1. 调查阶段　调研人员通过调研以下情况，以掌握消费者的需求情况：消费者所认可的产品属性及其重要性的程度，品牌知名度和品牌等级，产品使用方式，对产品类别的态度，被调查对象的人文变量、心理变量等。

2. 分析阶段　在掌握充足的有关消费者的调查资料之后，研究人员要列出所选定的市场范围内所有消费者的需求情况以及有关的影响因素，进而分析这些资料，剔除一些影响作用不明显的变量或具有共性的变量，然后从中找出一些最具特色的因素，作为细分市场的变量。

3. 细分阶段　根据市场细分的变量如消费者不同的地理区域、行为、人文变量、心理变量和一般消费习惯划分出每个群体。然后，根据每个群体其主要的不同特征给每个细分市场命名。

第二节　目标市场策略

一、目标市场概念及目标市场评估

(一)目标市场概念

目标市场是在市场细分的基础上，企业拟进入的最佳细分市场，即企业拟为之提供产品和服务的顾客群。它可以是某一个细分市场，或者若干个细分市场的集合,也可以是整体市场。

(二)目标市场评估

企业在成功细分市场后需要对各个细分市场进行评估以确定选择方式与战略。目标市场评估是一个全面判断,需要从细分市场本身及企业、竞争者几个角度进行。

1. *细分市场的吸引力* 判断细分市场的吸引力:第一是其需求规模,需求规模决定了企业产品销售可能的数量,从而决定了企业能否依靠该细分市场生存与发展;第二是细分市场的需求成长性,某些不成熟的细分市场虽然规模不大,但由于具有良好的成长性,而在将来仍会形成很大规模的市场;第三是赢利率,这是评估细分市场的直接指标,赢利率较高的细分市场总是具有更大的吸引力;第四是风险,风险越小吸引力越大。但是在实践中,风险往往与赢利率是正相关的,企业家的冒险精神价值体现在此;第五是细分市场的结构压力,波特认为有5种力量决定一个细分市场的长期的内在吸引力。公司应对这5种力量对长期赢利的影响作出评估。这5种力量是:同行业竞争者所形成的竞争力、潜在的新参加的竞争者将会产生的竞争力、替代产品形成的竞争力、购买者的购买能力和砍价能力、供应商的供货能力及讨价还价能力(详见第四章)。

2. *企业的目标和资源* 拟选择的细分市场必须与公司的目标和资源是一致的。在很多情况下企业发现了一个非常有吸引力的市场,但是这个市场并不是企业目标中的市场。不管这个市场有多好,如果与公司的目标和资源不一致,企业必须放弃。在20世纪海南岛房地产泡沫中倒下了一批电子企业,这些电子企业原本不可能遭受这些损失,但是由于看到房地产市场是一个"金矿",这些企业立刻忘记了自己的目标,一窝蜂地涌入。最后这些企业最终发现自己在房地产行业损失惨重,但在电子行业损失更重。因为他们本来占有的市场已经被专心做电子产品的竞争者全部抢占,这就是目标不明的下场。但是,如果一个细分市场与企业目标一致是不是就可以认为这是一个非常好的目标市场呢?答案是否定的,这还要看企业所具有的资源。就像一个没有篮球天赋的人发现姚明在美国打球每天能挣几十万人民币,这绝对是一个非常好的细分市场,可是他不一定能进入。因为打篮球需要一个人有特定的"资源"(对人来说就是天赋),而这些天赋并不是每一个人都有的。也就是说,企业在选择目标市场时,还必须考虑自身的资源条件。

二、目标市场策略

(一)密集单一市场策略

最简单的方式是公司选择一个细分市场集中营销,见图5-1。其原因在于:公司可能本来就具备了在该细分市场获胜必需的条件;它可能资金有限,只能在一个细分市场经营;这个细分市场中可能没有竞争对手;这个细分市场可能会成为促进细分市场继续发展的开始。公司通过密集营销,更加了解本细分市场的需要,并树立特别的声誉,因此便可在该细分市场建立巩固的市场地位。另外,公司通过生产、销售和促销的专业化分工,也获得了许多经济效益。如果细分市场选择得当,公司的投资便可获得很高的报酬。但是,密集市场营销较之一般情况风险更大。个别细分市场可能出现一蹶不振的情况。或者某个竞争者决定进入同一个细分市场。鉴于这些原因,许多企业宁愿在若干个细分市场分散营销。

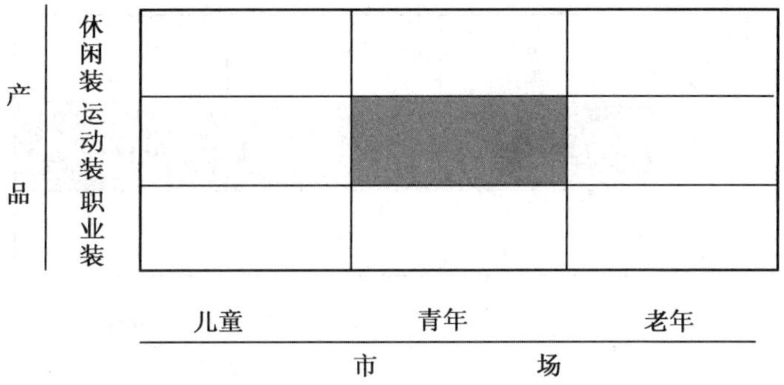

图 5-1　密集单一市场策略

(二)有选择的专业化策略

即企业选择若干个细分市场作为目标市场,并为不同的细分市场生产不同的产品,见图 5-1。这种选择方式要求每个细分市场在客观上都有吸引力,并且符合企业的目标和资源。但在各细分市场之间很少有或者根本没有任何联系,然而每个细分市场都有可能赢利。这种多细分市场覆盖优于单细分市场覆盖,因为这样可以分散企业的风险,即使某个细分市场失去吸引力,企业仍可继续在其他细分市场赢利。

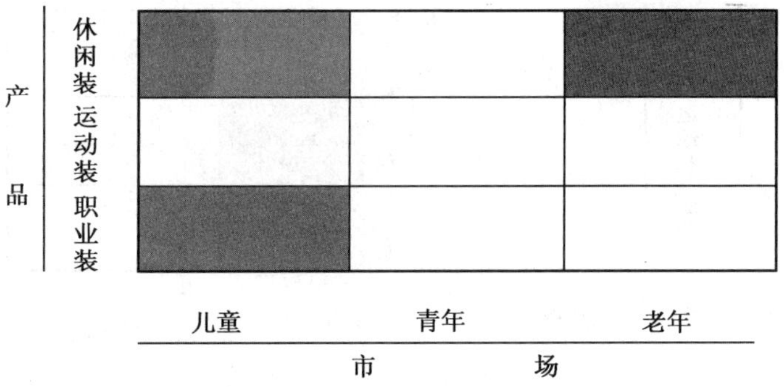

图 5-2　有选择的专业化策略

(三)产品专业化策略

即企业生产一种产品,并将之卖到各类市场,见图 5-3。例如运动装生产商向所有运动的细分市场销售运动装。这种选择方式可以提高产品质量与产品声誉。因为专业化可以快速提高厂商水平并且能给顾客留下专业的印象。这种选择方式的危险在于一旦运动装需求总体下降该企业就存在利润下降甚至生存困难的危险。

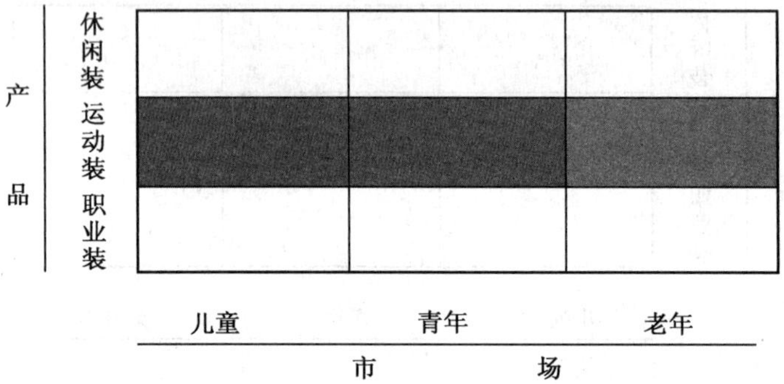

图 5-3 产品专业化策略

(四)市场专业化策略

即企业向一个专业的市场提供各类产品,见图 5-4。如果一个已经在某个专业市场上取得良好的口碑、渠道并且较好的控制了这个市场。它可以依据自己的现有优势向该市场提供其他产品。比如李宁一开始向青年市场卖运动装,等所有的年轻人都相信李宁这个品牌时,它又向年青人推出了休闲装,再向该市场推出职业装等等。

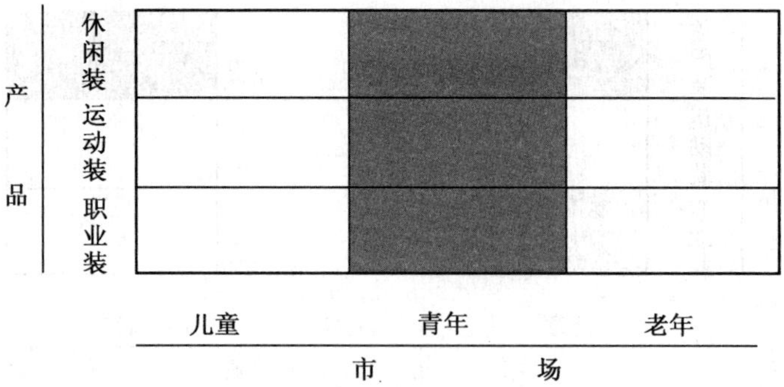

图 5-4 市场专业化策略

(五)完全市场覆盖

指企业将所有细分市场作为自己的目标市场。一般当企业有强大的生产、营销能力往往会这么选择。企业有两种覆盖方法:一是无差异化营销,指企业用一种营销组合去满足所有细分市场,如图5-5a所示;二是差异化营销,用不同的营销组合去满足不同的细分市场,如图5-5b所示。第一种方法的优点是成本比较低,缺点是顾客的满意度低并且适用范围有限。非常可乐早期曾用单一规格的瓶装单一口味的饮料,以满足农村市场顾客的需要,是无差异营销。第二种策略最大优点是可以有针对性地满足不同顾客群体的需求,提高产品的竞争能力并能够树立起良好的市场形象,吸引更多的购买者;最大缺点是市场营销费用大幅度增加。海尔集团陆续向市场推出了各种电器满足家庭对电器产品各种需求,运用的是差异化营销策略。

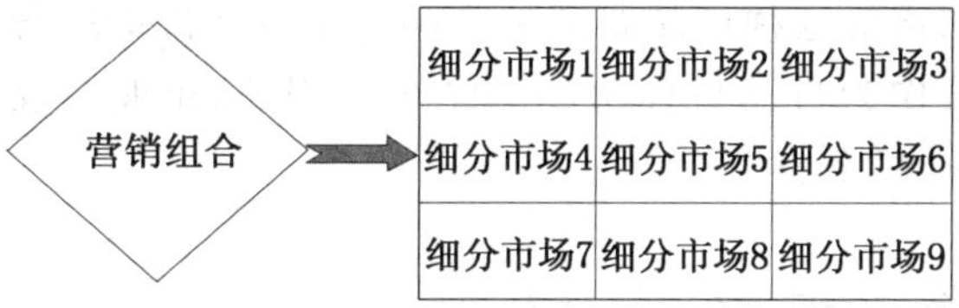

图 5-5a 无差异化营销策略

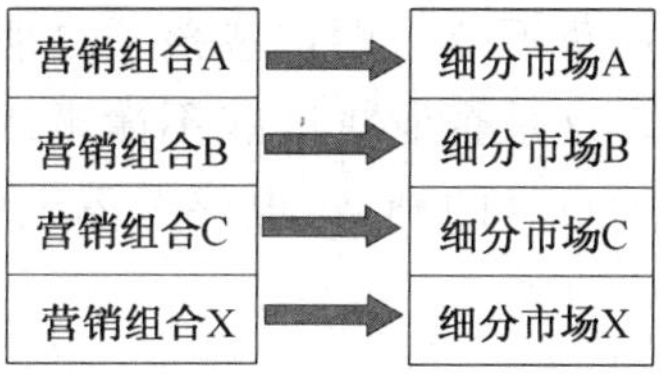

图 5-5b 差异化营销策略

三、影响目标市场选择的因素

影响企业目标市场选择的因素较多,总体上可以分为以下四大类。

(一)企业自身因素

1. 企业能力 企业具有强大的生产与营销能力可以选择市场专业化和市场全面覆盖策略。如果没有相应能力则应选择单一市场和产品专业化策略。

2. 产品同质性 如果产品本身没有差异可以选择无差异营销策略,相反则应选择差异化营销策略。

3. 产品寿命周期阶段 产品的导入期可以选择无差异营销策略,而成熟期一般都选择差异化营销策略。

4. 细分市场之间的关系 如果两个细分市场可以共用一个营销渠道,则往往率先选择该类细分市场,这样可以实现营销的“规模经济”。

5. 逐个进入细分市场的计划 为在竞争中确立竞争优势,企业必须建立一个逐步抢占细分市场的计划,该计划要不被竞争对手预料到。按照该计划选择细分市场,最终获取更多的市场份额。

(二)市场因素

如果市场具有类同性,无差异营销策略是企业的首选。相反如果市场差异较大,企业必须使用差异化营销策略。

(三)竞争因素

企业竞争优势如果远远超过竞争对手则可以与其保持相同的营销组合和相同的目标市场;相反,如果对手的实力远超过自己,则应与竞争者保持差异化,以降低竞争压力。

(四)社会因素

企业在选择目标市场时要考虑到社会道德制约。对容易被侵入群体的不公平营销手段或面向有弱点的群众或促销有害的产品,营销者需要负起社会责任。对儿童市场的广告具有极大的煽动力,现在中国很多家长被孩子们缠着要这要那,感到疲惫不堪。而这些孩子之所以知道要这种产品要那种产品都是受不健康广告诱导。这是企业将这些不懂事的孩子作为自己目标市场的结果。因此,企业不仅要考虑自身的利益,也要考虑整体社会的利益。

第三节 市场定位

一、市场定位概念

市场定位是指企业树立产品或品牌特色并使之在顾客脑海中占据一个有价值位置的过程。如果定位的对象是产品,就叫产品定位;如果定位的对象是品牌就叫品牌定位。定位研究的是企业将产品或品牌特色的信息进入消费者脑海的过程,或者说,定位研究的是如何帮助顾客记住产品或品牌信息并最终促进产品销售的规律。

(一)"市场定位"中的市场指"顾客"

市场的概念较为广泛,但这里的市场指的是狭义的概念,即购买产品的顾客。顾客不等于消费者,因为买产品与用产品的人往往不是统一的。如果将市场换成顾客,则"市场定位"即"顾客定位",其直接的含义是确定自己的目标顾客,这与真正的"市场定位"含义较为接近。

(二)"定位"发生在顾客的脑海中而不是"确定销售产品的顾客"

有人认为定位就是"圈定"可以销售产品的那些顾客,这个想法是完全错误的。这个问题在第二节已经解决了——目标市场选择。定位实际上是找到顾客大脑记忆网络中的一个"空白点"(没有被抢占的特色)并用自己产品或品牌特色去占领那个"空白点"的过程。人类的大脑虽然有强大的记忆功能，但是现在是个"信息爆炸"的社会，大脑在处理信息方面必须有自己的特征：

1. 大脑只注意与自己相关的信息，对自己有价值的信息　由于信息过多，大脑只能注意与已相关的信息或对自己有用的信息，其他的信息全部过滤。比如，你逛街时一般不会记住众多陌生人的面孔。但是，如果你发现街上的一个人长得特别像你，你一定会记住。街上的声音特别多，你也不会记住的，但如果这些声音中突然出现了你的名字，你一定会记忆深刻。

2. 大脑只愿意注意到简单、独特的信息　上课时那些简单、独特的知识点你很容易记住了，而那些又长又繁的知识点你能记住几条？

3. 大脑相同的位置只能容纳少量信息，处于第一位置上的信息最易记住　大脑对于雷同的信息也会过滤，一般人记忆的信息也是少量的。在不刻意记忆的情况下，品牌的名称超过 7 个字是很难记住的，但对于处于第一位置上的信息任何人都不会忘记的。

由于定位是帮助顾客记忆产品信息并促进产品销售的，所以定位的首要目标就是要让顾客记住产品信息。而要让顾客记住产品信息则要求这些信息必须是有价值的、简单的、少量的，最好处于第一的位置之上的。符合这些要求的信息就是产品或品牌的"特色"。因此，可以简单地将定位表述为寻找产品或品牌特色的过程。

(三)历史角度的"定位"概念

定位在营销发展历程中与"独特卖点"、"品牌形象"是一脉相承的。最早人们在推销中发现要让顾客购买你的产品，你必须给他一个买的理由，比如价格便宜，质量优异，经久耐用，功能新颖等等。但是这些卖点很快被竞争者发现和模仿，企业的这些"卖点"也就无法打动顾客。营销人员后来发现，产品的"功能卖点"容易改变和被模仿，但是"情感卖点"既不容易改变又不容易被模仿，利于进行品牌形象建立和宣传。品牌形象不仅注重了产品功能更满足了顾客的情感需求。从 20 世纪 80 年代开始，大量的企业就把资源用在品牌的建设之上。但是品牌建设对有的企业来说有立竿见影的效果，而对有的企业来说则没有半点效果甚至比没品牌还要差(建立品牌是要大量资源的，这些都是成本)。营销人员认识到出现这种情况关键在于企业所树立的形象没有进入顾客的大脑。也就是说，企业是站在自己立场上树立自己特色的，这些特色消费者能否接受、能否记住、能否转化为购买行为，企业都没有注意。要改变这种情况只有从消费者立场出发，去寻找那个没有被竞争者抢占的特色，树立自己的形象，确定产品的特色，这样才能成功。这就是本节所讲的定位概念。

二、市场定位程序

市场定位就是寻求有价值特色的过程。首先，要通过分析环境与顾客需求明确消费者在意什么，这是他们希望产品展现价值的地方。其次，企业的竞争对手已经占有了哪些有价值的"特色"。在通盘分析之后根据企业的优势为产品找到一个有价值而又不与强大竞争对手冲突的"特色"。当企业的目标顾客知道企业的这些"特色"以后，企业的定位才算成功。

（一）分析营销环境，确定消费者重视的产品属性与价值点

定位所寻找的是有价值的特色。是否有价值取决于消费者主观认识，所以定位第一步要找出消费者珍视的价值点。

（二）确定企业与竞争者各自在消费者心目中的位置

在找到消费者所珍视的所有价值点以后，营销企业要清楚地判断出自己和竞争对手各拥有了什么样的特色，还有哪些消费者在意而没有被利用的特色。企业如果发现自己现有的特色仍然具有较大的潜力，则可以继续强化现有的特色，维持自己的定位。如果认为自己原有的特色不具有开发潜力，则判断现有的未被占领的特色哪些具有较大利用价值。如果有价值的特色全部被竞争者占领，则可以考虑在现有的资源基础上与竞争者进行竞争，抢夺自己想要的特色。但定位的高明之处，不是抢夺现有的特色而是去创造新的特色，并将之据为己有。抢夺竞争者的特色鲜有成功的，即使该企业具有强大的实力。

（三）确定区分概念

在找到企业可以发展的"特色"以后，要能提出一个体现该特色的概念，这个概念要能明确地将竞争对手区分开。特色的本意就是与众不同，如果代表特色的"区分概念"不能区分竞争对手，这个定位肯定是失败的。非常可乐在诞生的那一刻有一个非常好的区分概念，那就是"中国人自己的可乐"。这个定位在区分竞争对手上做得天衣无缝，真可谓神来之笔。当时横行中国"两乐"全都是美国的，所以"中国"这个词就彻底地从客观上将"两乐"区分开了；而"两乐"先在中国成功地绞杀"八大"可乐，而后将号称"东方神水"的健力宝逼向了死胡同。"自己的可乐"宣称让中国人长了一点志气，从精神上将"两乐"区分开来。"中国人自己的可乐"让很多中国人自觉地购买了非常可乐。

（四）寻找支撑点

找到区分概念以后要为从企业中为该概念寻找支撑点。如果一家企业的啤酒宣称自己是一流的，那么它的质量、口感、包装、管理等必须真是一流的。否则企业欺骗了消费者，消费者一定会"欺骗"企业。

(五)传播定位

定位最后一个环节是让所有的人知道本企业的定位。这里的所有人不仅只是顾客更包括企业自己的员工。如果一家银行宣称自己是个"快速行动的银行",但其职工都不知道这个定位。这个银行的领导是无法让这些员工自觉提高服务速度的。

三、市场定位策略

(一)率先进入者定位

率先进入者指首次将某个产品导入市场的企业。这时市场定位相对简单,只要企业能找到消费者认为最有价值的特色并将之据为己有,不断宣传即可。具体的定位策略可以不拘一格,可以从款式、颜色、质量、功能、产品使用时间或场景、服务、人员、渠道、品牌形象、消费者类型等角度入手进行定位。举例如下:

款式定位:可以带着走的"WALK MAN"(随身听)。这是索尼畅销世界的产品。该产品与原有产品最大的区别是形式变小了,可以带在身上,边走边听。这个新款式成了这种录音机的定位,并且其名字也表达了这种定位——"走的人"。

颜色定位:"白加黑"感冒药。这是该感冒药从众多感冒药成功发展壮大的重要原因之一。暂时还未发现第二家以颜色给药品定位的企业,所以这个感冒药给人感觉非常新鲜,想不记住它都难。

产品使用时间或场景:在宝洁公司进入日本后,日本的洗发水企业纷纷倒闭(其情形与中国相似),但有一家小洗发水企业却成功独立发展起来,因为这个小公司用了一个非常独特的定位"晚上用的洗发水"。众所周知,宝洁公司洗发水分类细而且各种有效的定位全部被该公司旗下品牌占领,如柔顺、滋养、保水等,所以宝洁所到之处,这些企业注定要破产。但是宝洁对日本人习惯把握得不够,日本人特别爱洗澡,很多人一天要洗两次,早晚各一次,这与很多国家不一样。虽然宝洁公司旗下品牌占据了各种有效定位,但这些定位无疑都是"白天"用的,宝洁从来没说这些品牌可以晚上用,当然它也没说晚上不可以用,但消费者不作这样的思考。该公司抓住宝洁这个失误,抢占了这个定位并将它牢牢地抓在手里。这种定位科学性有多强暂且不论,但其有效性不容怀疑,蒙牛的"早餐奶"是不是有异曲同工之妙?

(二)跟进者定位

跟进者即在率先进入者之后将某个产品导入市场的企业。跟进者定位比率先进入者定位要难得多,因为最有价值的特色已经被强大的竞争者抢占。跟进者使用的策略有三个：与率先者保持一致，与它唱反调，找出有价值的“空白点”。

1. 针锋相对式定位　这种策略实际上就是抢占竞争者的定位。如果率先进入者是个较弱的企业，而它的定位又非常有价值，且消费者还没有完全接受它的定位。这对于强大的跟进者来说是个非常好的机会，它可以与弱势的率先进入者保持相同的定位，并最终抢占这个最有价值的定位，这对于中小企业来说非常残酷，但这是规律。如果中小企业知道并运用这个规律，也可以取得巨大的成功，日本佳能在巨头施乐面前作为一个“小企业”，针对施乐复印机几个致命的缺点：大型、集中复印、价格太高（高达几十万、上百万元一台，大企业最多只能买得起一台），推出小型、简单易用、便宜（把造价降低到当时价格的 1/10、1/20，每个办公室都可以拥有一台）的复印机，成功颠覆了施乐，它在这方面取得的成绩足以说明这一点。

2. 集团定位　将自己描述为与最具有竞争力产品或品牌的相同的第一流产品或品牌，同属于“第一”集团。如安徽省古井贡酒在其产品介绍中将“全国八大名酒”作为自己的宣传内容之一，“全国八大名酒”是酒的第一集团。而四川省政府为发展本省的酒产业将郎酒、泸州老窖等品牌与五粮液这个全国顶尖品牌放在一起作为四川省的“五朵金花”向外推出，无形中提高了川酒的整体价值。

3. 比附定位　通过比较让企业产品或品牌附着在最具影响力的产品或品牌之上，从而获得一个相近的特色。如内蒙古的宁城老窖将自己描述成“塞外茅台”，这个定位一方面表明自己的品质一流，另一方面表明自己的地理位置从而与真正的茅台区分开来。

4. 逆向定位　保持与第一的产品或品牌完全相反的特色。这种定位能否成功关键在于能否通过分析环境找到消费者原来不在意但现在却非常在意的特色。如美国的七喜饮料原来在美国饮料市场只能排在第七位，这是一个即将被市场淘汰的品牌。这时，美国的研究人员发现可乐饮料中的可卡因对人体有不利的影响。这个信息公布以后很多美国人开始远离可乐饮料。七喜公司抓住这个机会向市场推出各类果汁等类可乐型饮料，并将自己定位为“非可乐”。这个定位将百事可乐和可口可乐定位为可乐，而自己是非可乐，其地位与两大可乐相等，非常容易被消费者记忆。七喜凭借这个定位最终获得美国饮料市场第三的地位。所以逆向往往可遇而不可求，关键是要善于抓住环境的变化，并引导消费者。可喜的是中国市场发展速度非常快，总能出现各种机会。

5. 空档定位　寻找尚未被竞争对手占领的特色。比如在中国汽车市场中各种品牌的汽车纷纷登场，但是由于市场容量较大、需求较高，没有哪家企业愿意将自己的价格定得过低。所以低价位汽车就是一个“空白点”。作为国产汽车的奇瑞

QQ 选择了空档定位，并凭着自己的低价与中等质量而取得了成功。现在奇瑞已经开始出口美国，用的仍然是低价定位。

(三)定位总策略

"抢占第一、不断强化"可以作为定位的总策略。因为定位使用的是中国传统竞争思想——"不战而屈人之兵"是最高的竞争境界。如何不战而胜？关键是要有自己的特色，而最佳的特色就是"第一"。如果企业能在一个有价值的"特色"上处于第一的位置，它就在消费者脑海中取得"第一"优势。作为领导者要当仁不让地当第一，作为跟进者不能当第一也要处于第一集团中。如果连第一集团都进入不了，干脆就寻找一个消费者不十分在意的特色，虽然这个特色价值不大，但自己可以在这个特色方面占据第一。如果机会不错还可以运用逆向定位，成功突出自己。企业在任何一特色方面成功占据第一位置以后，不应轻易放弃，要不断地强化这个第一的特色。因为消费者脑海不愿储存过多的信息，经常变化的定位会让消费者感到模糊，从而忘记特色进而将企业的产品或品牌淡忘出大脑。当产品或品牌离开了消费者的大脑，该产品或品牌也就被市场淘汰。

【复习思考题】

1. 什么是细分市场？细分市场的实质是什么？
2. 市场细分的标准有哪些？你还可以提出其他的细分标准吗？
3. 什么是目标市场？目标市场应具备什么条件？
4. 如果你是公司的营销经理，你如何选择自己的目标市场？
5. 什么是市场定位？选择一种产品，然后考虑将如何给该产品定位？

【案例】

奇瑞"QQ"的成功营销

微型轿车市场霸主奇瑞汽车公司作为中国地方汽车企业，曾经成功推出奇瑞"旗云"、"东方之子"等性价比较高的轿车，并且凭借自主品牌的优势与合理的价格优势向国外出口轿车产品。凭借其品牌战略和市场细分战略，2003 年又成功地推出了"QQ"，6 个月销售 2.8 万多台，创造单一品牌微型轿车销售记录。

中国汽车市场使用者大概可以分为公务用车、家庭用车两大类。公务用车主要由政府、企事业单位购买。他们对车的档次有一定要求，一般要与车主的地位相一致。国外品牌的车对他们有较大的吸引力。在家庭用车里面，收入较高者重视中国人特有的“面子”,将轿车作为自己的身份象征。所购买的轿车不论是质量还是外观都有较高水准。而一般年轻“白领”,由于工资不高暂时无法购买高档轿车。

“QQ”的目标客户群体对新生事物感兴趣,崇尚个性,思维活跃,追求时尚。虽然由于资金的原因他们崇尚实际,对品牌的忠诚度较低,但是对汽车的性价比、外观和配置十分关注,是容易互相影响的消费群体;从整体的需求来看,他们对微型轿车的使用范围要求较多。奇瑞把QQ定位于“年轻人的第一辆车”,从使用性能和价格比上满足他们通过驾驶QQ所实现的工作、娱乐、休闲、社交的需求。在品牌名称方面:QQ在网络语言中有“我找到你”之意,充满时代感的张力与亲和力,同时简洁明快,朗朗上口,富有冲击力;在品牌个性方面:“QQ”被赋予了“时尚、价值、自我”的品牌个性,将消费群体的心理情感注入品牌内涵。“QQ”的品牌语言是“青年人的第一辆车”及“秀我本色”等流行时尚语言。奇瑞QQ除了轿车应有的配置以外,还装载了独有的“I-say”数码听系统,——奇瑞公司为用户专门开发的一款车载数码装备,集文本朗读、MP3播放、U盘存储多种时尚数码功能于一身,让QQ与电脑和互联网紧密相连,完全迎合了离开网络就像鱼儿离开水的年轻一代的需求。令人惊喜的外观、内饰、配置和价格是奇瑞公司占领微型轿车这个细分市场成功的关键。

奇瑞QQ2003年营销事件回放

2003年4月初,奇瑞公司开始对QQ的上市做预热。在这个阶段,通过软性宣传,传播奇瑞公司的新产品信息。由于这款车的强烈个性特征,媒体自发掀起第一轮的炒作,吸引了消费者的广泛关注。4月中下旬,在蜚声海内外的上海国际车展开幕时,通过媒体告知奇瑞QQ将亮相于上海国际车展,引起消费者的更进一步的关注。其后奇瑞QQ以未做好生产准备的原因没有在车展上亮相,仅提供大量精美的图片资料给媒体供炒作,引导消费者对奇瑞QQ的关注度走向高潮;5月,公司适时推出奇瑞QQ的网络价格竞猜,引发消费者对产品关注的同时,让消费者给出自己心目中理想的奇瑞QQ的价格预期。2003年5月底,媒体将奇瑞QQ的价格揭晓——4.98万元,比消费者期望的价格(6万~9万元之间)更吸引人。这个价格与同等规格的微型客车差不多,但是从外观到内饰都是与国际同步的轿车配置。此时媒体和消费者沸腾了,媒体开始了第三轮自发的奇瑞QQ现象讨论,此时人们的心情就是尽快购买。这时奇瑞公司宣布:QQ是该公司独立开发的一款微型轿车,因此,消费者在购车时不必多支付技术转让费用。这为QQ树立了很好的技术形象,为消费者吃了一颗定心丸。

2003年6月份,上市阶段,一边是大批量供货,一边借助平面媒体,大面积刊出定位诉求广告,同时邀请专业的汽车杂志进行实车试驾,对奇瑞QQ的品质进行更深入的真实报道；6月中下旬，奇瑞QQ在全国近20个城市同时开展上市期的宣传活动，邀请各地媒体，对奇瑞QQ进行全面深入的报道，将奇瑞QQ年轻时尚的产品诉求植根于消费者的脑海，促进消费者理性购买。

2003年7、8、9月，奇瑞QQ开始了热卖阶段。这阶段重点是持续不断刊登全方位的产品诉求广告，同时针对奇瑞QQ的目标用户年轻时尚的个性特点，结合互联网的特性，连同新浪网，推出"奇瑞QQ"网络flash设计大赛，吸引目标消费者参与；热卖了3个多月之后，厂家针对已经购车的消费者开展了"奇瑞QQ冬季暖心服务大行动"，为已经购车的用户全方位服务，以不断提高消费者对奇瑞QQ产品的认知度，以及奇瑞品牌的忠诚度。

【案例分析】

1. 奇瑞细分市场的标准是什么？

2. 奇瑞将QQ定位于"年轻人的第一辆车"，结合案例以及自己所掌握的信息分析该定位的合理性。并指出奇瑞公司为此定位所选择的"支撑点"是什么？

3. 奇瑞公司对QQ的宣传花费了大量精力，你认为奇瑞宣传的意义何在？

第六章　市场营销战略

【学习目的】

1. 了解市场营销战略的概念、特点、程序。

2. 了解市场营销战略规划的意义并学会根据实际情况做出市场营销战略规划。

3. 懂得如何对企业的战略业务单位管理。

4. 掌握市场营销组合战略、企业规划 4P 组合战略的方法和意义。

5. 掌握市场进入、发展战略。

第一节　企业战略概述

为了应对经济全球化以及科技飞速发展带来的复杂多变的营销环境、激烈竞争的市场，企业只有在市场营销理论指导下，制定并实施战略规划，才能实现持续发展。为此，首先应清楚关于企业战略的含义、规划的内容及程序。

一、企业规划实施战略的意义

美国未来学者托夫勒指出："对没有战略的企业来说，就像在险恶气候中飞行的飞机，始终在气流中颠簸，在暴风雨中沉浮，最后很可能迷失方向。如果对未来没有一个长期的明确方向，对本企业未来模式没有一个实在的指导方针，不管企业的规模有多大，地位多稳定，都将在新技术革命和经济大变革中失去生存条件。"为了应对经济全球化以及科技飞速发展带来的复杂多变的营销环境、激烈竞争的市场，企业规划并实施战略显得更有其积极的意义。

(一)可以推动企业稳步快速发展

战略指明了企业行动的方向，实现目标的途径。正如美国市场营销专家菲利普·科特勒所说："一个组织关于达到其目标的全盘的、总的计划，这就叫战略"。当"一个组织"制定了战略，"搞清楚其目的和目标时，它就知道今后要往何处去"。"如何通过最好的路线到达那里"。也就是说，战略"指导整个企业或组织进入一个有利的前景"。又因为"战略计划和它相关的概念及方法直到本世纪(注：20 世纪)

70 年代才出现”[①]因此，面对日趋激烈的国际国内市场竞争、日益复杂多变的国际国内市场环境，企业规划未来发展战略，能够大大提高企业活动的目的性、预见性、整体协调性、有序性和有效性，实现企业稳步快速发展。

(二)有利于增强竞争能力和应变能力

企业战略是为了企业在动态的激烈竞争的市场环境中求得生存和发展，而在对企业内部条件和外部环境调查分析研究的基础上，针对市场营销活动和管理所制定的较长时期的全局性的行动方案。是企业在激烈的国际国内市场竞争中与竞争对手抗衡的行动方案，是企业应对各种已经或可能出现的冲击、压力、威胁、挑战和困难的行动方案。这种事前的考虑和准备能够使企业对正在或将要发生的各种竞争、冲击、压力、威胁、挑战和困难做出更加积极、主动和理性的反应，有效地避免或降低各种竞争、威胁和挑战等带来的负面影响，而增强竞争能力和应变能力。

(三)增强企业的影响力和凝聚力

依靠企业自身员工和利益攸关者的力量，充分发挥和激励企业员工和利益攸关者的积极性和创造性，是企业得以发展的基本条件，因而也是企业制定战略时必须考虑的基本内容。当企业所制定的发展战略为全体成员和利益攸关者指明了良好的发展前景并成为他们认同的发展目标时，便会增强企业的影响力和凝聚力，一定会在企业员工中或各利益攸关者中产生实施战略的动力、无法估量的为实现战略目标而克服困难赢得竞争的信心和力量。正如日本东芝电气公司总经理士光敏夫总结自己的经营实践时所谈：一个富有创造性的企业，必定有它的理想。正是这个理想，向未来显示出这个企业存在的意义。职员们将从这个理想中看到自己作为集体一员的意义。

二、企业战略概念与特点

“战略”一词原为军事用语，指“指导战争全局的计划和策略”。英文中的“战略”(strategy)源于希腊文，意为“将军的艺术”。后来被广泛用于政治、经济等领域管理活动中。早在 1938 年，美国管理学家切斯特·巴纳德在其代表作《经理的职能》一书中，开始引进战略的思想内容，运用战略思想分析企业诸因素及其相互影响。时至 20 世纪 60 年代中期，企业战略作为新的理论开始出现，到 20 世纪 70 年代，特别是进入 80 年代，面对复杂多变的环境以及越演越烈的市场竞争，企业战略

①菲利普·科特勒.营销管理——分析、计划、执行和控制.上海：上海人民出版社，Prentice Hall 培科，1999：57.

受到企业的广泛关注和应用。

(一)企业战略含义与层次

1. 企业战略含义　企业战略是指企业的最高管理决策层为了使自己的资源和能力同不断发展和变化的环境相适应,以加强自己的应变能力和竞争能力而制定的长远的总体发展规划。它明确本企业在一个较长时期内(一般为5年、10年,甚至20年)的发展远景和基本战略,覆盖企业活动的生产、营销、财务、人力资源等各个方面,以战略规划的形式体现。

2. 企业战略层次　根据战略的覆盖范围和影响面,企业战略分为以下不同层次:

(1)总体战略。又称公司战略。是企业的高层负责制定和落实的最高层次的战略。它需要确定企业的总体使命、总体目标、发展思路和方向以及企业内部资源如何合理配置。是企业下属各个子公司、部门在未来一定时期内所要遵循的行动纲领。

(2)单位战略。又称经营单位战略。对于大企业或集团来说,是指其二级经营单位(如子公司、事业部)根据总体战略所制定的战略。它需要明确各个二级经营单位、事业部在实施总体战略中的任务、目标和行动方案,以保证总体目标的实现。

单位战略与总体战略的区别在于:①总体战略是有关企业全局的战略,它对整个企业的长期发展产生深远的影响;单位战略着眼于企业中有关二级单位的战略问题,影响的是某一具体的二级单位具体的产品和市场,只能在一定程度上影响总体战略的实现。②形成总体战略的,主要是企业高层;形成单位战略的主要是具体的二级企业。③一个企业在一定时期内,只能有一个总体战略;与此同时,它有多少个二级单位,就应该有多少个单位战略。总之,单位战略是在总体战略的指导和制约下,具体二级单位的行动计划,为企业整体或产业整体目标服务的一种局部性的战略。

(3)职能战略。即职能部门战略,又称职能层战略。是企业各个职能部门如市场营销部门、研究与开发部门、生产部门、财务部门和人力资源等管理部门的战略。它明确各个职能部门及其管理人员在实施总体战略和单位战略中的任务和目标,如何运用各自的职能,保证企业目标的实现。每一个职能战略都服从于所在经营单位的战略和总体战略。市场营销部门是企业众多管理部门之一,因此,市场营销战略同样如此,必须在企业总体战略以及单位战略的框架内进行。市场营销管理堪称企业管理的首要职能——因为它明确了企业的目标市场和合理的销售目标,以及实现目标所需的资源。研究与开发部门、生产部门、财务部门和人力资源等管理部门的职能,就是确保市场营销计划有足够的人、财、物力去落实和实现。

(二)企业战略主要特点

1.全局性 企业战略是以企业的全局为对象,根据企业总体发展需要而制定的。它所规定的是企业的总体目标和行动,所追求的是企业的总体效果。虽然它也包括企业内局部活动或各种单项活动,但是这些局部或单项活动作为总体行动中的有机组成部分在战略中出现的,是为了实现总体目的不可缺少的部分。

2.长远性 从时间角度来看,战略着眼于未来,是一个企业谋求长远持续发展的反映,是在对未来较长时期内环境及其发展变化趋势科学分析、预测基础上就企业如何生存和发展的通盘筹划。可以说,凡是为适应环境、条件变化所确定的长期基本不变的目标和实现目标的方案等都属于战略的范畴。

3.抗争性 企业战略是企业在激烈的国际国内市场竞争中如何与竞争对手抗衡的行动方案,是企业应对各种已经或可能出现的冲击、压力、威胁、挑战和困难的行动方案。企业之所以制定战略就是为了扬长避短、趋利避害以应对各种挑战和战胜对手,保证企业自身生存和发展。

4.纲领性 企业战略规定的是企业总体的长远的发展目标、发展方向、发展思路、发展重点、重大措施和基本步骤,这些规定是原则性的、概括性的,具有行动纲领的意义,必须通过不同部门不同层次分解为相应的规划并予以落实,即企业的战略规划分解为市场营销、生产、财务、人力资源等部门的战略规划并予以落实。

三、企业战略规划内容和程序

(一)企业战略规划原则

企业战略规划对企业生存和发展具有决定性指导作用,关系着企业的前途和命运,是企业在未来一定时期内一切工作所必须遵循的总纲。因此它必须具有科学性、前瞻性和合理性。即它必须根据企业自身发展的条件和优势资源,在对面临的国际国内形势及其发展趋势调研的基础上,按照扬长避短、趋利避害的原则,采用科学合理的程序对事关企业未来发展的内容做出客观的规划。规划的科学性、前瞻性和合理性,最终体现在规划内容和程序上,并由战略规划实施的效果反映出来。

(二)总体战略规划内容和程序

根据上述基本原则,企业的战略规划内容和程序如图 6-1 所示。

企业战略规划和它相关的概念及方法直到 20 世纪 70 年代才出现,因此,企业战略规划的具体内容不同学者的阐述不尽一致。但针对企业,主要的内容涉及 5 个方面:一是界定企业的使命,二是确定企业的目标,三是区分业务单位/产品,四是选择实现企业整体目标的战略,五是进行总投资与效益预算。各职能部门还需根据总体战略制定相应的职能部门的战略。在企业的最高管理层制定了总公司或主管部门总体战略之后，各子公司或业务单位还需制定本单位战略，用以分解和落实总体战略。以下以企业总体战略为例进行具体阐述。

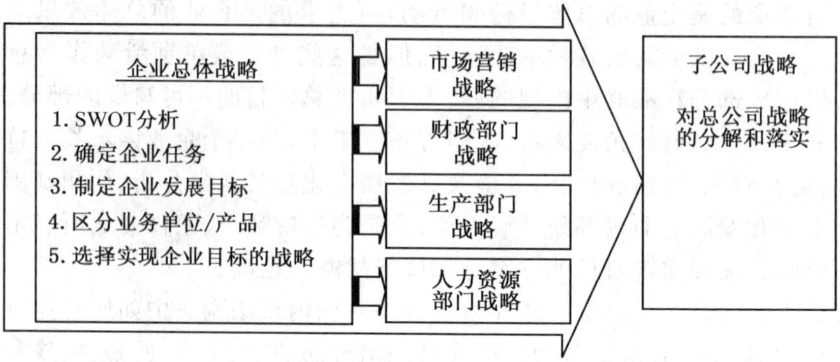

图 6-1 企业战略规划结构与程序

1. SWOT 分析 “S”（strength）指企业自身的能力或优势，“W”（weakness）指企业自身的薄弱点或劣势，“O”（opportunity）即企业面临外部环境的机会，“T”（threats）即企业面临外部环境的威胁。在运用“SWOT”分析法研究企业战略性营销规划时，需要注意两个问题。第一，是不能将企业自身的优势和企业所面临的环境机会（即有利因素）相混淆，同样，不能将企业自身的劣势与企业所面临的环境威胁（即不利因素）相混淆，这是在实际运用中易出现的问题。第二，是应找出有关企业优势与劣势、外部机会与威胁这四个方面中与本企业战略性发展密切相关的主要因素，而不是把所有关于这四个方面中的因素逐项列出和汇集。表 6-1 是运用“SWOT”方法对企业战略规划相关的主要因素进行分析的参考模式和内容。

图 6-2 是运用“SWOT”方法制定企业战略规划的模型。该图还表明 SWOT 分析在战略规划中的基础性作用。企业在进行战略规划时，首先要对战略主体自身事关长远发展的主要因素：产品能力包括产品研发生产能力、产品市场竞争能力，财务能力包括产品研发生产成本、产品市场推广成本、交易成本和管理成本等等，管理能力包括企业经营理念、组织机构、企业制度、企业文化、管理者素质和能力等进行研究分析，以界定清楚自身的优劣势，即 SW 分析，进而使企业在进行战略规划及其实施时能扬长避短。接着，是对战略主体外部环境进行研究。外部环境因素是企业不可控的力量，包括宏观、中观和微观三个层面，其中宏观环境主要包括政治（political）、经济（economic）、社会（social）、技术（technological）和自然（nature）五个要素，缩略为 PESTN。研究外部环境是分析宏观、中观和微观三个层面要素预期将发生的重要变化和趋势，以识别机会和威胁，使战略规划及其实施中能趋利避害，顺利持续发展。

表 6-1　企业战略规划相关主要因素分析模式

企业内部	
S(strength)企业自身的能力或优势	W(weakness)企业自身的薄弱点或劣势
拥有生产加工独到的技术	没有明确的战略目标
拥有优异的生产条件	市场导向的观念缺乏
优异的品质深得市场的认可和喜爱	产品单一且欠时代感
品牌知名度高	产品标准化程度低
市场领导者地位	包装过时
达到规模经营	促销手段单一且落后
成本方面的优势	管理制度不健全
产品创新能力	现代管理能力缺乏
有良好的公众关系	关键性技术的丧失
有稳定的销售渠道	竞争地位在下降
其他	其他
企业外部	
O(opportunity)企业面对的机会	T(threat)企业面临的威胁
政策对产业的支持	不利的政府政策
经济良性增长	跨国企业和先进行业企业的进入
消费需求增长较快	替代性产品销售的增长
深度开发产品技术的成熟及其推广	顾客偏好逐步转变
国民消费能力的增强	市场供大于求的结构正在形成
其他	其他

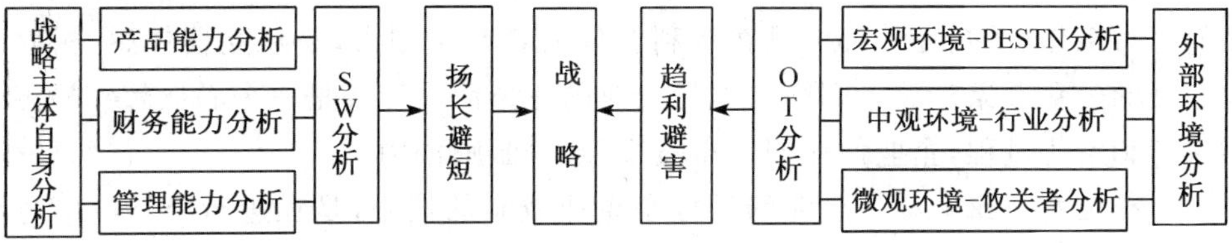

图 6-2　SWOT 战略分析模型

2. 界定本企业的使命(mission)　企业使命反映企业的目的、特征和性质，也就是明确本企业的经营活动领域和发展方向。涉及两个方面内容：即企业观念与企业宗旨。企业观念提出企业经营活动的价值观、信念和行为准则。这在第一章已有阐述。企业宗旨则明确企业经营活动的范围和方向。企业在创立时，一般都应规定自己的特定任务，并且随着环境的变化，本企业的任务也要相应地变化，以保证企业自创建开始就能一直清楚自己存在的价值、应尽的社会责任和发展的方向。美国著名管理学家P·杜拉克指出了企业宗旨的本质——企业的一切活动都是为了创造顾客,满足顾客需求。企业的宗旨体现企业在社会中存在的意义,明确企业在满足社会需求中所承担的责任。具体来说,企业决策层通过"SWOT"分析后,必须明确这几个问题:本企业是干什么的?顾客是谁?顾客需要什么?本企业对顾客的价值是什么?以确定企业的宗旨,并以任务说明书形式产生并公之于众,让本企业的每一位员工明确企业所担负的使命以及自己的责任,以"一只无形之手"指引并激励分布在不同岗位的企业员工同心协力,完成企业的使命;同时让顾客以及其他利益攸关者明确企业所担负的使命,以取得他们的理解、信任和支持,保证企业顺利地履行使命。

企业的使命说明书的形式多种多样,其共同的要素和特点是:宜从顾客需求的角度、根据企业的资源与特长来规定和阐明其切实可行的并具有激励性的使命,而不是仅仅从产品和技术的角度界定企业使命。前者如某医疗设备公司,对其使命规定为:"满足全世界心血管病人的治疗所需的高质量的产品"。后者如"本医疗设备公司生产销售心血管检测仪器"。显然,前者认为企业的业务活动不是一个简单的生产和销售的过程,而主要是一个满足全球心血管病人治疗需求的过程,利润是满足顾客需求的回报;明确了企业的价值、责任、产业范围、市场范围和地理范围,以及今后业务发展方向:业务可能会扩大到不同的治疗仪器甚至药品等的生产销售。这样将企业的使命规定为满足消费者对全球心血管病人治疗的需求,会促使企业关注这方面的市场动向和技术动向,及时开发能更好地满足这方面需求的新产品。这在企业内部,使员工能明确自己所担负的责任,激励大家为完成企业的使命而努力工作,对企业外部的顾客和利益攸关者有亲和力,易建立信任感,树立企业良好的公众形象。后者则简单地把企业的业务活动看成是一个心血管病检测仪器生产和销售过程,企业使命规定得过窄,缺少激励作用。

3. 确定本企业目标　企业的目标是企业战略的核心,是在进行"SWOT"分析的基础上,确定了本企业的使命后,作出的较长时期的经营活动的预期结果。在管理层规定了企业使命后,就要把使命具体化为企业的目标。企业目标是制定企业战略实施方案的依据。企业目标由目标体系构成,大体上包括五个方面:社会贡献目标、产品结构与产品形象目标、市场竞争地位目标、赢利与成本目标、发展目标。即通过规划的实施,企业经营活动预期将达到的各方面效果。

(1)社会贡献目标。即规划期间本企业提供给国内或国际市场的产品数量、质量指标,完成的利税数额、资源节约、能源节约、生态环境保护、员工福利待遇等方面的指标。

(2)产品结构与产品形象目标。即规划期间本企业生产或在一定时间拟研发的产品品种,品牌及其形象力方面的指标。

(3)市场竞争地位目标。产品的市场占有率及其年增长率、本公司在行业中或不同市场上竞争地位的指标。市场占有率是反映企业竞争力的重要指标。

(4)赢利与成本目标。赢利目标包括投资收益率、毛利率、净利润额及其增长率等指标,成本指标包括各项成本费用指标。

(5)发展目标。包括市场发展目标和企业自身发展目标。前者如已有市场的销售额或销售量的增长率,将开发的新市场的地理区域和顾客群体;后者如企业有形资产包括厂房设备等的扩大和提高程度、企业规模扩大及其实施的途径和方式、经营管理模式以及人才结构等等。

企业在将企业使命转化为具体目标时,目标内容可根据企业的使命和战略思想设定。

4.区分/评价战略业务单位　大多数的企业,包括规模较小的公司,都有可能同时或准备经营若干项业务。因此,在确定了本企业使命和发展目标之后,还要对现有战略业务单位业绩和发展前景进行评价;对于新创建的企业,企业的最高管理层还要对战略业务单位(strategic business unit,SBU)进行区分安排。区分战略业务单位就是把本企业的所有业务分成若干个单位。战略业务单位的规模有大有小。一个战略业务单位可能是一个或几个部门,也可能是公司经营的某一类甚至某种产品。如某进出口公司其服装部和食品部,就是两个不同的战略业务单位;某厂的原料生产基地、加工车间、包装车间可视为不同的战略业务单位。一个战略业务单位有三个主要特征:①是一项独立业务或相关业务的集合体,能与公司其他业务分开。②有自己的竞争者。③有专责的经理负责其分管业务的管理工作。

5.选择实现本企业目标的战略　在确定了本企业使命和发展目标的基础上,企业的最高管理层还要制定实现目标的战略。也就是说,企业的最高管理层,面对日益复杂的市场环境和日趋激烈的市场竞争,为了实现既定的目标,需要选择和制定相应的战略。不同的企业根据"SWOT"分析的结果,所选择的战略有所不同,但最基本的战略有业务单位/产品投资战略、目标市场营销战略、市场进入战略、市场竞争战略、市场发展战略。

第二节　业务投资管理战略

企业的最高管理层在对本公司各战略业务单位进行区分之后,要对各战略业务单位经营现状和发展前景进行分析和评价,即确定哪些业务最能使企业扬长避短,能最有效地满足市场的需求,以确定投入比例,使本公司的人力物力和财力等资源得到合理的配置,实现战略发展目标。以下有两种在西方企业界流行的战略业务单位分析评价管理法。

一、波斯顿咨询集团法——业务单位投资管理战略

简称BCG法,又称四象限法。是20世纪70年代美国著名的管理咨询公司——波斯顿咨询集团(Boston Consulting Group)创立的。该法是从销售增长率和相对市场占有率两个方面,对企业所有的战略业务单位逐一进行分析,进而将所有的业务单位区分为四个类型,依此决定实施不同的投资管理战略。

(一)战略业务单位分析评价

具体操作程序分为三步:

第一步,计算各个业务单位的销售增长率和相对市场占有率。销售增长率为一定时期内某业务或产品的销售额增量与其基期销售额之比的百分数。用公式表示为:

$$\text{某业务或产品销售增长率}=\frac{\text{本期销售额}-\text{基期销售额}}{\text{基期销售额}}\times 100\%$$

销售增长率反映某业务或产品的市场发展前景。某业务或产品的销售增长率越高,说明其市场发展前景越好,反之,则说明其发展前景越差。

某业务或产品的相对市场占有率,即本企业该业务或产品市场占有率与主要竞争对手同类业务或产品市场占有率之比。也即本企业该业务或产品销售额与主要竞争对手同类业务或产品销售额之比。用公式表示为:

$$\text{某业务或产品本企业相对市场占有率}=\frac{\text{本企业销售额/全行业销售额}}{\text{主要竞争对手销售额/全行业销售额}}$$

相对市场占有率表明在某业务或产品上企业竞争实力的大小。某业务或产品的相对市场占有率越高,说明其市场竞争力越大;反之,则说明其市场竞争力越小。如果相对市场占有率为0.1,则表示企业战略业务单位的市场占有率为主要竞争对手的10%;相对市场占有率为1,则表示企业战略业务单位的市场占有率与主要竞争对手相同;相对市场占有率为10,则表示企业战略业务单位的市场占有率为主要竞争对手的10倍。

第二步,建立波斯顿矩阵,对业务或产品分类。如图6-3所示,以相对市场占

有率为横坐标、以销售增长率为纵坐标建立直角坐标系，并分析确定临界值，将横坐标和纵坐标各分为高、低两部分，区分为 4 个不同区域。图中每个圆圈代表一个业务单位或产品，圆圈的大小表示业务单位或产品销售额的大小，圆圈的位置表示业务单位或产品相对市场占有率和销售增长率的高低。临界值的大小可依企业的具体情况而定，但一般相对市场占有率不得小于 1，销售增长率不得小于 10。通常临界值取值：相对市场占有率为 1(以对数形式表示，以便使0.1、1、10 这 3 个重要值的点位距离相等)大于 1 为高市场占有率，小于 1 为低市场占有率，销售增长率为 10%，10%以上为高销售增长率，10%以下为低销售增长率。依此，将企业的业务或产品区分为4 类：

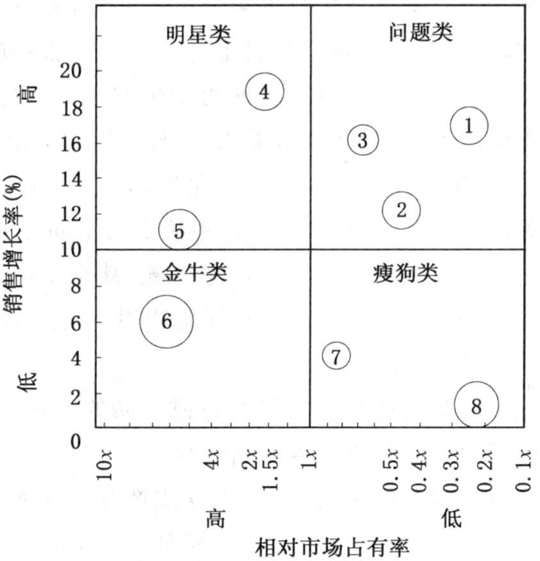

图 6-3　销售增长率-市场占有率矩阵图

(1)问题类：是销售增长率高和市场占有率低的业务单位。大多数战略业务单位最初都处于这一类，其前途命运未卜，有两种可能：一是发展为明星类；一是下降为瘦狗类。因此对这类业务是大量投入使之发展为明星类，还是缩减甚至断然淘汰，管理者需在认真分析的基础上，慎重做出决策。

(2)明星类：是销售增长率和市场占有率都高的业务单位。这一类业务因为市场占有率和销售增长率快速增长，要击退竞争对手的进攻，需要投入大量资金，往往是使用现金较多的业务。

(3)金牛类:是销售增长率低和市场占有率高的业务单位。这一类业务之所以称之为金牛类是因为其相对市场占有率高,赢利多,属于公司的"当家产品",越多越好。

(4)瘦狗类:是销售增长率和市场占有率都低的业务单位。这一类业务赢利少,甚至亏损,一般不可能成为大量利润的源泉,如果继续经营,要占用管理者大量时间,可能得不偿失。

(二)业务单位投资管理战略

根据企业各业务单位的销售增长率和市场占有率统计分析值在上述矩阵图上定位,便可反映企业的业务组合是否恰当。一个失衡的业务组合就是有太多的瘦狗类或问题类业务和太少的明星类或金牛类业务。除此,各业务单位在矩阵中的位置不是固定不变的,经过一定时间总要发生变化。一个成功的业务单位其生命周期从问题类开始,进而为明星类,然后发展为金牛类,最后成为瘦狗类。企业管理层应注意各业务单位的市场发展情况,采取对应的措施,以使各业务单位向有利企业的方向发展,使业务组合在动态中处在最优状态。

企业在对各业务单位进行区分之后,应着手确定对不同的业务的投资战略:

1.*发展战略* 这种战略是通过加大投资等措施、甚至不惜放弃短期收入来达到提高业务或产品的市场占有率目的。这种战略适用于明星类业务或产品极有希望发展为明星类的问题类业务或产品。

2.*维持战略* 这种战略的目的是保持业务或产品的市场占有率,特别适用于金牛类业务或产品。因为金牛类业务或产品能为企业提供大量的现金。

3.*收割战略* 这种战略目的在于增加业务或产品的短期现金收入,而不考虑其长期效果。主要适用于金牛类中前景黯淡的产品,瘦狗类及问题类产品也适用。

4.*放弃战略* 这种战略目的在于出售或清理不再生产的业务或产品,以便把资金转移到更有利的赢利的业务或产品上去。它适用于问题类中给企业造成很大负担而又没有发展前途的业务或产品及瘦狗类业务或产品。

二、通用电气公司法——业务单位投资管理战略

该法是通用电气公司(General Electric)对业务或产品组合分析的方法,又称为"战略业务规划网络(Stratigic Business Planning Grid)",简称 GE 法。该法是 BCG 法的发展,它从市场吸引力和企业的业务实力两方面对企业的业务或产品加

以评价和分类，继而做出对不同业务或产品实施不同的投资管理战略。

（一）战略业务单位分析评价

GE法在对企业的业务或产品评价和分类时，除销售增长率和市场占有率两个因素之外，还考虑更多的因素，这些因素被分为两类：行业吸引力和企业的业务优势。如图6-4所示。行业吸引力从1～5分为大中小三个等级，业务优势从1～5分为强中弱三个等级，由此建立一个九象限的矩阵。企业或企业对各业务或产品分别评估计算出行业吸引力和业务优势综合评价值，并在图中标出，就可得到反映该企业全部业务或产品的优势强弱及其行业吸引力大小的示意图。如图，A、B、C、D、E、F、G 7个圆圈代表7个业务单位或产品，各圆圈的大小表示各业务或产品的市场规模的大小，各圆圈内的阴影部分表示各业务或产品在行业的市场占有率。

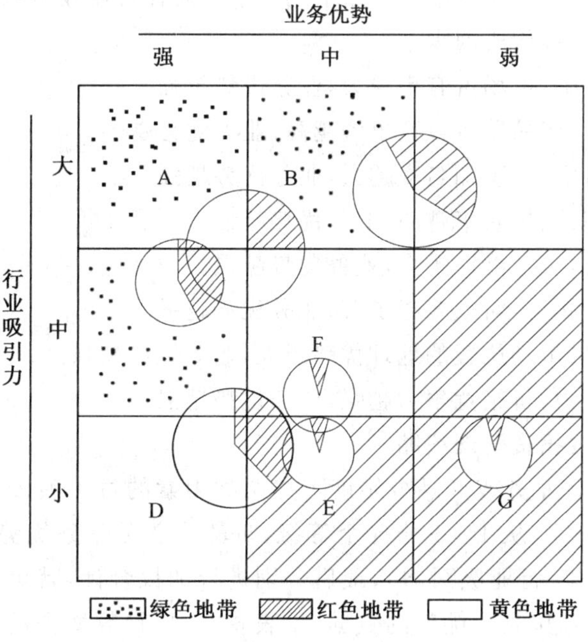

图6-4　多因素业务经营组合矩阵

在图6-4中，纵坐标表示行业吸引力（industry attractiveness）。行业吸引力大小一般决定于下列因素。企业可根据实际情况决定符合自己的构成行业吸引力的各因素。

（1）市场规模：市场规模越大，吸引力越大。

(2)销售增长率:销售增长率越高,吸引力越大。

(3)历史毛利率:历史毛利率越高,吸引力越大。

(4)竞争激烈程度:竞争越激烈,吸引力越小。

(5)技术要求:技术要求越高,吸引力越小。

(6)周期性:受经济周期性影响越小,吸引力越大。

(7)季节性:受季节性影响越小,吸引力越大。

(8)规模经济效益:单位产品成本随生产和分销规模的扩大而降低的行业,吸引力越大。

(9)学习曲线:单位产品成本随着经营管理经验的增加而降低的行业,吸引力越大。

图 6-4 中的横坐标表示企业业务或产品的业务优势(business strength),即竞争能力。业务优势的大小一般决定于下列因素。同样各企业可根据实际情况决定适合自己的业务优势构成因素。

(1)市场占有率:市场占有率越大,业务优势越强。

(2)产品质量:产品质量较竞争者越高,业务优势越强。

(3)品牌知名度:品牌知名度越大,业务优势越强。

(4)促销效率:促销效率越高,业务优势越强。

(5)生产能力:生产能力越大,业务优势越强。

(6)对顾客了解度:对顾客越了解,业务优势越强。

(7)地理优势:市场位置的地理优势越大,业务优势越强。

(8)价格竞争力:价格竞争力越强,业务优势越强。

(二)业务单位投资管理战略

企业对其所有业务或产品分别就上述两类因素的每一项按其重要性给出权数,再逐一评出定值(从 1～5 分 5 个等级,1 表示毫无业务优势/市场吸引力;5 表示最有业务优势/行业吸引力),最后分别进行加权合计,就可计算出各业务或产品的行业吸引力和业务优势的数据,见表 6-2。以计算所得的各业务或产品的行业吸引力和业务优势的数据(坐标点)在图 6-4 中找到一个对应的点,以该点为圆心,以市场规模为半径作圆。如此,可得到反映该企业全部业务或产品的优势强弱及其市场吸引力大小的示意图。依据各业务或产品在图中的区域位置就可对企业全部业务或产品进行分类,然后,针对不同的业务或产品所在区域位置制定相应的投资管理战略。

表 6-2　通用电气公司行业吸引力-业务优势分析模型

要素		权数	定值(1～5)	值
行业吸引力	总体市场大小	0.20	4.00	0.80
	年市场成长率	0.20	5.00	1.00
	历史毛利率	0.15	4.00	0.60
	竞争密集程度	0.15	2.00	0.30
	技术要求	0.15	4.00	0.60
	通货膨胀	0.05	3.00	0.15
	能源要求	0.05	2.00	0.10
	环境影响	0.05	1.00	0.05
		1.00		3.70
业务优势	市场份额	0.10	4.00	0.40
	份额成长	0.15	2.00	0.30
	产品质量	0.10	4.00	0.40
	品牌知名度	0.10	5.00	0.50
	分销网	0.05	4.00	0.20
	促销效率	0.05	3.00	0.15
	生产能力	0.05	3.00	0.15
	生产效率	0.05	2.00	0.10
	单位成本	0.15	3.00	0.45
	物资供应	0.05	5.00	0.25
	开发研究绩效	0.10	3.00	0.30
	管理人员	0.05	4.00	0.20
		1.00		3.40

第一区域:左上角 3 个方格,即“大强”、“大中”和“中强”3 个方格。这是最佳区域。对于这个区域的业务或产品,应采取发展战略,即追加投资,促进其发展。

第二区域:由对角线上的 3 个方格,即“小强”、“中中”和“大弱”组成,这是中等区域。对该区域的业务或产品应采取维持战略,即维持现有投资水平,不增不减。

第三区域:由右下角 3 个方格,即“小中”、“小弱”和“中弱”组成,这是市场吸引力和企业竞争力都弱的区域。对这个区域的业务或产品应采取收割或放弃战略,不再追加投资或收回现有投资。

可依据各业务或产品所在象限,制定更为具体的战略,见表 6-3。

表 6-3 行业吸引力-竞争能力组合分类及战略[①]

行业吸引力	业务优势		
	强	中	弱
高	保持优势 ·以最快可行的速度发展 ·集中努力保持力量	投资建立 ·向市场领先者挑战 ·有选择加强力量 ·加强薄弱地区	有选择发展 ·集中有限力量 ·努力克服缺点 ·如无明显增长就放弃
中	有选择发展 ·在最有吸引力的部分投资 ·加强竞争力 ·提高生产力加强获利能力	选择和设法保持现有收入 ·保持现有计划 ·在获利能力强、风险相对较低的部分集中投资	有限发展或缩减 ·寻找风险小的发展办法,否则尽量减少投资,合理经营
低	固守和调整 ·设法保持现有收入 ·集中力量于有吸引力的部分 ·保存防御力量	设法保持现有收入 ·在大部分获利部分保持优势 ·给产品升级 ·尽量降低投资	放弃 ·在赚钱机会少的时候售出 ·降低固定成本同时避免投资

第三节 市场营销组合策略

市场营销组合是现代营销理论重要概念之一,也是实施营销战略的基本策略。营销战略必须转化为营销策略,才能实现战略目标。也就是说,企业一旦对其竞争性的营销战略做出了决策,确定了目标市场,就要开始设计市场营销组合。

一、市场营销组合

1953 年,美国哈佛大学教授鲍顿(Neil Borden)在美国市场营销学会会长就职演说中创造了市场营销组合(marketing mix)术语:市场需求或多或少地在某种程度上受到所谓"营销变量"或"营销要素"的影响,为了寻求一定的市场反应,企业要对这些要素进行有效组合,从而满足市场需求,获得最大利润。简单地说,营销组合就是指企业为满足目标市场需要,实现营销目标而对企业的可控制营销变量进行的选择、搭配、优化组合和综合运用。

关于"营销变量"或"营销要素",1964 年,鲍顿教授在《市场营销组合的概念》

①菲利普·科特勒.营销管理——分析、计划、执行和控制.上海:上海人民出版社,Prentice Hall 培科,1999:69.

一文中，提出 12 个重要的营销变量：产品规划、定价、品牌化、分销渠道、人员销售、广告、营业推广、包装、售点展示、售后服务、物流管理、调研和分析。他认为在市场营销的策略和决策中，这些因素是经常被考虑到的；而在任何特定的情形下，它们需要被重新考虑，并且可以重新考虑。正因为“营销变量”或“营销要素”如此重要，一直以来受到理论界和营销实践的重视，营销组合的理论不断发展，在市场营销的策略和决策中被考虑的“营销变量”或“营销要素”由 4P，发展到 5P、6P、7P、10P 等等；营销组合由代表卖方观点的 4P 组合发展到从买方出发的 4C 组合。

二、4P 市场营销组合

4P 营销组合，不仅是最早的，也是至今为止影响最大的营销组合，后来的营销组合都是在 4P 理论的基础上的延伸和拓展。4P 组合理论不仅为企业市场营销分析奠定了较为完整的理论基础，也为整个市场营销理论的发展做出了杰出的贡献。4P 组合理论的提出、发展及其在营销实践中取得的巨大成就，使之被营销经理们奉为营销理论中的经典。即使在今天，几乎每份营销计划书仍然是以 4P 组合的理论框架为基础拟定的，几乎每本营销学教科书和每一所大学的营销学课程也都把 4P 作为基本内容。

（一）4P 市场营销组合的概念

在市场营销的策略和决策中被运用的“营销变量”或“营销要素”实际上有几十个。1960 年，美国营销学家杰罗姆·麦卡锡（McCarthy）在鲍顿营销组合思想的基础上，把这些市场营销组合要素概括为四类，称之为 4P：即产品（product）、价格（price）、地点（place，即分销）和促销（promotion），提出著名的 4P 组合，其中每一类 P 又包括许多因素，形成每类 P 的次级组合，见图 6-5。

产品——是最基本的营销要素，也是一切营销行为的基点。它通常是企业提供给目标市场的有形物品、服务的集合。不仅包括产品的效用、质量、外观、式样、品牌、规格和包装，还包括服务和保证等因素。

价格——是指顾客为获得产品而必须支付的金额，也是企业出售产品所追求的经济回报。包括基本价格、折扣、折让、支付方式和信用条件等，所以又称为定价。定价应该与购买者对企业产品的认知价值相称，否则购买者就会转向竞争者购买产品。

地点——又称分销或渠道（distribution channel），指企业为使目标顾客能接近或得到其产品而进行的各种活动，包括分销途径、覆盖区域、市场位置或场所、仓储、运输等。它要求企业必须识别、联系和利用各种中间商和营销服务商，以便更有效地将产品和服务提供给目标市场。

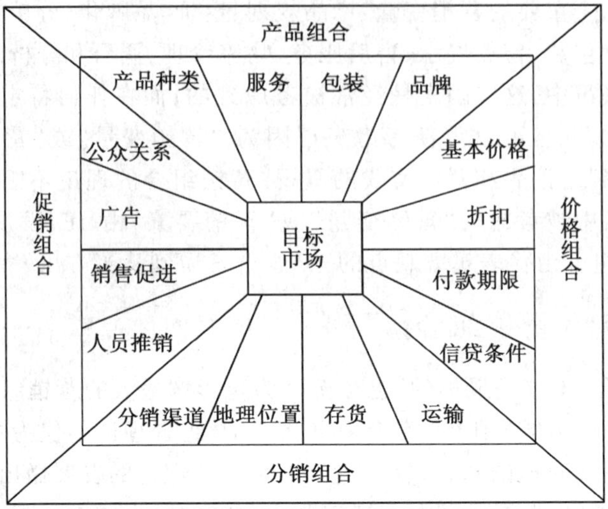

图 6-5 4P 营销组合因素

促销——指企业将其产品告知目标顾客并说服其购买而进行的各种活动，包括广告、人员推销、销售促进、公共关系等。企业要在激烈的市场竞争中，使自己的产品在同类产品中脱颖而出，与竞争对手区别开来，吸引顾客的眼球和货币投票，要依靠促销。

(二)4P 营销组合的特点

企业为了能对其可控制的 4 类营销要素/变量进行有效的选择、搭配、优化组合和综合运用，从而满足目标市场需要，实现营销目标，需要对 4P 营销组合的特点进行分析。

1. 可控性　即 4P 营销组合是企业可控制因素的组合。企业根据目标市场的需要和企业自身的资源情况，可以调节、控制和运用市场营销组合的四种因素：决定生产或是经营何种商品和服务，给产品或是服务制定何种价格，选择何种分销渠道，选择何种促销手段等。这些市场营销的手段是如何选择和搭配，企业有其自主权。不同的企业，针对不同市场环境，需要采取不同的市场营销组合。营销组合的可控制性必然使得营销组合的多样性成为可能。

2. 动态性　即 4P 营销组合是一个动态组合。市场营销组合因素都会因为企业内外部条件、环境的变化而随之发生改变。很显然，市场营销组合中的各因素是相互影响的，任何一个因素的变化都会使整个组合产生变化，从而形成了一个新的市场营销组合，可见市场营销组合并不是一成不变的，它是一个因为企业内外部条件、环境的变化而随之发生变化的动态组合。需注意的是，在短期内，企业只能对市场营销组合中的少数几个因素进行变更,如调整价格、扩大推销力量等,而开发新产品或改革销售渠道则需要较长时间。

3.复合性 4P营销组合是一个复合结构。市场营销组合是一个4P的大组合,每一类P又包括许多因素,形成每类P的次级组合,在每一个次级因素中,又有更小的组合;每个因素都是相互影响的。如图6-5中就列举了两个层次16个变数。企业在进行营销决策时,必须针对目标市场的需求,根据外部环境因素,协调内部人力、物力和财力资源选择和搭配好这些不同层级的营销组合因素。

4.整体性 4P营销组合是企业根据营销目标制定的整体策略,它是对各个因素的有效组合,使之成为一个协调的整体发挥最佳作用。这种作用,不是每一个因素所产生作用的简单相加的结果,而是各个因素相互配合协调,产生的整合效应。因此,在制定和调整一个组合时,要追求整体的最优化,而并非各因子的最大效用。各层次的组合也应服从整体的调配,从而设计出整体性强,合理适当的营销组合以期增强营销效果。

三、市场营销组合及其理论的发展

4P营销组合将众多营销组合因素概括成四个大类,非常简明,易于把握,但这是一个以卖方为中心的营销组合模式,关注的重心是企业内部的可控性因素;强调卖方用4P营销组合工具对买方单向施加影响。因此,在日益复杂多变的市场环境下,随着市场竞争的日益激烈,为实现企业的营销目标,仅靠4P营销组合已难以奏效,一些市场营销创新者突破了经典的产品、价格、分销和促销四个市场营销组合因素框架,引进了不同的营销因素/变量,产生了不同的新的营销组合理论。

(一)服务营销组合——7P组合

服务营销组合理论是在对营销管理4P批判和补充的基础上发展起来的。

在20世纪七、八十年代,随着社会经济的发展,服务业迅速发展起来,已有传统营销组合理论的经验主要来源于生产有形的消费品企业,难以适合服务性企业的营销要求。1981年,美国服务营销学家布姆斯(B. H. Booms)和比特纳(M. J. Bitner)在《服务企业的市场营销战略与组织》一文中,在原来4P的基础上增加了三个服务性的P。于是服务作为第五个因素引进了市场营销组合因素之中。即在原有"4P"的基础上增加了人(people)、有形展示(physical evidence)和服务过程(process)三个因素后,形成了服务营销的"7P"组合。

人——由于绝大多数的服务是由人提供的,以及服务的异质性等特征决定了服务业营销成功的关键在于人。服务的提供人员在顾客的心目中是服务的一个组成部分。

有形展示——又叫实体证明。指借助一切有形组成传递服务信息、展示服务特色与优点的活动。有形展示是一种极为重要的服务策略。由于服务的无形性及易逝性,需要借助一些外在的有形物如:服务环境、设施、员工、信息资料、价格表、其他顾客等来传递服务信息、展示服务特色,以帮助顾客感受服务所能带来的利益,引导顾客对服务产生合理的期望,增强顾客消费服务的信心。

服务过程——顾客所获得的利益与满足,不但来自服务本身,同时也来自服务的递送过程。良好的服务递送过程即服务系统运作方式,可提高服务效率,增加顾客满意度。

(二)大营销组合——6P 组合

20 世纪 80 年代以来,经济全球化趋势加强,国际市场竞争日趋激烈,许多国家贸易壁垒增强,贸易摩擦时有发生。在这样的背景下,于 1986 年,菲利普·科特勒在《大市场营销》中提出大营销(mega-marketing)概念,指出企业在进入被保护的市场时,为冲破政治壁垒和公众舆论的障碍,并从事市场营销活动,需要在运用 4P 的基础上,采取政治、经济、心理以及公共关系等手段赢得若干参与者的合作与支持,这就需要增加两个 P,即政治权力(political power)和公共关系(public relation),成为 6P。

政治权力——又称政治力量。是指为了进入和在目标市场上经营,需争取产业官员、立法人员和政府官员这些有权打开市场大门的人的理解和支持;为了获得其他利益集团的预期反应和关注,运用审慎的活动和谈判技巧。

公共关系——则在于影响公众的观点,在公众心目中树立良好的产品和企业形象,这主要是通过大众性的沟通技术来实现。

菲利普·科特勒认为除了给顾客和中间商(如代理商、分销商和经纪人)提供利益外,同样应为包括政府、工会和可以阻碍企业进入某市场以获利的其他利益集团提供利益。他把这种新的战略思想称为“大市场营销”,意思是说营销是在市场特征之上的,即不仅仅要考虑市场环境因素,还要考虑政治和社会因素。

(三)战略营销组合——11P 组合

菲利普·科特勒在大市场营销的基础上,逐渐形成了战略营销的观点和理念,提出在制定 4P 战术营销组合之前应制定 4P 战略营销计划。

4P 战略营销计划的步骤:

第一步“探查”(probing),指市场调研(marketing research)。指在市场营销观念的指导下,以满足消费者需求为中心,用科学的方法,系统地收集、记录、整理与分析有关市场营销的情报资料,比如市场由哪些人组成,如何细分,竞争对手是谁等等,从而提出解决问题的建议,确保营销活动顺利地进行。

第二步“划分”(partitioning)，即市场细分(marketing segmentation)。其含义是根据消费者需要的差异性,运用系统的方法,把整体市场划分为若干个消费者群的过程。

第三步“优先”(prioritizing)，即目标市场的选择。即在市场细分的基础上,选择那些最能发挥营销优势、能在最大限度上满足顾客需要的市场。

第四步“定位”(positioning)，即市场定位/产品定位。含义是根据竞争者在市场上所处的位置,针对消费者对产品的重视程度,强有力地塑造出本企业产品与众不同的、个人印象鲜明的个性或形象,从而使产品在市场上、企业在行业中确定适当的位置。

做好这4P营销战略后,再制定4P战术组合,加上前面所说的政治权力和公共关系两种营销技巧,即在国际市场营销活动中,必须了解其他国家的政治状况,有效地排除产品通往目标市场的道路障碍,争取有关机构、集团、甚至个人的支持、合作,确保营销活动的成功。

最后,科特勒吸取了服务营销的成果和观点,加进了第11个P——人(people)。意即为了企业的成长和利润,对企业内部,满足员工需求,让其在工作中感到满意。对企业外部,应满足顾客需求,让其在购买和消费中感到满意;同时,也应该使股东及其他利益相关者感到满意。认为,这第11个P贯穿于市场营销活动的全过程,是实施前10个P的成功保证。至此,营销组合已经从4P发展到了11P,完成了从战术到战略的提升,建立起了一个比较完整的营销管理理论分析框架。意义十分重大。由于它仍是在原有立足点上的扩展,难免一直带有卖方市场的痕迹。

(四)4C组合——顾客观念营销组合的代表

20世纪70年代和80年代,美国的市场营销环境发生了许多变化,企业以营销观念和4P组合理论为指导开展的营销活动,由于较多地强调和使用了卖方对买方单向施加影响的营销手段和策略,缺乏双向沟通和对顾客价值追求的关怀,使得消费主义兴起和消费保护运动盛行;高新技术的蓬勃发展极大地促进了社会生产力水平的提高,商品供应更加丰富,买方市场进一步深化,市场竞争更加激烈,从而使消费者需求的多元化、个性化趋势不断增强,要求真正以顾客需求为中心的呼声不断增强,消费者的市场地位不断提升,消费者的满意程度直接影响到他们对企业的“货币投票”。正是在这种营销环境发展变化的背景下,理论界对4P组合营销实践存在的问题进行了反思,产生了一些新的营销组合理论。如:20世纪90年代,美国哈佛大学瑞查德(Riochheld)和塞斯(Sasser)提出的3R+4P——顾客忠诚度组合理论(顾客保留 retention、关联销售 related sales、顾客推荐 referrals);美国营销学家舒尔兹(Don E. Schultz)提出的顾客与企业的双赢的4R组合(顾客关联

relevancy、市场反应 response、关系营销 relationship、利益回报 retribution/reward/return)；美国学者艾略特·艾登伯格(Elliott·Ettenberg)在 2001 年提出的如何愉悦顾客的 4R 组合理论(关系 relationship、节省 retrenchment、关联 relevancy、报酬 reward)等等。其中以 4C 组合理论最具代表性，且广为应用。

1990 年，美国营销学家罗伯特·劳特伯恩(R. Lauterborn)在《广告年代》上发表《4P 退休，4C 登场》一文，提出了从顾客角度出发来考虑企业营销活动的 4C 营销组合理论。从买方的角度来看，每一个市场营销工具首先应该是用来为顾客提供利益，然后才用于企业考虑策略和利润。

消费者需求(consumer wants and needs)——即忘掉产品，关注顾客的需求和欲望。消费者是企业一切经营活动的核心，企业重视顾客要甚于重视产品。强调创造顾客比开发产品更重要，消费者的需求和欲望的满足比产品功能更重要。

消费者愿意付出的成本(cost to satisfy wants and needs)——即忘掉价格，关注顾客愿意付出的代价。将价格因素延伸为生产经营全过程的成本，包括企业的生产成本(生产适合消费者需要的产品成本)和消费者的购物成本(购物的货币支出，时间耗费，体力和精力耗费以及风险承担)，从过去厂商的"指示"价格转变成消费者的"接受"价格。

便利(convenience to buy)——即忘掉渠道，关注如何让顾客购买更方便。便利就是方便顾客，维护顾客利益，为顾客提供全方位的服务，把便利原则贯穿于营销活动的全过程。

沟通(communications)——忘掉促销，关注与顾客的双向沟通。4C 组合用沟通取代促销，强调企业应重视与顾客的双向沟通，以积极的方式适应顾客的情感，建立基于共同利益之上的新型的企业、顾客关系，培养忠诚的顾客。

第四节 市场进入战略

在目标市场确定之后，企业就要制定市场进入战略。这是保证企业成功进入目标市场，以及在目标市场成功营销的基础性活动。市场进入战略主要包括进入目标市场的方式、进入目标市场的时机的选择或确定。

一、市场进入战略及其相关因素

所谓市场进入就是指企业针对目标市场的环境，根据自己的市场营销战略而拟采取的进入目标市场的活动。一般包括产业市场进入和区域市场进入两大类。产业市场进入是指企业进入到一个自己以前没有涉及的生产或经营领域从事生产开发和销售;区域市场进入是指将自己长期生产或新开发的产品或服务推广到一个新的区域市场去销售,这个区域可以是一个国家,也可以是一个地区,甚至一个具体的地理位置。本节主要讨论区域市场进入及其策略。

企业在制定市场进入策略时,应考虑两方面因素。一是企业内部因素包括:企业的经营目标、企业规模、产品线及产品特征、员工配备、市场营销经验等等;二是有关目标市场的环境因素如:市场潜力、竞争状况、进入市场的壁垒、政府政策等等。一般来说,市场进入方式不同企业需投入的资金、花费的成本费用、所需要配备的人员及人员的素质、面临的风险、市场信息沟通的难易等等就不同,进入市场的时机也与目标市场的经济气候、政府政策、甚至气候的影响密切相关。因此,企业需要对上述两方面因素进行分析,以选择和确定适宜的市场进入方式及进入时机。

二、市场进入方式

要顺利进入目标市场,根据企业内外的实际情况选择合适的市场进入方式尤为重要。通常可供企业选择的市场进入方式有以下几种。

(一)出口进入方式

出口是企业普遍采用的进入市场最简单的方式,是指企业直接向目标市场销售其产品/服务的方式。出口一般包括间接出口和直接出口两种主要形式。

1.间接出口　间接出口是企业通过中间商来进行的。即企业通过中间商将产品出口或销售到目标市场,而非企业直接与目标市场顾客接触成交。如果目标市场是国外市场,这种方式的主要做法有:①生产企业把产品/服务卖给外贸公司,由外贸公司再将产品或服务销往目标国外市场;②生产企业委托外贸公司代理出口产品或服务;③生产企业委托本国其他企业在目标国外市场的销售机构代销自己的产品或服务,合作开拓国际市场。

间接出口这种方式风险小——利用中间商的销售渠道和经验,可将企业的产品或服务快速地销到国内或国外目标市场;投资少——不必自己建立销售队伍或机构。但企业对国内或国外市场的控制程度低,无法取得营销的经验,不能直接获得目标市场信息,难以在目标市场树立企业形象,一旦有比自己更好的产品或服务出现,有被中间商抛弃的风险。所以这种方式往往适用于没有直接出口权的中小企业,或者适用于出口业务占总业务量不大,或在目标市场的销售量较小,市场潜力不大的情况。

2.直接出口　直接出口是指生产企业自行承担一切出口业务,与目标市场顾客直接接触成交。以目标市场为国外市场为例,直接出口的主要方式有:①在企业内部成立出口销售部或外贸子公司直接将产品或服务出售给国外目标市场的中间商,包括进口商、零售商等;直接接受目标市场政府或厂商的订货;参与目标市场国际招投标活动,中标后按合同提供产品或服务。②在目标市场建立自己的销售机构;③向目标市场派出旅行巡回推销代表。

显而易见,这种直接出口有利于加强对目标国内外市场的控制力,有利于及时、直接了解目标市场的信息,及时调整生产经营活动,积累国内外市场营销经验,不断提高市场营销水平,提高企业形象和竞争能力。但是企业需要承担由直接出口带来的风险,需要更多的投资,增加专门的市场营销人员或机构,需要处理复杂的市场调研与选择,产品分销等问题。因此,直接出口适用于实力雄厚、出口额较大的企业,以及在目标市场已经具有一定声誉的企业。特别是对于潜力较大的市场,企业只要有能力就可以选择直接出口。

(二)合同进入方式

合同进入是指企业通过与国内外目标市场企业签订合同来转让技术、服务或其他有价值的项目,进入国内外目标市场的方式。

1. 许可证贸易　许可证贸易又称为技术转让,是指签订许可证合同的方式,市场进入企业(许证人)将其工业产权(专利、专门技术、工艺、注册商标、技术设备、商业秘密以及其他有价值的项目)的使用权转让给目标市场的法人(被许证人),同时获得被许证方支付的转让费或其他形式的酬金,从而进入目标市场的方式。这也是一种简单的进入目标市场的方式。根据不同的标准许可证贸易分为以下不同类型:①根据被许证方取得权限的大小,可分为独立许证、排他许证和普遍许证等;②根据获得许证的产权对象分为专利许证、商标许证和专有技术许证;③根据被许证方是否有技术的再转让权,可分为可转让许证和不可转让许证等;④一些特殊的许证,如交叉(交换)许证、一揽子许证等。

以许可证贸易方式进入目标市场,许证方不必冒太大的风险就可以进入目标市场,尤其是欲进入的市场是国外市场,在贸易保护主义盛行的形势下,采取这种方式可避开进口国提高关税、实行进口配额等贸易壁垒,不用承担目标国家货币贬值、产品竞争的风险和政治风险等其他风险。从战略角度看,企业会失去对目标市场的控制权,被许可方会成为竞争对手。与其他进入方式相比,由于一般只收取转让费或一定的提成,收入是较低的。显然,企业必须拥有目标市场用户感兴趣的技术、或著名的商标这些无形资产,才能选择这种方式。或者遇到目标市场难以越过的贸易壁垒,或者目标市场的销售潜力小或不确定,尤其是在产品须进行较大的实体改革才能满足目标市场需求时,选择许可证贸易进入最为有利。

2. 特许经营　该方式是许可证贸易的一种特殊方式。指企业(特许人)以签订特许合同的方式将其工业产权(专利、专有技术、工艺、商标、商号等)的使用权以及经营风格、管理方法转让给目标市场的需求企业(被特许人),并要求被特许人按特许人的经营风格、管理方法进行营销活动的市场进入方式。特许合同双方关联程度较高,特许人往往将被特许人作为自己的分支机构,统一经营政策、统一风格、统一管理,向客户提供标准化的服务。

采用这种方式实行标准化统一化的经营,可扩大特许企业的影响,提高市场竞争力;可化激烈的竞争关系为利益分享的伙伴关系,以较低的资本快速扩展市场;商业风险和政治风险都较小。但这种方式对被特许人的控制有一定的难度,并且特许企业的工业产权必须有较大的吸引力。

3.合约管理　合约管理方式是企业通过签订合同(合约)的方式,向目标市场企业——或者是旅馆、酒店、机场医院等服务型企业,或者是有生产优势缺乏管理经验和能力的生产型企业,提供管理服务,并收取管理费。在这种方式下,企业出口的不是产品,而是服务,并且在合同履行的开始就有收益;也能很好地将竞争关系转变为利益分享的伙伴关系;尤其是对于生产型企业提供管理服务,产品在目标市场生产和销售,经营成本和费用低,市场风险小,提高了产品竞争力。

(三)投资进入方式

投资是指企业直接向国内外目标市场进行投资,在当地设立分支机构、子公司或分公司进行产品生产经营活动。对外直接投资是企业进入国际市场的高级方式。从不同角度来看,投资进入目标市场的方式不同。

1.从投资结构来看　投资方式主要有两种:合资和独资。

合资是企业与东道国或者第三国企业共同出资经营,或购买这些目标市场企业股份,共同经营企业的方式。这种方式由于可以利用目标市场合营伙伴熟悉当地市场政治、法律、社会文化及经济状况的优势,比较容易取得当地资源并打开当地市场,同时因此而降低进入该市场的风险。但是对企业的控制权较弱。

独资即企业在国内外目标市场独自投资兴办企业并经营企业。这种方式可以克服运输成本高的问题,避免关税壁垒和非关税壁垒,以及一些政策法规的限制,同时,企业对营销状况的控制权完全掌握在自己的手里,能及时获得当地市场信息并及时作出反应,可以独享经营利润。但是这种方式耗资多,需要具备高素质的专门人才,必须单独承担经营风险:如东道国没收、征用、通货膨胀、价格限制等,使企业遭受全部或极大的损失。因此,独资进入方式在所有进入国内外目标市场的方式中是风险最大的一种。也是非实力强大的企业所能做到的。

2.从投资进入的启动方式来看　可以分为收购或兼并、创建两种方式。

收购或兼并是进入目标市场最迅速的手段,是指企业通过购买现有的国内外目标市场,如国外企业的全部或者部分所有权而进入目标市场的方式。这样的方式可以迅速地进入目标市场，而且有利于扩大产品的种类和进入的领域，可以减少处理进入新的市场常常会遇到诸如专利权、经济规模、原料、物资供应等种种困难和障碍的成本。但是这样的方式也存在估价困难、旧有的束缚多、控制协调困难等问题。企业必须在充分的市场论证的基础上能够充分意识到尽快地进入新市场能够给企业带来可观的利润才能够采取这样的策略。

创建是指企业独立在国内外目标市场创办一个企业，这样的方式投资大、启动慢，但是可以避免以上的问题出现，可以完全按照自己的意愿来发展。这种方式同前所述独资方式。

(四)加工贸易进入方式

这是一类利用劳动力优势承接加工产品，进入目标市场的方式，是一种风险最小、进入迅速，但利润不高、目标市场营销控制权低的方式。

1. 来料加工/来件装配　是由国内外目标市场厂商(委托方)提供原料、材料和辅料，必要时提供某些设备，企业(承接方)按照委托方的产品质量、规格、款式等要求进行产品的加工生产；或由国内外目标市场委托方提供零部件、专用检测设备等，企业按照委托方的设计和工艺要求进行产品组装。经检验合格的加工成品或组装的成品，交由委托方销售，企业收取按约规定的工缴费，不负经营亏损的责任。

2. 来样定制　企业按照国内外目标市场厂商(委托方)的设计和工艺要求，以及产品质量、规格、款式、包装等要求进行产品的生产，生产出来的产品经检验合格，贴上委托方的商标，交由其销售的方式。这种方式，委托方不提供原料，只提供产品要求，而且要求较高，对产品的成品检验也很严格。具备一定的生产管理水平和生产技术和设备的企业可采取这种市场进入方式。这类方式很适合我国企业国际市场的拓展，它可以充分利用我国劳动力资源优势，以及产品原料资源优势，同时风险小，进入市场快捷。

三、市场进入时机

在目标市场确定以及市场定位以后，不仅要选择和制定适宜的进入市场方式，还得选择适宜的市场进入时机。这包括两个方面，一是政治经济等环境气候，一是具体的开业时间。时机的正确选择对企业来说有深远的影响，不但影响短期的营销活动，也影响企业未来的竞争优势的捍卫。

(一)市场进入时机与影响因素

一般来说，企业进入市场的时机与企业内部和环境因素有直接关系。从企业内部来讲，产品特性、产品开发周期、产品和市场开发的实力、企业的形象力、品牌竞争力等不同进入市场的时机、时机的选择性不同。从目标市场来讲，进入市场时机取决于市场的预期环境，如当地政策、经济发展状况、文化背景、市场需求、市场竞争状况、社会安定程度等。也就是说市场进入的时机很大程度上取决于企业及其产品的实力以及市场的态势。这里最主要的因素即企业及其产品的实力，包括企业形象力和品牌竞争力、市场需求。通常进入市场的较理想时机为当地政策予以支持、经济处于发展状态、社会安定。在此条件下，企业欲推出的产品如果符合当地目标顾客的需求、且具有较强的竞争力，或企业具有良好的形象力、品牌竞争力，企业在合适的进入方式的配合下，便会顺利地进入市场，并且奠定了企业未来的竞争优势。

企业新产品进入市场的时间和企业对该产品研发的深度和广度有直接关系。一般企业投入大量资金和时间，进行较深、较广的研究与开发，使产品的质量和性能达到一定高度，具有较强的竞争力，投放市场时更易受到消费者欢迎，进入市场时机的局限性就很小。但是研究与开发所用时间过长，很可能失去领先地位。反之，如果企业仅仅追求速度，争做新产品第一投放者，则可能将尚未成熟的产品推入市场，一方面招致消费者的反感，另一方面给后进入的竞争者以赶超的机会。所以根据产品开发周期及市场竞争态势，选择合适的市场进入时机对企业来说非常重要。一般可以把新产品的最佳收益定义为其相对质量的函数，研发的最佳停止时间。当然，只有当市场需求和企业竞争力相匹配时，新产品才能够进入。如生产同类新产品的后期进入市场的企业，尽管其产品价格和先期进入者相仿，但是由于进入时间太迟，产品已处于成熟期甚至衰退期，企业会因为市场需求潜力不足而销路不畅，造成亏损。

如果企业进入目标市场时已经有同类产品的竞争产品，在进入市场时要按照不同情况灵活地加以选择。如果是畅销产品，要以最快的速度进入市场；对于季节性的产品，则需要抢在销售旺季之前进入市场。

(二)市场进入时机的选择

一般来说根据目标市场进入时间的不同可以将市场进入策略分为：早期进入、对等进入和延时进入三种。

1. 早期进入策略　第一个进入市场的企业会在市场竞争中占据明显的优势，它能够使公司在很短的时间内确立自己在市场中的领导地位，占据很大的市场份额，给其他公司的进入造成困难；建立起进入壁垒，从而保持自己在市场中的领先地位。这样的话，企业将能够在增长率、市场占有率、收益各个方面都得到很好的回报。但是首先进入市场也存在有风险，第一个进入市场的公司必须处于技术的最前沿，能不断地在第一时间开发出自己的升级产品；具有市场力量。否则就有被竞争对手赶上甚至赶出市场的危险。

对于其升级产品取代老产品进入市场的时机，经验表明，应该在原有产品处于销售旺季时（原有产品的成熟期的早期或中期）进入市场。有些公司为了进一步巩固其地位，往往会发展系列产品或在原有产品基础上的变形产品，此时进入市场的合适时间应该在其基础产品进入成熟期以后。

2. 对等进入策略　对等进入是指在重要竞争者进入市场的同时，或者十分接近的时候，将其新产品推出。因为后来进入者可能会在市场领导者建立的基础上获得额外的提升。这里的基础是指由领导者建立起来的市场需求。另外如果早期进入者的力量薄弱，那么对于后来者是极大的机会。

对等进入在那些以品牌扩展为特点的市场中，以及当主要竞争对手的营销意图和产品信息比较容易获得而且比较全面时，是可行的。这种对等进入策略通常说来是防御性的，以此来抵挡竞争者可能造成的潜在优势。在多元产品的市场中，它却可以被用作一种进攻策略。如果知道竞争者善于迅速仿效，则可以使用此策略将竞争对手的注意力从较重要的市场吸引到较小的市场中去。

3. 延时进入策略　新产品延时进入即推迟新产品的市场投放期，以达到取得长期竞争优势的目的。由于这种进入市场的时机迟于竞争者，又称之为后期进入策略。它的一个主要优点就是等待市场发展到足够的规模，在短期内能获得最大的发展机会。另外也可以省去市场开拓的成本，而且可以从竞争者身上吸取更多的经验和教训。最为重要的是，消费者的偏好也将充分显露。所以这样的延时进入者在产品的投放初期就能根据之前的经验来改进或修正其市场定位。如一家公司看到当时的市场上所有的相机都是使用外置闪光灯，就开始设计生产一款35毫米的内置闪光灯的新型照相机，后来逐渐演化成傻瓜相机，因此，迅速风靡世界，取得了巨大的成功。

但是需要注意的是，采取后期进入的企业不能简单地将自己定位为模仿者。因为模仿者一般仿效竞争对手进入市场，其开发的产品与市场中已经存在的某种产品在目标和效果上都非常相似，即使能够在市场进入之初获得收益，但是当领导者以一种新型的或者改进后的产品取代现有产品时，这个模仿者会因为其产品的过时而被迫退出市场。所以对于一个后期进入者，需要依靠创造力和主动性在市场中获得位置，通过运用科学研究的成果，改变原有的企业结构等措施，避免与市场领导者直接竞争，以获得市场成功的大好机会。也即以创始者角色的后期进入者，在进入时仍然是有利可图的，至少在已有的公司尚未对其产品进行改革时是这样的。即进入市场的时机应该在竞争者产品进入成长期后迅速跟进，以便尽可能多地获取利润。

第五节　市场发展战略

企业除对现有业务或产品进行评估和规划外，还应对未来的业务或产品的发展做出战略规划，即制定企业市场发展战略。一般可以遵循的发展途径有：寻找现有业务或产品进一步发展机会，发展与现有业务有关或无关的新业务，在本企业所在行业发展前景良好的情况下制定与本企业相关企业联合的策略。

一、密集性发展战略

密集性发展战略又可称之为扩张性增长战略。是一种在现有产品或业务范围内，寻找发展机会的战略。如果企业的现有产品或现有市场还有赢利潜力，可选择密集性发展战略。这一战略有三种类型(图 6-6)。

	现有产品	新产品
现有市场	1. 市场渗透	3. 产品开发
新市场	2. 市场开发	(多角化发展)

图 6-6　密集性发展战略

1. 市场渗透战略　即通过各种营销措施，努力增加现有产品在现有的市场上的销售量。如通过增加广告宣传、增加销售网点、降低售价等促进现有顾客更多地购买本企业的现有产品，吸引竞争对手的顾客购买本企业产品；激发潜在的顾客购买动机，使之成为本企业产品的现实顾客。市场渗透是一个企业最基本的发展战略。因为现有产品是企业经营的基础，是企业当前利润的主要来源。只要企业现有产品和市场还有发展潜力，实施市场渗透战略的风险最小、所需投入资源最少。

2. 市场开发战略　它是在现有销售区域内开发现有产品的新顾客群或为现有产品开发新的地域市场从而扩大销售量的企业发展战略。前者如由年轻人市场开发老年人市场，原以企事业为主要客户的电脑企业开始向个人或家庭销售电脑；后者如从农村市场转入城市市场，区域市场发展到全国市场，由国内市场拓展到国际市场等。如果企业现有产品还有发展潜力，采取这种战略比采取产品开发发展企业更有利，市场风险也更低，所需投入也较少。

3. 产品开发战略　即改进现有产品，或挖掘其某些新的性能及用途，满足顾客更多需要,以图扩大市场占有率和增加销售额的企业发展战略。即根据目标顾客的需要,对现有产品的功能进行挖掘与开发,对现有产品的质量、外观、结构、色彩等进行改进,满足顾客新的需求,激发潜在顾客的需求。这是一项投资较大,市场风险也较大,但一旦成功可给企业带来新的活力和生机的企业发展战略。

二、多元化发展战略

多元化发展战略也称多样化或多角化发展战略,是指公司利用现有资源和优势寻找和利用现有产品或业务以外市场领域机会,通过在不同的市场领域中生产经营不同的产品,发展企业的一种战略。当企业原有产品/业务或市场发展潜力有限,或其他产品/业务或市场有很好的发展机会时,可采用这种战略。这种策略会在长时间内推动企业的发展。

(一)同心多元化战略

即企业以现有产品为"圆心,充分利用现有的技术、特长、经验和营销力量开发与现有产品/业务近似的或同一类的新产品。一家公司在刚刚建立时也许只有一种产品,但是随着企业的成长和不同市场领域的出现,企业如图谋发展,一般采用寻找和发展同企业的现有产品现有技术以及营销等方面存在利用基础的新产品或新业务,并投入市场。例如,医药或茶叶公司增加花旗参糖、花旗参茶等保健食品或饮料;拖拉机厂增加小型货车的生产等。这种战略充分利用原有资源,发挥原有优势,投资较少,风险较小,容易取得成功。

(二)水平多元化战略

即寻找和发展那些虽与企业现有产品在技术上无关但却能吸引现有顾客的新产品/业务。这种战略着眼于利用与现有市场有关的机会。如大型百货商店内开设餐厅、酒吧、保龄馆、银行取款机等,以满足顾客多方面需求,扩大营业额,并吸引新顾客。这种战略可以针对目标顾客,充分利用企业的声誉,使现有产品/业务与新产品/新业务相辅相成,相互促进。

(三)复合多元化战略

又称综合多元化战略。即企业利用人才优势、资金优势开拓同企业现有产品、技术或市场无关的新产品或服务,把经营范围拓展到多个行业。因此,这种战略又称之为跨行业多元化战略。如家电企业进入商业领域、经营房地产等。这种战略投资大,风险也大。

由于多元化发展战略可分散风险,有利于企业向着有发展前途的新产品/新业务、新兴行业转移,在促进新产品/新业务、新兴行业发展的同时,还可能促进原有产品/业务的发展,形成以老带新、以新促老的局面,使企业得到不断的发展。因此，当代一些有实力的大企业实施这种战略。但是，多元化发展战略又是一高风险战略，特别是综合多元化发展战略。因此，企业必须谨慎从事。把握实施多元化发展战略的内外部条件。其内部条件为：企业资源未能充分利用且有优势；企业本身具有开拓产品/业务或市场的能力；企业决策者具有开拓精神；等。其外部条件为：市场需求的发展变化给企业带来了新的发展机会；新技术革命提供了新的技术基础，为新产品/新业务的发展创造了条件；竞争局势的不断变化，要求企业以变应变，拓展新的业务。在企业做好充分的内部和外部条件分析及相应的多元化发展可行性研究的情况下，才能实施相应的多元化发展战略，以避免盲目扩张带来的失误和风险。

三、一体化发展战略

一体化战略是指通过收购、兼并、联合等方式同企业现有业务有直接关系的供应商、后继销售商或同行竞争者形成联合体，以扩大企业规模的发展战略。如果企业所在行业发展潜力大，或实行一体化后有更好的经济效益，便可选择适宜的一体化发展战略。可供选择的一体化发展战略有以下三种：

(一)前向一体化战略

指企业业务范围向其下游方向进行扩展，即企业通过收购、兼并、联合等方式，拥有或控制企业的分销系统，形成“产销一体化”；或原材料生产企业拥有或控制其成品或精深加工的后继企业，形成产品原料成品生产一体化，称之为企业的前向一体化战略。如果企业的分销系统或后继企业具有企业可利用的市场机会，或不顺畅的分销渠道增加了企业的库存费用、阻滞了产品的顺利销售，从而影响企业生产能力的正常发挥时，实施前向一体化是有利可图的，或可确保企业发展。

(二)后向一体化战略

指企业业务向其上游产品方向扩展，即企业通过收购、兼并、联合等方式，拥有或控制企业的原材料、零部件或商品货源供应系统，形成“供产或产销一体化”，称之为企业的后向一体化战略。后向一体化是将企业的业务范围向后扩大以利于货源的供给。特别是在原料或商品货源供给需求大、利润高的情况下，后向一体化可以把一个成本中心变成利润的生产者，并可摆脱对外界供应商在原料或商品货源质量、价格、供货时间等方面的依赖和制约。

(三)水平一体化战略

即通过兼并、收购经营同类业务的企业或与之进行联合经营，使现有业务范围作横向扩展，以扩大经营规模、降低成本、增强企业实力的发展战略。该战略又称之为横向一体化战略，相对于前向一体化和后向一体化这两个纵向一体化战略。

对于大型企业、名牌企业运用水平一体化战略,可以利用被兼并收购联合的企业的场地、设备、人力、资金等资源,扩大自己的业务,提高企业的竞争地位。如海信电器公司跨地区兼并淄博电视机厂和贵阳电视机厂,就属于水平一体化。

在高度发达的市场经济条件下,竞争具有一种择优机制,一体化战略是在市场竞争中自然实现的,通过实施一体化战略可实现资源优化组合,形成规模扩张。企业的一体化战略产生于20世纪中叶美国福特汽车公司,通过大量的并购交易,沿产品生产经营链向上、下游不断扩展,几乎涵盖了研究开发、生产制造、市场营销等一切汽车生产所必需的环节,福特公司也由此很快发展壮大起来,到20世纪60年代,福特汽车公司的市场占有率高达90%,在全球市场竞争中也占有绝对优势。这个案例成为企业率先实施纵向一体化战略实现持续扩张的经典。

【复习思考题】

1. 企业市场营销战略的含义?规划企业市场营销战略的目的和意义?
2. 企业市场营销战略规划过程分为几个步骤?每一步骤的内容是什么?
3. 你如何理解将企业任务表述由“生产销售某种食品”改为“满足人们绿色健康的需求”的意义?
4. 如何对企业的战略业务单位管理?
5. 何谓市场营销组合?何谓4P组合?企业规划4P组合战略的方法和意义?
6. 市场营销组合的发展情况如何?何谓4C组合?实施4C组合的意义?
7. 市场进入战略包括哪几方面?各为什么?
8. 市场发展战略包括哪几方面?分别适应什么条件?

【案例】

柯罗尼亚公司:战略规划及追踪审核制

柯罗尼亚公司是大洋洲一家颇具规模的公司,设有3个事业部:蔗糖部、建筑与建筑材料部和矿业与化学品部。每个事业部下面又分若干分公司。该公司经常召开各种会议,通过这些会议使各级管理人员了解整个公司的业务情况和各项目标。在每个月的董事会会议之后,公司总经理要会晤各部门的50名高级主管人员,同他们商讨公司的业务情况。另外公司每年还召开2次中级经理人员会议,使他们了解外界环境的各种变化及其对公司业务的影响。

在3个事业部中,以赫伯特领导的矿业与化学品部的计划工作最为成功。计划工作的程序是自下而上。参与制定计划的人员包括该部所属的10家公司的经理，在某些情况下，还包括这些分公司的厂长和业务经理。

为了使各分公司的步调能够一致，赫伯特总是把总公司对通货膨胀及其他各种经济因素的看法，及时告诉各分公司的经理，让他们把这些因素作为制定计划时的参考资料。

各个分公司从每年的4月份(该公司会计年度开始的月份)开始制定自己的战略计划，8月份之前制定完毕，并交给部经理。按公司规定，战略计划所包括的时间为5年，其内容包括生产目标、投资计划等。部经理在收到这些计划之后，先进行挑选，再安排先后次序，最后是在这些计划的基础上制定出部计划。部计划包括对各分公司未来5年的展望，主要的问题，所采用的战略，以及各种投资计划等内容。该计划还对投资报酬率和现值报酬率进行调整和修正。计划的说明书简明扼要，第1页仅包括一些重要的数据，如纳税前和纳税后的利润目标、投资报酬率和整个计划的总投资额。第2页以后为一些比较详细的统计资料，包括各分公司的财务计划和部的总财务计划。

各事业部把自己的计划送到总公司的财务部，财务部于9月份将这些计划送往公司，总经理办公室。在此后的一个月中，总管理处与各部的经理仔细研究和讨论他们的计划。对有些单位的扩建计划，总公司可能予以批准，对另一些单位的扩建计划，总公司可能不予以批准，而是让他们先集中力量降低产品的成本。总公司也可能让某个分公司推行增加某种产品产量的计划。

在每年的11月份之前，总公司会把各种指导性文件发到各事业部，该文件详细地说明了哪些计划已被批准，以及总公司对各部有什么希望。在这个会计年度的最后几个月里，各部根据总公司发给的指导性文件，重新制定自己的战略计划并编制预算。随后，总公司再根据这些计划制定出整个公司的总计划。总计划应对整个公司的目标和战略做出详细的说明，并附有必要的统计资料。

为保证战略计划的完成，该公司还建立了一套“追踪审核”制度。该制度规定，在每一个会计年度结束之前，各分公司都应指派专门的稽核人员，对计划执行情况进行检查，并写出“追踪审核”报告，这种报告能使一年的预测更为准确。

该公司认为，上述制定战略计划的程序和“追踪审核”制度有不少优点：

由于战略计划有明确的目标，因此公司可以根据这些目标的完成情况对职工进行考核，并据此对其晋升和加薪问题做出决定；高级主管人员可根据计划给下级更多的权利，而自己可把更多的精力放在对战略计划实施情况的监督上；使高级主管人员有时间对其他重要问题进行研究，并做出相应的决策。

（资料来源：中华企管网）

【案例分析】

企业营销战略如何在规划、实施、控制各阶段与总体战略规划相配合？

第四部分

4P 策略

第七章　产品策略

【学习目的】

1. 了解并掌握产品相关概念，包括产品整体概念、产品生产周期理论、产品组合、新产品、包装与标签、品牌与商标等概念。

2. 掌握如何使产品满足消费者需求、提高产品生命周期价值、延长产品生命周期、优化产品组合、科学开发新产品、合理设计包装与标签的相关理论和方法。

3. 了解品牌的战略作用，并掌握品牌商标设计原则和策略。

第一节　产品整体概念及产品生命周期

市场营销的理论和实践表明，在市场经济条件下，企业的产品必须能够满足消费者的需求，才能实现交换获取利润。产品能够满足消费者的需求程度，极大地影响着产品的竞争能力和赢利水平；产品能够满足消费者需求的时效性，极大地影响着产品持续赢利的能力。因此，为了使企业生产或提供的产品能更好地满足消费者的需求，提高产品的竞争力及赢利水平，首先，需要从市场营销的角度认真探讨产品内涵及产品的生命周期。

一、产品整体概念

(一)产品概念

一辆日产的本田汽车，一台索尼 DVD 播放器，一次夏威夷的旅行，一杯星巴克的咖啡，汇丰银行在线服务和家庭医生的建议——都是产品。所谓产品"是能提供给市场以满足欲望和需要的任何物"，包括实物、服务、场所、组织、创意等[①]。产品按有形与无形可以分为有形产品和无形服务产品(理发、旅游、治病、创意等)。如果消费者需求的满足主要源自产品的有形部分，则该产品可称之为有形产品，即通常所说的"产品"；如果消费者需求的满足主要源自无形服务，则该产品可称之为

---

①菲利普·科特勒.营销管理——分析、计划、执行和控制.上海：上海人民出版社，Prentice Hall 培科，1999：402.

无形服务产品,即通常所说的"服务"。

(二)服务概念

服务可以区分为两种。一种是服务产品。它为消费者创造或提供的核心利益主要来自无形的服务。另一种是功能服务。这种无形服务只是为了使产品能更好地满足消费者需求而辅助性产生的,满足消费者非主要的需求,是纯粹的服务。两者都是无形的,但两者有一定的区别。服务产品在其产生的同时消费者一定的需求得到满足,而这种需求是消费者所要购买的对象。如理发,可以使消费者整洁、美容。而功能服务包含在产品(包括服务产品)中,或依附于有形物,与有形物构成一个整体,也能满足消费者的一定需求,但满足的不是主要需求,只是为了产品的使用价值能够实现而产生的,且是为了提升产品的吸引力或市场竞争力而延伸的。如有形产品空调的送货上门、安装、维修;服务产品移动通信的客户咨询、拨号缴费、账单打印或邮寄等。

(三)产品整体(total product)概念

从菲利普·科特勒的定义可以看出,市场营销学所解释的产品,并不仅仅是传统意义上的有形物,它强调不论是有形的物,还是无形的服务都必须能够满足消费者一定欲望和需要。也就是说产品或服务产品的价值就在于能够满足消费者的欲望和需求。事实上,顾客购买一件产品或服务产品,就是要从这个产品或服务得到一定的欲望和需求的满足。如顾客购买空调,就是为了夏日能降温,冬天能驱寒,满足人们调节舒适的空气温度的需要。而一定需要的满足,是通过有形的实体、无形的服务、功能属性等整体实现的。因此,市场营销学中的产品概念通常称为整体概念。即由满足消费者一定欲望和需求,能给消费者带来有形利益和无形利益的有形实体、无形服务、功能属性等的组合整体。产品整体可以被细分为不同层次,最常见的有以下两种:

1. *三层次产品整体概念*　即产品是由核心产品层、有形产品层、附加产品层组合成一整体,如图 7-1 所示。

(1)核心产品(core product)。是指消费者购买某种产品时所追求的功能和效用。是顾客真正要买的东西,因而在产品整体概念中也是最基本、最主要的部分。它解决购买者究竟购买的是什么的问题。消费者购买某种产品,并不是为了占有产品本身,而是购买产品所具有的功能和效用,以从中获得能满足某种需要的效用或利益。

(2)有形产品(tangible product)。是指核心产品借以实现的形式,故又叫形式产品。即产品的外在形态。通常包括产品质量等级、外观特色、式样、品牌名称和包装等。产品的基本效用必须通过某些具体的形式才得以实现。市场营销者应首先着眼于顾客购买产品时所追求的利益，以求更完美地满足顾客需要，从这一点出发再去寻求利益得以实现的形式，进行产品设计。

(3)附加产品(augmented product)。是对产品内涵的延伸，故又称之为延伸产品。是指顾客购买产品时所获得的全部附加服务和利益，包括咨询服务、保证、提供信贷、免费送货、安装、维修等。附加产品来源于对消费者需求的深入认识。因为购买者的目的是为了满足某种需要，因而他们希望得到与满足该项需要有关的一切。在现代市场上，同类产品的竞争，一般发生在产品的附加层次。因此，企业设计能提供给消费者更多利益的产品附加层，对于赢得竞争意义重大。

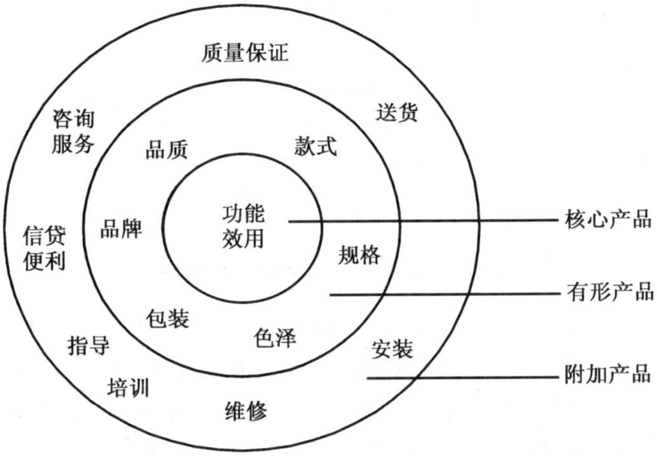

图 7-1　三层次产品整体示意图

2. *五层次产品整体概念*　即产品是由核心产品层、一般产品层、期望产品层、附加产品层和潜在产品层组合成一整体。见图 7-2。

五层次产品整体概念及结构最早见之于菲利普·科特勒的《营销管理》(1994版)。与三层次产品整体结构相比，五层次结构增加了“期望产品”层(第三层)和“潜在产品”层(第五层)；改造了第二层，以“一般产品”层代替“有形产品”层；“附加产品”层被推向第四层。

一般产品：即产品的基本形式。用以体现产品核心层——产品功能效用。包括产品的质量、外观结构、造型、色泽、样式、包装等看得见、摸得着的具体东西。

期望产品：即消费者购买产品时通常希望或认可的一组属性和条件。例如：名牌、质量高档、合理的结构、美观的造型、鲜亮的色彩、新颖的包装等。

潜在产品：“即产品最终可能会实现的全部附加部分和新转换部分。如果附加产品包含着产品的今天,则潜在产品指出了它可能的演变。""许多最成功的公司在它们的产品和服务中增加了额外的优惠和好处,使得不仅让顾客满意,而且令顾客愉悦。愉悦是指对提供物添加了出乎意料的惊喜[①]。"

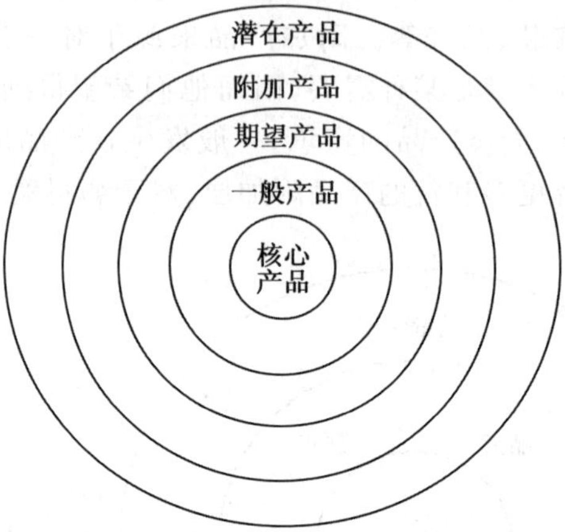

图 7-2 五层次产品整体概念示意图

上述对产品及其整体概念的描述,不仅对营销理论是一个发展,对实际营销活动有重要的指导作用。它体现了以消费者需求为中心的营销观念,明确了产品是能提供给顾客以满足其欲望和需要的任何东西,包括有形的和无形的。同时提出服务不仅是产品的一个部分,而且是赢得顾客,提高竞争力的重要部分。建立了整体的产品概念,强调消费者对产品的满足程度,既取决于三个层次中的每一层的水平,也取决于产品整体组合效果;指出了产品设计的原则和拓宽发展的方向。

二、产品生命周期(PLC)

产品在市场上的销售情况及其获利能力会随着时间的推移而变化。这种变化的规律就像人和其他生物的生命一样,经历从诞生、成长到成熟,最终将走向衰亡周期性变化。因此,研究产品生命周期,把握产品生命规律和特点,制定合理的动态的产品策略,使产品具有较为理想的生命周期形态,在生命周期内保持良好的销售状况和获利能力,以保证企业良好的生存与发展有重要的意义。

①菲利普·科特勒.营销管理——分析、计划、执行和控制.上海:上海人民出版社,Prentice Hall 培科,1999:402-403.

(一)产品生命周期概念

产品生命周期(product life cycle)指产品在研制开发成功之后,从投放市场,到最后被市场淘汰所经历的全部销售历程。它所描述的是一个产品在市场上的销售量和利润随时间的推移而经历的变化,所以又可以称之为产品市场生命周期或产品经济生命周期。

产品的生命周期是指产品的市场寿命,而不是产品的自然生命或使用寿命。产品经过研究开发、试销,然后进入市场,其市场生命周期就开始了。产品被消费者拒绝或淘汰,退出市场,则标志着产品生命周期的结束。

图 7-3 是一个典型的产品生命周期曲线。一个典型的产品生命周期可以划分为四个不同阶段:投入期、成长期、成熟期及衰退期。

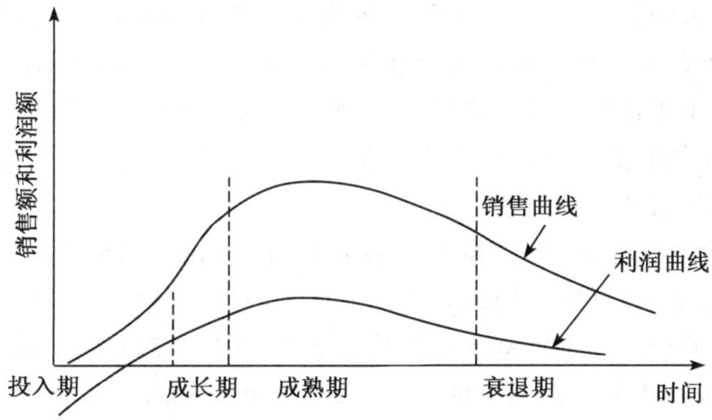

图 7-3　产品生命周期

在现实市场上,不是所有产品的生命历程都完全符合上述理论形态,或有明显的四个阶段。当产品销售进入衰退期,企业经过努力有可能进入第二个、第三个等成长期,而形成产品生命周期的再循环;也会出现一些产品,因种种因素的作用,各阶段的长短不一样;一些流行商品,由于新颖趋时销售量会在短期内迅速上升,而无明显的进入阶段,进而会很快达到饱和,一旦出现饱和就会迅速下降,退出市场。也就是说,技术因素、市场竞争因素、消费者需求、社会时尚等因素,以及企业的营销能力会影响并制约产品生命周期的各阶段的状况、长短、形态。

(二)产品生命周期各阶段特点

1. 投入期特点　投入期又称之为导入期、介绍期。新产品投入市场便进入投入期。在产品投入阶段,大部分消费者由于以往的消费习惯或对产品缺乏了解,而不会很快购买新产品,只有少数追求新奇的顾客购买,销售量低且缓慢地增长。由于一方面，销量少，单位成本高；一方面需要建立销售渠道和市场推广促销而需要企业耗费大量的费用，因此，这个阶段几乎没有利润生成，甚至亏损，并且因此竞争者较少。

2. *成长期特点* 成长期的标志是销售量迅速增长。当产品在介绍期销售初步取得成功之后，便进入成长期。在成长期，对新产品熟悉的消费者逐渐增多，大量的新顾客开始购买新产品，销售量快速上升，生产规模逐渐扩大，产品成本逐步降低，利润大幅度增长，故该阶段又叫增长期。此时，竞争者看到新产品有利可图，开始纷纷进入市场参与竞争，并随着市场需求的扩大，竞争者会逐渐地增多。企业为应对竞争和市场扩张的需要，需要维持或增加销售网点建设和促销等费用。

3. *成熟期特点* 在成熟期，由于产品逐渐被大部分潜在顾客接受，市场需求逐渐趋于饱和，销售增长放缓；如无新购买者则销售增长率将停滞至饱和点；如果顾客开始转向新产品或替代品则销售量会转而下降。这一阶段，往往是整个生命周期最长的阶段，由于销售增长率趋缓，使得整个行业生产能力过剩，导致竞争逐渐加剧，因此，用于抵制竞争的营销费用也在不断增加，导致利润趋于持平，甚至会下降；一些缺乏竞争力的企业开始退出。

4. *衰退期特点* 这阶段，随着科学技术的进步，新产品或更好的替代品的出现，加之，消费者需求的转变，使顾客退出原产品的购买与消费，转向新产品或更好的新产品，而使原产品的销售量下降的趋势增强，并且利润不断下降；同时，多数企业因无利可图也将逐渐退出该市场的竞争；留在市场上的企业会逐渐减少产品附带服务，削减促销费用，以维持低水平的经营。

（三）产品生命周期各阶段营销策略

1. *投入期市场营销策略* 基于新产品刚投入市场及其该阶段的特点，企业需要制定合理的价格、建立完善的分销渠道，以及有效的促销活动介绍产品，吸引消费者试用，加速新产品市场推广，以缩短利润低亏时期。即在产品及其质量一定的条件下，一般可由价格、促销、地点等因素组合成各种不同的市场营销策略。若仅考虑促销和价格两个因素，企业可在以下四种策略中择一而行：

（1）快速撇脂策略。这种策略采用高价格和高促销费用的措施推出新产品，以求迅速打入市场赚取较高利润。采用这种策略的市场条件是：产品质量优异；目标顾客具有求新心理，急于求购，并且愿意按价购买；企业面临潜在竞争者的威胁，需要及早树立名牌。

（2）缓慢撇脂策略。即以高价格和低促销费用的措施推出新产品，以求得更多的利润。这种策略可以在产品质量优异、不易仿制或具有专利权；市场面比较小；

购买者愿意出高价格；潜在竞争威胁不大的市场环境下使用。

(3)快速渗透策略。即实行低价格和高促销费用的措施推出新产品。目的在于加快市场渗透，取得尽可能高的市场占有率。在市场容量很大，消费者对价格非常敏感、潜在竞争激烈、企业随着生产规模的扩大可以降低单位生产成本的情况下适合采用这种策略。

(4)缓慢渗透策略。这种策略是以低价格配合低促销费用来推出新产品。目的在于以低价促使消费者接受产品，阻止竞争者对市场渗透。这种策略适用于市场容量很大、消费者对价格很敏感，并且存在潜在竞争者的市场环境。

2.成长期市场营销策略　新产品经过市场投入期以后，销售量将迅速增长，这种新产品就进入了成长期。进入成长期以后，早期的购买者对产品重复购买，并且带来了新的顾客，销售量激增，企业利润迅速增长。随着销售量的增加企业的规模也在扩大，成本在逐渐降低。在利润的吸引下，新的竞争者会投入竞争，随着竞争的加剧，新的产品特性开始出现，产品市场开始细分，分销渠道增加。企业为维持其市场增长率，获取更大利润的时间得以延长，可采取以下几种策略：

(1)改善产品品质。保证并改善产品质量，适时改进产品，以提高产品的竞争能力，更好地满足顾客需求，吸引更多的顾客。

(2)寻找新的子市场。通过找到新的尚未满足的子市场，加强促销活动，努力扩大销售网点，拓展市场。

(3)改变广告宣传的重点。把广告宣传的重心从介绍产品转到建立产品形象上来，树立产品名牌，增强顾客对产品的信任和偏爱，使产品形象深入顾客心中，维系老顾客，吸引新顾客。

3.成熟期市场营销策略　产品经过成长期的一段时间以后，销售量的增长会缓慢下来，利润开始缓慢下降，这表明产品已开始走向成熟期。进入成熟期以后，产品的销售量增长缓慢，逐步达到最高峰，然后缓慢下降。产品销量的下降，导致产品生产过剩，生产过剩又会导致更激烈的市场竞争，进而会促使价格下跌或增加促销费用，最终导致市场整体利润的平均水平下降。

对成熟期的产品，只能用主动出击的策略，使成熟期延长，或使产品生命周期出现再次循环。为此，可以采取以下三种策略：

(1)改变市场。这种策略不是要调整产品本身，而是通过开拓新的细分市场，把产品引入到尚未使用过这种产品的地域或新的消费群体，使本产品拥有新的购买者；或者是发现产品的新用途，并应用于其他的领域，培育新的消费群体，以使产品的成熟期延长，或使产品生命周期出现再次循环。

(2)改变产品。所谓改变产品是改变产品的主要属性,向消费者提供新的利益来吸引新的购买者,增加产品的销售量。改变产品策略又称为"产品再推出",凡是整体产品概念任何一个层次的改变,都应看作是产品的再推出。主要做法是:一是改变产品的实体部分(如提高产品质量、增加新的功能、形成新的款式)来向消费者提供新的利益;二是增加产品的附加产品和附加服务,用新的额外利益来吸引顾客。

(3)改变市场营销组合。市场营销因素组合改良就是根据产品在成熟期的特点来重新调整定价、分销渠道及促销的组合方式,以延长产品市场成熟期。企业市场营销组合不是一成不变的,它应随着企业的内外环境的变化作出相应的调整。产品进入成熟期后,各种内部条件和外部环境发生了重大变化,因而市场营销组合也就要有一个重大的调整。一般是通过改变一个因素或几个因素的组合方式来刺激或扩大消费者的购买,刺激销售量的回升。例如,产品品质不变,但降低价格、扩大销售渠道,便可以从竞争者那里吸引一部分购买者。改变营销因素组合策略简便易行,但必须注意,在改变策略前要进行充分调查、分析市场,执行决策时必须迅速果断。

4.*产品市场衰退期的策略* 产品进入衰退期,大部分的产品销售量下降。有的产品销售量会很快下降为零,有些产品销售量下降到某个水平后,可能会再维持好几年才退出市场。这一时期,虽然市场需求大幅度减少,但由于大部分竞争对手都退出了市场,继续留在市场的企业反而能保持一定规模的销售量,甚至略有增加。针对这些特点,企业在准备新产品同时可以采取的营销策略有:

(1)连续策略。按照原来的营销计划继续生产销售,以继续为仍愿意消费该产品的顾客服务,直至这种产品完全退出市场为止。

(2)集中策略。企业把资源集中到最有利的细分市场部分,缩小经营范围,从小范围的经营中获利。

(3)榨取策略。企业继续生产销售,但极力减低推销费用,减少推销人员,最大限度地利用该产品,增加眼前利润。

(4)放弃策略。对于衰落比较迅速的产品,或维持衰退产品代价太大,影响企业的声誉,损害企业的形象,削弱企业未来的竞争力,就应当当机立断,弃旧图新,及时实现产品的更新换代。可以采取完全放弃的方式:一是通过转让即把该产品的专利权、生产设备等卖给别的地区的企业,从中收取一定的资金以便迅速而有秩序地转向其他经营项目。二是立即停止生产。也可以采取逐步放弃的方式,使其所占用的资源逐步转向其他产品。

第二节　产品组合策略

一个企业提供给目标市场的往往不是单一的产品，而是多个产品。企业针对目标市场应该提供多少种什么样的产品才能满足消费者的需要，实现企业的利润目标，是企业营销决策中需要解决的问题，而解决这个问题，就需要分析和选择企业的产品组合。

一、产品组合相关概念

企业在生产经营活动中，必须依据市场需求和企业实力，确定生产和经营哪些产品，明确产品之间的相互关系，这是企业进行产品组合决策的主要内容。

（一）产品组合的含义

企业产品组合(product mix)也称产品搭配。是指一个企业生产和销售的全部产品线、产品项目的组合方式，它通常由几种产品线所组成，产品线(product line)又是由一组密切相关的能满足同类需求的产品项目构成，又称产品系列或产品类别。产品项目(product item)是指某一品牌或产品大类内由尺码、价格、外观、及其他属性来区别的具体产品。

（二）产品组合的变数

产品组合有一定的宽度、长度、深度和关联性。企业的产品组合/搭配的不同，或产品组合/搭配的改变往往表现在产品组合的宽度、长度、深度和关联性这几个方面。

1. 产品组合宽度(product mix width)　是指一个企业产品大类的多少，也就是产品组合拥有的产品线数目。企业拥有的产品线越多，其产品组合就越宽；产品线越少，产品组合就越窄。产品组合宽度反应企业经营范围大小，综合利用资源的能力，抵御风险的能力。

2. 产品组合长度(product mix length)　是指一个企业的产品组合中所包含的产品项目的总数。用这个总数除以产品线的数目，就得到产品组合的平均长度。产品组合长度反映产品线的丰满程度，及满足消费者多样性需求的程度。

3. 产品组合深度(product mix depth)　是指产品线中每种产品有多少花色、品种、规格。例如某种服装有 4 种花色、5 种款式、2 种颜色，则深度就是 $4\times5\times2=40$。产品组合深度决定了满足不同消费者需求的能力。

4. 产品组合关联性(product mix consistency)　是指一个企业的各个产品线最终使用、生产条件、分销渠道等方面的密切相关程度。相关性的高低同观察者的不同相关，有时在生产上或经营上相关性很高，但从消费者的使用上看则相关性很低。如家电超市经营电视机、电冰箱、洗衣机、空调等家电产品，经营者认为其产品组合相关性较高，都与电有关，而从消费者使用上看，相关性并不高。产品组合相关性的高低，可决定企业在多大领域内加强竞争地位和获得声誉。

二、优化产品组合

产品组合状况直接关系到企业销售额和赢利水平。又因为，市场环境在变化，市场需求在发展，竞争的激烈，必然影响到企业的产品组合，因此，企业必须对现行产品组合作定期和不定期的分析和评价，并决策是否增减产品线或产品项目以及如何实施产品组合管理，以保证产品组合始终处在最佳状态——能给企业带来符合目标的销售额，提高企业的赢利水平的组合。

(一)优化产品组合概念

为了使产品组合达到最佳状态，而对现行产品组合进行分析、评价、调改实施管理的过程。也即优化产品组合，通常是分析、评价、调改管理现行产品组合的过程。

(二)产品组合分析评价

1.产品销售额和利润分析　即分析和评价现有产品线上不同产品项目所提供的销售额和利润水平。如有一条拥有5个产品项目的产品线，如图7-4所示，该产品线中前两个产品项目销售额合计占产品线总销售额的80%，利润占60%；而第五个产品项目的这两个比例都仅为5%。对于在产品线中利润或销售额贡献大的产品项目，应予以重视加强管理，以保持整个产品线的销售额和利润水平。但是，在产品线上如果销售额和利润集中在少数产品项目上，则意味着产品线比较脆弱，

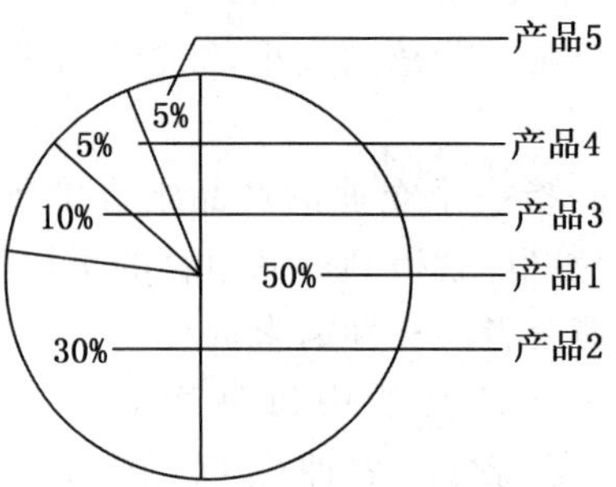

(1)销售额比例

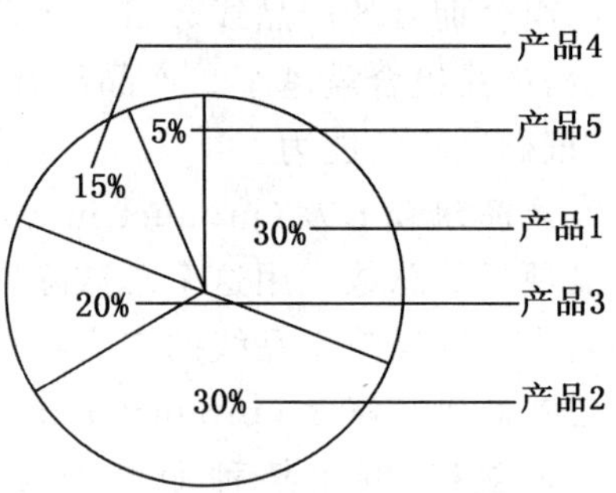

(2)利润比例

图7-4　各产品项目销售额和利润分析

必须悉心保护。如果产品项目的利润比重高于销售额比重，市场前景看好的话，应增加投入，以培养成高利产品项目；若无发展前途的产品项目，则应考虑删除。

2. 产品项目市场地位分析 即将产品线中各产品项目与竞争者的同类产品作对比分析，全面衡量各产品项目的市场地位，以确定本企业产品项目的调整和管理。

三、产品组合策略

企业的产品组合策略，指为了实现企业产品组合的最佳化，在优化产品组合时，依据企业发展的需要，市场需求及竞争情况的不同，在产品组合分析评价的基础上，对产品组合的长度、宽度、深度、相关性等方面做出必要的调整的决策。

（一）扩大产品组合

包括拓展产品组合的宽度和增强产品组合的深度。前者是在原产品组合中增加一条或几条产品线；后者是在原有的产品线内增加新的产品项目。当企业欲充分发挥各项资源的潜力，扩大经营范围，可考虑在现行产品组合中增加新的产品线；当企业欲在某个行业占据主导地位，并要求有较高的市场占有率和市场增长率时，或当企业打算增加产品特色，满足消费者新的需求，或企业生产能力过剩迫使产品线经理开发新的产品项目，或经销商和销售人员要求增加产品项目，以满足顾客的需要，则可选择在原有产品大类内增加新的产品项目。增加产品线的长度，可使企业产品线丰满，同时给每种产品增加更多的变化因素。增加深度，可适应细分市场上不同顾客的需求和爱好，吸引更多的买主。

一般而言，扩大产品组合，可以使企业充分地利用人、财、物资源，分散风险，增强竞争能力。

（二）缩减产品组合

尽管扩大产品组合能给企业带来新的赢利机会，但在一定条件下，有必要进行产品组合的缩减。如：第一，通过产品线或产品项目的分析，有的产品项目处于产品生命周期的衰退期，继续经营这样的产品，对企业不利；第二，企业需要集中资源生产经营利润水平高、前景乐观的产品项目、或新产品项目；第三，一定时期内，市场需求不足。企业可以针对上述情况，从产品组合中暂时性地或永久性地缩减那些获利很小甚至不获利的产品线或产品项目，使企业可集中力量发展活力更多的产品线和产品项目，反而可能使总利润上升。

（三）产品线延伸

每一企业的产品都有其特定的市场定位。产品延伸策略指企业为了适应市场变化,或开拓新市场全部或部分地改变企业原有产品的市场定位的策略。具体做法有向下延伸、向上延伸和双向延伸三种。

1. 向下延伸　指企业原来生产高档产品,后来决定增加低档产品。企业采取这种策略的主要原因是:①企业发现其高档产品的销售增长缓慢,因此不得不将其产品大类向下延伸。②企业的高档产品受到激烈的竞争,必须用侵入低档产品市场的方式来反击竞争者。③企业当初进入高档产品市场是为了建立其质量形象,然后再向下延伸。④企业增加低档产品是为了填补空隙,不使竞争者有隙可乘。

企业在采取向下延伸策略时,会遇到些风险,如:①企业原来生产销售高档产品,后来增加低档产品,有可能使名牌产品的形象受到损害,所以,低档产品最好用新的商标,不要用原来高档产品的商标。②企业原来生产销售高档产品,后来增加低档产品,有可能会激怒生产销售低档产品的企业,导致其向高档产品市场发起反攻。③企业的经销商肯定不愿意经营低档产品,因为经营低档产品所得的利润较少。

2. 向上延伸　指企业原来生产低档产品,后来决定增加高档产品。主要理由是:高档产品畅销,销售增长较快,利润率高;企业估计高档产品市场上的竞争者较弱,易于被击败;企业想使自己成为生产种类全面的企业。

采取向上延伸策略也要承担一定的风险,如:①可能引起生产高档产品的竞争者进入低档产品市场,进行反攻。②未来的顾客可能不相信企业能生产高档产品。③企业的销售代理商和经销商可能没有能力经营高档产品。

3. 双向延伸　即原定位于中档产品市场的企业掌握了市场优势以后,决定向产品线的上下两个方向延伸,一方面增加高档产品,另一方面增加低档产品,扩大市场阵地。

第三节　新产品策略

由于科学技术的不断发展,消费需求不断变化,以及卖方之间激烈的竞争,使得产品更新换代加快,生命周期缩短。并且产品生命周期理论说明,几乎没有一种产品是永不衰退的。因此,企业必须不断开发新产品以取代将会衰退的老产品。新产品开发关系着企业的生存与发展,在企业营销活动中具有越来越重要的地位。

一、新产品概念

从企业角度来说,"新产品"的含义与科学技术领域的"新产品"的含义有所不同,不一定都是指新的发明创造。它是指在某个市场上首次出现的或者是企业首次向市场提供的、能满足某种新的需要和欲望的整体产品。组成整体产品的任何一部分的创新、变革和改良，都可视为新产品。

（一）全新产品

应用科技新成果，运用新原理、新技术、新工艺和新材料制造的市场上前所未有的产品叫做全新产品。全新产品具有明显的新特征和新性能，甚至改变生产或消费方式，但其开发难度大、开发时间长、开发投入大、成功率低。全新产品推向市场时，用户和消费者都需要一个适应接受和普及推广的过程。

（二）换代产品

对市场上原有产品的结构和性能进行部分改变的产品叫做换代产品，也叫做革新产品。由于原有产品结构和性能得到提升和改善，换代产品一般都具有较强的使用价值，用户和消费者需要适应接受和普及推广的过程较短。

（三）改进产品

对市场上原有产品的质量、特点、款式或包装加以全面或局部改进的产品叫改进产品。市场上销售的新产品，大部分属于改进产品。

（四）新品牌产品

对市场上原有产品稍加改变，突出某方面的特点，采用新品牌后推向市场的产品叫做新品牌产品。

二、新产品开发方式

企业可根据自身条件和目的采用不同的开发新产品方式。

（一）技术引进

是向外部购买新产品的专利权或特许权，专有新技术等知识产权。包括实施使用许可产权了断、技术贸易等方式。当企业缺乏技术积累、缺乏研发资源、能力、条件，或企业的研发努力和科技攻关方向不在某新产品开发上，可以选择该方式开发新产品。采用这种方式可缩短新产品开发周期，节约研制费用，投资少、风险小、见效快；在获得了成熟技术支持后，有助于企业再研发或配套研发，以及培养跟踪、学习、突破、创新、超越的自主能力。但是对于引进的新技术仅仅停留在被动接受的水平上，不注意学习、消化、吸收和改进，则后果是长期依赖和受制于人。

（二）自主研制

即企业依靠自身的科研技术力量研究开发新产品。当企业有较深厚的科技积累，较强的研发和攻关能力，较完备的资源条件，包括资金、设备、设施、人才等可采取这种方式开发新产品。其给企业带来的好处是可密切结合企业特点，形成本企业的系列产品，使本企业在某一方面具领先地位。自主开发的成果往往是原创性成果,独立的知识产权,新产品往往具备一定的垄断优势。但这样做投资大、风险大、难度高、时间长。

(三)合作方式

即与相关企业或科研组织合作开发新产品的方式。包括:①优势互补型合作,利用合作各方在研发或其他方面的优势。②同行分工型合作,在同行中进行分工,共同承担重要的新产品研发项目。可以避免重复研发化竞争为成果共享的双赢局面。③委托与分包型合作,将研发项目子系统、子任务,委托、分包给高校、研究机构和其他企业。④产权交易型合作,与合作者互相交换知识产权,旨在建立产业联盟、技术联盟,壮大竞争实力。⑤协作型合作,与子公司、参股或控股公司、战略伙伴开展研发合作和新产品经营协作,共同推动研发项目。当企业自主研发受到技术积累、资金、人才、设备等方面的限制,或为了化竞争为双赢,实现资源共享优化组合,可以采取这种方式。这样,可克服企业的不足,与合作者共同拥有知识产权,共享新产品开发利益、共担新产品开发风险。但企业必须具备一定技术优势和研发能力,尽可能把握新产品研发的关键项目、核心技术、重要专利,以增加对知识产权和整体研发的控制能力。

(四)资本运营方式

即通过合资、控股、收购、兼并、合并等资本运作手段,从中获得对方的研发成果、研发资源、能力和条件;通过融资、投资等资本运营措施,加快研发速度,缩短新产品推出时间;并且与本企业技术、产品配套、形成新产品成套、互补、系统化经营能力。适合这种方式的条件是:企业具备较强的资本实力和资本运营能力,特别是资本的跨国运作能力;对本行业先进技术、对方的研发、技术、人才等方面的信息掌握较透彻清晰;具备强大的品牌实力和技术综合实力。资本运营方式可使企业迅速形成对新科技、新产品研发资源和能力的控制,在短期内实现新产品开发的跨越或多元化,即可加速推出新产品,加速扩大新产品种类,进而完成新市场的多元化扩张,并可减少相应的风险。

为了减少新产品开发成本,降低新产品开发风险,企业对新产品开发要建立适当的组织机构,使之有利于新产品开发的管理,还要建立一套严密科学的开发程序。

三、新产品开发程序

新产品开发的程序由如下八个阶段构成。企业可根据实际情况增减取舍。

(一)新产品构思

又叫新产品创意。是为满足某一种新需求而提出的设想,进而形成的产品概念。

1.新产品构思的方法　一是属性改进法。列出现有产品的主要属性，然后对每一属性进行分析，以发现属性错位、不足、冗余、模糊、缺位等属性方面的缺陷，或者列出并分析现有产品的属性改进的必要性和可行性，从而产生创意、形成构思。二是强行关系法。将不同产品排列在一起，寻找它们之间的关系，从而找到新产品构想，如办公桌、电话机、时钟、计算机、复印机、书柜等排在一起，结果产生一张电子化的现代办公桌。三是需求分析法。主要调研分析已有产品的消费者详细要求、实际使用的详尽情况，进而发现并归类整理成产品尚不具备的功能、性能、指标、款式、规格、花色、品种等，以形成新产品的创意。四是头脑风暴法。若干相关人员集中在一起，将个人会前准备的产品创新构想带到会上，相互激励与启发，集思广益，可以产生诸多更全面、精深、科学、合理的创意，经归纳形成新产品构思。

2.新产品构思的来源　一是企业内部技术人员与业务人员，包括设计、制造、管理和促销人员等提出新产品构思。二是顾客，即企业营销人员通过观察和倾听顾客的需要，分析顾客对产品提出的建议和批评，形成新产品的构思。三是竞争者，即分析和研究竞争者的产品是构思的主要来源之一。四是中间商，中间商既反馈顾客的信息，又提供市场上有关新技术和新材料方面的信息，极利于形成新产品构思。五是专家及其他来源，如通过专家、各种大众传播媒介、咨询建议等获得新产品开发的信息或构思。

3.新产品构思的描述　对新产品构思的描述是指从消费者角度用文字、图像等对新产品构思的详尽描述，以形成新产品概念。在描述产品概念时，需具体明确以下问题：产品的目标消费者群，即描述目标市场的规模、结构和购买行为特点；能为消费者提供哪些利益；产品设计包括产品的风格、特色、质量、包装及价格等。上述问题的回答不同，可形成不同的产品概念。也就是说，一个新产品构思能够转化为若干个产品概念。

(二)构思筛选

构思筛选就是对若干的新产品构思进行优选的过程，目的在于找出若干与本企业发展目标、长远利益，并与企业资源相协调、有发展前途的产品构思，剔除那些与企业目标或资源不协调的新产品构思，以提高新产品开发的成功率。筛选的主要标准是决定新产品开发能否成功的主要因素：①市场条件。市场潜力、竞争情况、分销渠道、产品价格等。②企业内部条件。企业策略与目标、营销技术与经验、财务状况、生产能力、科研与开发能力、供应能力等。③赢利水平。开发成本、获利水平等。各种产品构思可能在上述因素中优劣势各不相同，可首先按上述因素剔除那些明显不适合的产品构思，然后可采用评审表的方法，将各因素汇集成表，对某个产品构思分别评审，最后从中选出总分比较高的产品构思。

新产品构思评审表的主要内容因企业而异，评分的方法也可根据具体情况而灵活掌握。表 7-1 列举了一种评审表，并以某种构思为例进行评审。在第一栏逐项列出决定新产品开发成功与否的各项因素，第二栏按各因素重要程度给定相对权数，第三栏对各因素的能力（基础）逐项给予打分（1～10），第四栏是各因素得分。由得分算出最终总分。对若干经过初步筛选的构思分别填表评审后，便可从中选出得分高、比较理想的新产品构思。

表 7-1　新产品构思评审表

影响新产品开发成功的因素	因素重要程度（A）	基础分数（B）										分数（$A\times B$）
		1	2	3	4	5	6	7	8	9	10	
1. 市场规模	0.15								√			1.20
2. 竞争情况	0.05				√							0.20
3. 产品价格	0.10					√						0.50
4. 开发时间	0.20						√					1.20
5. 开发成本	0.05						√					0.30
6. 经营渠道	0.15			√								0.45
7. 企业信息	0.05			√								0.15
8. 技术特征	0.05					√						0.25
9. 营销能力	0.10							√				0.70
10. 收益水平	0.10									√		0.90
合计	1.00											5.85

（三）商业分析

商业分析实际上就是对经筛选确定的新产品概念进行经济效益分析。通过分别测算每个产品概念的销售量、销售额、估计新产品的成本和利润，以分析这些新产品概念在商业上的可行性，是否符合企业既定的目标。商业上可行，投资回报率大、与企业既定目标一致的产品概念，就可以进行新产品研制。主要包括三步工作：

第一步，估计新产品在预期生命周期内各个阶段的预期销售额，重点是首次销售额、重复购买量和近期销售额。为此要预测新产品市场相应的潜在需求量，并根据企业促销计划与竞争情况推算可能达到的市场占有率，以得到新产品预期的销售额。对于重复购买的产品，还要估计重复购买率，根据重复购买率预测重复购买量。进行预期销售额分析时，应充分考虑各种显著性环境因素的影响，并能预测出在一定条件下可能出现的最高或最低的销售额，以反映新产品开发的风险。

第二步，开发新产品成本估算。宜由企业的开发、生产、营销和财务等部门共同分析新产品开发不同时期的各项开支。通常新产品开发的成本有研制成本、生产成本、促销费用和间接费用等。

第三步，评估新产品收益。在预测各个新产品的销售额和成本的基础上，通过采用盈亏平衡分析、投资收益率分析等方法，可以审核分析各个新产品的收益情况。那么，预期收益大，又符合企业既定目标的产品概念，其商业可行性大，可进入新产品研制阶段。

（四）新产品研制

产品概念通过商业分析后，研究与开发部门及工程技术部门就可以把这种产品概念转化成为产品模型或样品，并进行包装的研制和品牌的设计。只有在这一阶段，产品概念才能转化为实体产品。因此，关键在于产品概念能否成为技术和商业上可行的产品。如果不可行，除积累一定的信息情报外，所投入的资金将付诸东流。

应当强调的是新产品研制中的测试，包括专业人员的功能测试和消费者测试，其目的在于对样品作进一步的改进。功能测试主要是新产品是否安全可靠、质量是否达到规定标准、制造工艺是否先进合理等。消费者测试是请消费者参与试用，征集对产品的意见。

（五）市场试销

将经过测试合格的产品进行小批量的生产，根据初步拟订的营销计划将新产品投放到具有代表性的目标市场上进行试销，以了解消费者和中间商的反应，检验新产品的市场效率，作为大批量生产的依据。进行试销之前，需做出以下决策：试销方式、价格、地区/地点、对象、持续的时间、应收集的资料等。

常用的试销方式包括交易会、展销会、赠送样品、通过商店出售、现场演示与免费试用等。试销的地区/地点需是目标消费者愿意光顾的。试销的对象应是目标消费者或其代表。为了全面了解目标市场对新产品的反应，要收集各种资料。包括：消费者的反应、销售量、重复购买率、市场定位、有关方面对新产品质量、特色、方便性、安全性、品牌、包装等方面的评价，价格、分销渠道、广告宣传等方面的资料，这些资料是以后营销计划与决策的重要依据。试销持续时间则取决于产品的消费周期、消费者的消费习惯、竞争和费用情况等。可以持续数月，也可能长达1～2年。

（六）批量上市

经过试销的新产品，如果各种资料说明市场前景很好，就要进一步完善产品与营销计划以大批投产上市。具体包括：根据试销收集的资料，改进产品；产品定型、工艺技术定型，各种必要的认证；对初步营销计划进行必要的修订，确定最佳投入市场的时间，制定最佳的营销组合，如确定适当的销售地点和范围、适当的价格和适宜的促销活动；培训有关生产、检验、销售、维修人员，投资形成批量生产的能力，支付大量的广告宣传费等。做好上述准备即可将新产品正式投入市场。

第四节　包装和标签策略

在竞争日益激烈的市场上，包装已经成为产品生产过程中一个密不可分的部分：只有完成包装过程，产品的生产过程才算结束。现代市场上出售的产品，除了圆木、沙石等极少数商品外，大部分产品在从生产领域转移到消费领域的过程中，都需要有适当的包装。

一、包装作用

产品包装是产品的外在形象，是指盛放并保护商品的容器、材料及包扎商品的活动。进入市场的许多物质产品都需有包装，因为包装是整体产品中的有机组成部分，是直接影响到产品质量和市场营销的重要因素。包装作为重要的促销手段在现代市场营销中日益显示出巨大的作用。

（一）保护产品

这是包装最基本、最主要的功能。在产品流通和使用过程中，合理的包装可以使产品免受自然环境和外力的影响防止破损、散失、变质、挥发、污染、虫蛀、鼠咬等问题，以保证产品的清洁、卫生和安全，保持产品完好的质量，保护产品的使用价值。

（二）便于流通和销售

包装后的产品方便运输、装卸、计数、验收和储存，可以节约运输成本和存储空间。合理的包装，还方便商场陈列、展示和销售；科学的包装给购买者带来挑选、携带、使用、开启、保管商品的方便；包装或标签上必要的文字说明、图案符号，对消费者挑选、使用、保养、保存商品具有重要的指导作用。

（三）美化产品、促进销售

包装具有识别功能和推销功能。精美的包装，不仅可以给人视觉享受，而且可以增加产品的特色，改进产品的外观，激发顾客的购买欲望。包装和标签上完整可靠的产品信息便于顾客认识了解产品，增强购买信心。因而，包装被称为货架上的广告，是“无声推销员”。在顾客使用产品时，也能产生长久的广告作用。产品的包装装潢已成为超市营销的一个重要手段。优质产品应配以优质的包装，才能充分发挥竞争力，对消费者产生吸引力，促进产品的销售。

(四)增加价值和利润

产品的内在质量,是产品在市场竞争的基础。而优质的产品,没有优质的包装,就会身价大跌。优秀的包装使顾客获得较多的附加价值——方便、美的享受、象征价值等,随着顾客收入水平和生活水平的提高,顾客愿意支付较高的价钱购买包装精美、具有身份、地位或情谊象征价值的产品。

二、包装设计原则

重视包装是企业市场营销活动适应竞争需要的理性选择。产品的包装设计是一项艺术性、技术性较强的工作,除了要服务于产品及其策略外,还要符合不同的市场特点和文化要求。就消费品的包装设计,应遵循以下5个基本原则。

(一)安全保护

首先,包装材料及包装结构能够符合产品的物理、化学、生物性能和使用要求,达到保护商品的数量完整、质量完好、安全、卫生使用的目的;其次,包装材料及包装结构要能够抗拒人为或自然的侵害;此外,还要根据商品的不同属性决定包装的坚固度。

(二)经济便利

“经济”是指设计包装时要考虑其成本费用,防止成本过高;包装设计和包装材料的选用,一定要同产品的质量与价值相一致,根据产品质量的档次,配上与之相适应的包装。例如,贵重产品(珠宝、首饰等)、工艺品的包装,要能烘托出产品的高贵、典雅和艺术性。“便利”是指搬运储存便利、陈列销售便利、消费者识别选购便利以及携带使用便利等。

(三)美观大方

包装设计应力求美观大方,独具特色。包装是造型、结构、图案、色彩、文字的有机结合整体。因此,包装设计应力求做到材料新颖、结构造型独特别致、图案生动形象、文字色彩优美贴切、使人耳目一新。具有艺术性和独特风格的包装给人以美的感受,有艺术感染力,印象深刻,可成为激发顾客购买欲望的诱因。

(四)合法环保

包装必须符合政府的有关规定,维护消费者和全社会的利益。应按法律规定在包装上标明厂名、厂址;对于食品、化妆品等与人民身体健康密切相关的产品,应标明生产日期、保质期;标签上的文字说明要实事求是,不得弄虚作假、夸大其词等。包装材料应符合环保要求和节约社会资源,以维护社会利益。

(五)尊重习俗

不同的国家、民族、亚文化群体具有不同的宗教信仰和风俗习惯,而具有不同宗教信仰和风俗习惯的顾客对产品包装有不同的要求，影响着对包装的认可程度，所以，为使包装收到促销效果，包装设计必须尊重目标市场顾客的宗教信仰和风俗习惯，包装装潢上的文字、图案、色彩等不能和目标市场的宗教信仰和风俗习惯发生抵触。

三、包装策略

良好的包装必须与正确的包装策略结合起来，才会发挥应有的作用。可供企业选择的包装策略有如下 7 种。

(一)统一包装策略

这种策略又叫类似包装策略，是指企业对其经营的各种产品的包装采用相同的图案、色彩或相似的造型或同样的材料等，使各种不同产品的包装具有共同的特征，使消费者一见到包装就会联想到是同一家企业生产的产品。采取这一策略主要有以下优点：可降低包装成本，节省包装费用；可扩大企业声势，树立企业形象；有助于企业推出新产品。

在采用该策略时，各种产品的质量、档次不能相差太大，否则会影响其他优良产品的形象和声誉。

(二)配套包装策略

这种策略是指企业将几种有关联的产品组合在同一包装内，以供配套使用的策略。例如，化妆盒里的配套化妆品，口红、粉饼、小镜子、眉笔等就是采用配合包装策略。它具有以下优点。节约交易时间，方便顾客购买、携带与使用，有利于扩大产品销售。采用该包装策略需考虑顾客对配套包装需求的程度和特点、购买能力和产品在使用方面的关联程度。切忌将产品任意配套搭配。

(三)再用包装策略

这种策略又称为复用包装策略或者双重用途包装策略，是指企业给产品采用一种能让消费者得到其他用途的包装。包装内产品使用完后，包装物本身可以回收再用或顾客用做其他用途。如啤酒的瓶子，可回收重复使用；饮料瓶设计成茶杯或花瓶状等。此策略的目的在于通过给顾客额外的利益，可以刺激顾客购买欲望，扩大销售；使物尽其用，利于节约社会资源和环境保护；同时带有商标的包装在再使用过程中起到延续宣传的作用。

(四)赠品包装策略

这种策略是指企业在产品的包装内附赠彩券、物品或者用包装本身可以换取礼品，借此来吸引消费者购买，尤其是吸引消费者重复购买的策略。比如在儿童食品包装袋中附赠玩具或图片等。这种策略可以吸引顾客，提高重复购买率，扩大产品销售。这也是一种有效的营业推广的方式。但要注意国家和政府的有关政策和规定，不能乱用。

(五)等级包装策略

这种策略是指企业根据消费者的需求的不同，将同一产品按不同质量等级设计或使用不同的包装。这种依产品质量等级匹配包装的策略，对高档产品采用精制包装，低档产品采用简易包装，可满足不同层次消费者的需求，便于消费者识别、选购，从而有利于扩大销售。但这种策略实施的成本高于统一包装策略。

(六)分类包装策略

这种策略是指企业根据消费者的消费习惯和产品性质，将同一产品按重量、分量和数量等设计多种不同的包装。如将色拉油按 1 kg、2 kg、5 kg 等不同重量装瓶出售。或按消费者的购买目的不同，对同一种产品采用不同包装。如，满足顾客购买商品用作礼品赠送亲朋好友的需要，则可采用精制包装；若购买者自己使用，则简单包装。这一策略通过满足消费者多样化的需求，扩大产品的销售。但与等级包装一样，会相应地增加包装设计和促销的费用。

(七)改变包装策略

这种策略是指企业对产品的原包装进行改进和更新。当产品原来的包装因落后、陈旧而缺乏吸引力时，企业就应该及时更换新的包装，使顾客产生新鲜感，达到扩大销售的目的，以维护和提高产品形象。

四、标签及其设计

产品标签指附在商品或包装上的说明性的文字、图形、符号以及其他说明物。标签通常要表明：产品名称、商标、成分、品质特点、使用方法、包装数量、执行标准、生产时间、有效期、保存及应注意的事项、警告标示、制造厂家名称和地址、及其他与消费者利益有关的信息。显然，包装的宣传产品或企业、指导顾客选择识别商品、增强购买信心、促进销售的作用主要是通过合理的标签设计来实现的。在许多国家都有专门关于包装与标签的法规法令，从法律上对标签做出了明确的规定。如禁止虚假、误导或带欺骗性的内容；必须规范标明相关产品的所有必要的信息和内容，等等。1996 年美国通过的《公平包装与标签法》、我国 1987 年颁布的《食品标签通用标准》等，都是强制性的国家法令，生产者和销售者都必须严格执行，否则，产品将被禁止上市，有关的责任者还要受到法律制裁，出口商品会因此而无法进入进口国市场，甚至造成退货等损失。

包装的选择识别功能、促进销售的功能等主要是通过合理的标签设计发挥作用的，因此，合理科学的标签设计很重要。标签的设计应美观大方、内容简明扼要，能一目了然,并且要符合相关的法律、法规的规定和要求。同时,标签还应该根据产品的更新、需求的变化与发展等情况的改变而不断改进和创新,以加强产品的市场适应能力和竞争力。

第五节 品牌与商标策略

当企业为产品制定营销战略时,必然要进行品牌与商标的决策。品牌是产品战略中的一个主要课题①。品牌商标是产品整体的一个重要组成部分,是企业重要的无形资产。品牌的培育和成长需要一个长期的投资,更需要精心的设计和策划。

一、品牌与商标概念

(一)品牌(brand)

所谓品牌俗称牌子,是用以识别一个或一群企业的产品或服务,并使之与竞争者的产品或服务区别开来的一种名称、术语、符号、图案、设计或其组合。品牌是一个集合的概念,通常由品牌名称与品牌标志组成。品牌名称是指品牌中可以用语言称呼的部分,如长虹、海尔、可口可乐等,它主要产生听觉效果。品牌标志是指品牌中不能用语言直接称呼,但可以被识别的那一部分,包括专门设计的符号、颜色、图案等。如太阳神的红色太阳、黑色人字的图案;百事可乐的全蓝底色加上两个半圆的图案。品牌标志让人一眼就能认出,主要产生视觉效果。

(二)品牌与商标(trade mark)的异同

在我国一些市场营销学书籍中,关于商标与品牌概念的界定及其有关阐述很值得商榷:从使用的目的上将两者完全独立,而在谈两者的区别时,谈及最多的区别认为品牌或品牌的一部分经注册登记后就成为商标。这是一种误解。首先,商标与品牌一样都是指一种文字、符号、图形或者这些元素的组合体,用于标记产品或服务的所有者,使之与竞争者的产品或服务区别开来;都是一个集合的概念,同样包括名称和标志两个部分;是通用的术语,没有本质的区别。我国是世界上最早使用商标的国家之一,早在北宋时期,济南就有一家专造细针的刘家针铺,门前有一石兔,包装上印有白兔标记及“兔儿为记”字样,目的是使本针铺制作的针与其他针铺的针区别开来,便于买者区分识别。其二,商标或品牌的两者英文解释也没什

①菲利普·科特勒.营销管理——分析、计划、执行和控制.上海:上海人民出版社,Prentice Hall 培科,1999:415.

么区别。其三，我国商标法中明确商标采取的是自愿注册原则，故而有“注册商标”与“未注册商标”之分。因此，认为品牌注册后成为商标，显然是不对的。在现代的商业活动中，品牌的概念逐渐代替了商标。因此，两者就有了区别，但这区别是非本质的区别：

第一，商标是一个法律术语，是一个法律概念。当企业要将自己的产品或服务与竞争者区别开来，便于买者识别区分，并希望获取产品或服务及其权益的法律保护时，会为其产品或服务设计一个商标，并向国家商标局申请注册。而品牌是一个商业术语，市场概念。当商标用于市场活动中，成为买者选择、购买的对象时，往往称呼的是品牌或牌子，而非商标。

第二，商标注册人可能是法人，也可能是自然人，但品牌使用者一般是法人。

第三，申请注册的商标不一定在商业活动中使用。如为了防止竞争，维护企业的利益或形象，可同时在多个行业或产品、或为同一产品申请注册多个商标，但在商业活动中仅使用一个商标。这种在商业活动中使用的商标就是习惯中的品牌。

因此，从法律意义上看，商标掌握在企业手中，是否注册，如何注册由企业决定；商标所有权属于企业，属于注册者。但从市场角度看，作为产品或服务的标记，无论称作商标还是品牌，都属于消费者。两者的价值在于消费者是否认同并有多少消费者认同。消费者认同，商标或品牌才有价值，且认同的消费者越多，商标或品牌价值越大，最终可成长为驰名商标或名牌。因此，本教材以下论及的内容，如没注明皆通指商标或品牌。

（三）名牌与驰名商标认证

在我国，名牌或驰名商标有两个基本等级：省级或国家级。到目前为止，国家级品牌认证主要有中国工商管理总局授权的中国驰名商标认证，国家质检总局授权的中国名牌产品认证和商务部重点培育与发展的出口名牌认证。相应地省级名牌或著名商标是由各省商标局、质检局、商务厅组织认证的。

国家质检总局2002年1月发布的《中国名牌产品管理办法》第九条关于申请“中国名牌产品”具体条件的10项规定是：①符合国家有关法律法规和产业政策的规定。②实物质量在同类产品中处于国内领先地位，并达到国际先进水平；市场占有率、出口创汇率、品牌知名度居国内同类产品前列。③年销售额、实现利税工业成本费用利润率、总资产贡献率居本行业前列。④企业具有先进可靠的生产技术条件和技术设备，技术创新、产品开发能力居行业前列。⑤产品按照采用国际标准或国外先进标准的我国标准组织生产。⑥企业具有完善的计量检测体系和计量保证能力。⑦企业质量管理体系健全并有效运行，未出现重大质量责任事故。⑧企业具有完善的售后服务体系并有效运行，顾客满意程度高。⑨企业不得使用国

(境)外商标。⑩近三年内没有被省(自治区、直辖市)级以上质量监督抽查判为不合格的经历;出口产品没有遭到国外索赔;没有发生质量、安全事故;没有发生经查证属实的重大质量投诉。该《管理办法》还规定中国名牌产品称号、标志只能用在被认定型号、规格的产品上,不得扩大使用范围。禁止转让、伪造中国名牌产品标志及其特有的或者与其近似的标志等。

国家工商管理总局对驰名商标的认定始于1989年。当时,为解决北京"同仁堂"在日本遭到恶意抢注的纠纷案,国家工商管理总局开始了对驰名商标的认定。一般来说,驰名商标应具备以下条件:

(1)商标设计具有独创性。

(2)商标使用时间较长。

(3)商标所指定的商品或服务项目的质量优良且稳定。

(4)使用商标的商品或服务项目,市场覆盖面大,且销售量大。

(5)该商标的广告投入与商品的销售量或服务收入成正比增加。

(6)在有关国家注册了该商标并销售使用该商标指定的商品或开展经营服务。

(7)在同行中有很高的知名度和信誉。

(8)为相当范围内的消费者所熟知。

二、品牌与商标分类

按照不同标准,品牌与商标可以分为以下几种类型。

(一)按照构成元素

品牌与商标可分为文字型、图形型和组合型。文字型品牌与商标是仅由文字构成的品牌与商标。其特点是简明易懂,方便记忆。我国的文字品牌与商标通常用汉字表示,也有加写汉语拼音或拉丁字母的。图形品牌与商标是由图形或符号构成的。其特点是形象鲜明,但不便呼叫且易与其他图形混淆。目前,单纯的图形品牌与商标比较少见。组合品牌与商标是由文字和图形/符号组合而成的品牌与商标。它兼顾了文字品牌与商标与图形品牌与商标二者的优点,既具较强的特征,又易懂易记,方便呼叫。组合品牌与商标是目前应用最广泛的品牌与商标形式。

(二)按照所有者

品牌与商标可以划分为生产者品牌与商标、销售者品牌与商标、服务品牌与商标及集体品牌与商标。生产者品牌与商标又称为制造者品牌与商标,表明商品的所有者是该商品的生产者。目前,此类商标在我国已注册商标中数量最多。销售者品牌与商标又称为经营者品牌与商标,是商品经营者或销售者为销售产品而使用的品牌与商标。服务品牌与商标，是把服务企业的名称、营业标记等作为品牌与商标，作为识别服务企业的标记。集体品牌与商标，是指团体、协会或者其他组织注册，供该组织成员在商事活动中使用，以表明使用者在该组织中成员资格的标志。

（三）按照使用目的，品牌与商标可以分为一般品牌与商标、证明品牌与商标等

一般品牌与商标是用来将所有者的商品/服务与竞争者的产品/服务区分开来，便于购买者识别。证明品牌与商标指由对某种商品或者服务具有监督能力的组织所控制，而由该组织以外的单位或者个人使用于其商品或者服务，用以证明该商品或者服务的原产地、原料、制造方法、质量或者其他特定品质的标志。证明商标又可分为质量证明商标和原产地证明商标，质量证明商标专为标识产品质量而使用的商标。例如，绿色食品标志，纯羊毛标志等。原产地证明商标专门用来标识产品及其质量源于的原产地。

（四）按注册与否，商标分为注册商标和未注册商标

注册商标是依法注册予以核准，受法律保护的商标，注册者有专有权，使用权、转让许可权，任何人未经商标注册人许可，不得仿效或使用。未注册商标是未办理注册手续，不受法律保护的商标。

三、品牌与商标的作用

品牌与商标是企业的无形资产。一个成功的品牌，能够为其所有者不断带来超额利润。今天的市场竞争，很大程度上就是品牌竞争。市场经济在一定程度上就是名牌经济，市场竞争的最终局面就是名牌瓜分天下。谁拥有名牌，谁就拥有成功。品牌是打开市场的通行证。今天的市场已明显地向名牌集中。品牌的作用体现在：

(1)有利于买者识别并选购商品。这是品牌的原始功能——识别功能。

(2)有利于监督质量，促使企业保证和提高产品质量，保护购买者的利益。这是品牌的延伸功能。

(3)有利于广告宣传，促进产品销售。品牌的促销功能在市场经济条件下尤其明显。

(4)有利于维护企业的正当权益。品牌经注册登记成为注册商标，该产品及其市场效益就受到法律的保护，防止他人假冒。

(5)有利于市场细分，培养顾客偏好与顾客忠诚，培养稳定的顾客群。

(6)有利于树立形象，提高企业及产品知名度与美誉度。

(7)有利于提高产品附加价值，增加利润。

四、品牌与商标设计原则

品牌与商标能否发挥应有的作用,成为不断增值的无形资产并推动企业成长,最终被培育成名牌与驰名商标,这在很大程度上,依赖于品牌与商标的成功设计。即依赖于能否设计出让消费者喜爱并认同的品牌与商标。这是品牌与商标战略的基础性策略。因此,从市场营销的角度来看,品牌与商标的设计应注意以下几个原则:

(一)新奇独特

品牌与商标是产品的标识,必须有显著特征。一种品牌或商标,代表着一种产品的特性、质量和企业的商誉。品牌的设计无论是文字、图案还是色彩的运用都要创意新颖、构思独特、风格迥异,能突出企业的精神风貌、产品特性,使之具有显著的标志性、专用性、提示性。这种特点越强,消费者越易于区分,过目不忘、印象深刻、产生联想、引起兴趣,从而激发消费者的购买欲望。

(二)美观大方

品牌与商标的标志构图巧妙、形象生动、美观大方,名称设计寓意美好、发音易于上口、悦耳动听,这样的品牌或商标易于引起消费者的注意,能给消费者视觉、听觉以美的享受,对消费者产生强烈的艺术感染力和心灵的震撼,易于建立认同感。

(三)简洁明了

品牌与商标设计的图案简洁明快,名称简单明了、易读、通俗易懂,能传递给消费者明确的信息,易于消费者识别、接受、记忆、准确理解 ,进而利于消费者产生印象、想象、联想。否则,如果商标语品牌的图案、文字复杂难懂,消费者不易辨认、记忆、理解,将影响消费者对商品和企业的认知。

(四)遵循法律规定

品牌与商标设计一定要遵循国家商标法和国际商标法的有关规定。如有关国家的名称、国旗、军旗、国徽不允许用做商标;有关国际国内组织的旗帜、徽记、名称不允许用做商标等。符合精神文明、社会道德规范的要求。

(五)适应风俗习惯

不同的消费者,由于文化、民族特点不同,具有不同的风俗、习惯及信仰;不同的文字术语、符号、颜色、图案在不同的国家、民族,其意义迥异。因此,在品牌设计中要充分考虑不同消费者的不同心理要求,适应消费者的喜爱和偏好,尊重消费者的风俗习惯和信仰,避其所忌。不给消费者产生不良印象,避免给企业带来不良后果。这一点对于有志打入国际市场的企业在进行品牌设计时要特别留意的。

五、品牌与商标策略

为了使品牌与商标在市场营销中更好地发挥作用，必须制定与实施适当的品牌与商标策略。品牌与商标策略是企业产品策略的重要组成部分。主要包括以下几种策略。

(一)用否策略

在制定品牌与商标策略时，首先要决策的就是是否使用品牌与商标。使用品牌与商标无疑对于大多数产品和企业，如前所说有着十分重要的意义。而从另一个角度看，使用品牌与商标意味着企业要承担相应的责任，如要保持产品质量的稳定，要投入一定的成本费用对品牌进行广告宣传，要履行法律规定的义务等。若企业无力承担这些责任与费用，就大可不必使用品牌。选择不使用品牌与商标策略的主要情况有以下几种。

1. 从产品经营者的角度来看　一些产品尚不定型的新创企业；或无力承担商标使用宣传推广费用的企业；进行承接加工、非长期批量经营某产品的企业；等等。

2. 从产品本身的性质来看　有些以规格划分的匀质产品（如煤炭）；无一定技术标准，在生产过程中无法形成与其他产品相区别的特征，消费者也不是凭品牌与商标来决定购买的，例如，蔬菜、水果、原料等。顾客按爱好选购的小商品。

3. 从产品的经营特点来看　有些产品属于国家计划统一调拨的产品，由国家统一经营，例如，飞机、特殊原材料、大型设备等，可以不使用商标。

(二)归属策略

企业一旦决定使用品牌，就要考虑使用谁的品牌。可以使用制造商的品牌、销售商的品牌，也可混合使用前两者的品牌。对于财力比较雄厚，生产技术和经营管理水平比较高的企业一般都力求使用自己的品牌。但在竞争激烈的市场条件下，短时间创立一个有影响力的品牌并非易事，因此，在有些情况下，企业也可考虑使用别的企业已有一定市场信誉的品牌。使用他人的品牌，好处是：可以利用许可方品牌信誉，迅速打开市场，获得许可方技术和管理方面的援助，利用许可方销售渠道和维修服务网络，减轻企业在这方面的压力；不承担或少承担产品广告宣传上的责任。使用他人品牌，也存在着一些风险和后顾之忧。比如，企业丧失了对产品销售价格的控制；双方协议期满后，如果许可方不愿再续订协议，企业可能会陷入销售困境；最大的损失则可能是丧失了创立自己品牌形象的机会。总之，企业应根据自身条件，综合考虑自创品牌和使用他人品牌两种情况下各自的利弊，反复权衡，再作决定。

(三)统分策略

决定使用本企业的品牌与商标,还面临着进一步的品牌与商标策略选择。对于企业的所有产品,或不同产品线的产品,或同一产品线下的不同产品到底如何使用品牌与商标,仍有以下几种策略可供选择:

1. 同一品牌与商标策略　又称为统一品牌与商标策略,即企业所有产品都统一使用同一品牌。例如,美国通用电气公司的产品都使用“GE”这个品牌。采用此策略的好处是,可减少品牌与商标设计费,注册费、续展费等有关费用;做一种品牌与商标的广告宣传可使所有的产品受益,节约大量广告费用,降低促销成本;有助于显示企业实力,塑造企业及品牌形象;同时,如果品牌声誉很高,还有助于新产品推出。不足之处是,某一产品的问题,会影响整个品牌形象,危及企业的信誉。因此,在采用该策略时应注意,其仅适用于这种品牌在市场上已获得一定的信誉;各种产品具有相同的质量水平,否则不宜使用。

2. 个别品牌与商标策略　个别品牌商标策略又称为不同品牌商标策略,指企业为不同的产品分别使用不同的品牌商标。例如,上海牙膏厂使用美加净、中华、黑白、庆丰等品牌就是采用的这种策略。采用不同品牌商标策略的优点是:

(1)使企业能够针对不同的细分市场需求采取有针对性的营销活动。

(2)使企业能够生产不同品质和档次的产品,为企业综合利用资源创造了条件。

(3)使企业的整体声誉不会受到个别产品声誉降低的影响。

(4)分散了企业使用商标过程中的风险。

(5)有利于企业提高生产经营的灵活性。

这种策略,缺点在于,品牌商标较多会影响广告效果,易被遗忘;需要较强的财力支持,因此,一般适宜于实力雄厚的大中型企业采用。

3. 分类品牌商标策略　即企业对其不同类产品分别使用不同的品牌。这样,同一类别的产品即同一产品线下的不同产品实行同一品牌策略,以兼收统一品牌和个别品牌策略的益处。例如健力宝集团,饮料类使用的品牌为“健力宝”,运动服装类使用的品牌为“李宁牌”。

4. 多品牌商标策略　是指企业对同一产品使用两个或两个以上的品牌商标。对同一产品不同等级使用不同品牌商标,可以确保企业声誉。如西安搪瓷厂:甲品为骆驼牌,乙品为山羊牌。可吸引不同的顾客,提高总的市场占有率。同一产品使用多个品牌与商标,虽然会使原有品牌的销售量减少,但几个品牌加起来的总销售量却可能比原来一个品牌时要多。例如,宝洁公司在中国市场的洗发香波就有四个品牌:“海飞丝”、“飘柔”、“潘婷”、“沙宣”。每个品牌都有其鲜明的个性,都有自己的发展空间,如“海飞丝”的个性为去头屑、“飘柔”的个性是使头发光滑柔顺,而“潘婷”的个性在于对头发的营养保健,四者在中国市场的总占有率高达60%以上。但是,品牌并非多多益善。在推出多种品牌时,可能每种品牌都只有很小的市场占有率,而无一个特别获利的,那么采用多品牌策略对企业来说,就是一种资源浪费。企业必须废除较弱的品牌,集中力量于少数有利的品牌;发展新的品牌,应着眼于更利于打击企业外部的竞争品牌,而不是企业内部的自相竞争。

5. 家族品牌策略 即企业名称加个别品牌策略,又可称作父子品牌与商标。即企业在个别品牌与商标或分类品牌与商标之前分别冠以企业名称。例如,美国通用汽车公司(GM),生产的各种轿车,即有各自的个别品牌,像“凯迪拉克”、“雪佛莱”等,前面另加“GM”,以示系通用汽车公司的产品。这一策略,可以使新产品系统化,借助企业信誉扩大品牌影响。

(四)品牌商标延伸策略

又可称为品牌与商标扩展策略。品牌与商标延伸是指企业利用其成功品牌的声誉来推出改进产品或新产品。品牌延伸通常有以下两种做法:

1. 纵向延伸 企业先推出某一品牌,成功后,又推出新的经过改进的该品牌产品;接着,再推出更新的该品牌产品。例如,宝洁公司在中国市场,先推出“飘柔”洗发香波,然后又推出新一代“飘柔”洗发香波。

2. 横向延伸 把成功的品牌用于新开发的不同产品。例如,巨人集团,以“巨人”品牌先后推出计算机软件、生物制品和药品等一系列产品。品牌延伸可以大幅度降低广告宣传等促销费用,使新产品迅速、顺利地进入市场。这一策略如运用得当,有利于企业的发展和壮大。然而,品牌延伸未必一定成功。另外,品牌延伸还可能淡化甚至损害原品牌的形象,使原品牌的独特性被逐步遗忘。所以,企业在品牌延伸决策上应审慎行事,要在调查研究的基础上,分析、评价品牌延伸的效果,在品牌延伸过程中还应采用各种措施尽可能地降低对原品牌的冲击。

(五)品牌重新定位策略

品牌的重新定位是指由于市场情况发生变化,原有品牌定位不适应消费者变化的偏好或竞争者品牌的影响,而对产品品牌进行重新定位。企业在进行品牌重新定位策略时,要全面考虑两方面的因素:第一,产品品牌从一个细分市场转移到另一个细分市场的费用,重新定位的距离越远,重新定位的费用越高;第二,企业定位于新位置的品牌能获收益多少。收益多少取决于此细分市场的顾客数量、平均购买率、竞争者的实力及数量等。企业应对各种品牌重新定位方案进行分析,权衡利弊,从中选优。

【复习思考题】

1.产品的整体概念包含哪几个层次？产品的本质是什么？无形产品的特征是什么？

2.什么是产品生命周期？试述产品生命周期的四个阶段？

3.延长产品市场生命周期的主要方法有哪些？如何缩短进入期？衰退期怎么办？

4.什么是产品组合？企业在调整和优化组合产品时可以采取哪些策略？

5. 什么是新产品？新产品“新”的标志是什么？

6.进行新产品开发有哪些步骤？

7.什么是品牌？品牌与商标的异同是什么？

8.品牌设计的原则有哪些？品牌策略有哪些？

9.产品包装策略有哪些？

【案例】

产品生命周期与市场营销组合——养生堂公司的市场演进策略

随着科学技术的飞速发展和消费需要的多样化、差异化，每年市场上都有许多新产品出现，但每种新产品能否获得成功及其成功的程度却是各不相同。有的新产品一上市，就以惊人的魔力迅速占领市场；有的新产品上市初期销路尚好，但随着时间的推移，销售下滑；有的新产品上市初期，并没有很多消费者乐于接受，但慢慢的其销路不断扩大；有的新产品根本打不开销路，很快在市场上销声匿迹。养生堂公司的过人之处，就在于清醒地意识到：面对快速更新的市场，如果不能保持产品和品牌的长期活力，将会被市场无情淘汰。所以，必须根据产品在市场上所经历的不同生命周期，通过一系列的营销组合，不时地出现新鲜的信息来增强产品和品牌的竞争力。而在众多的营销组合中，养生堂公司运用得最多、也最为得心应手的就是明确独特的品牌定位、富有创意的广告和灵活恰当的公益活动上。

从 1995 年开始，娃哈哈、乐百氏等企业先后打进瓶装水市场，并逐步确立了领导者的位置。两者最初都是由儿童食品发展到纯净水产品上来的，儿童乳酸奶制品和以青年时尚为指向的纯净水成为其两大主力。然而，由于这两类产品的定位和目标市场差异明显，因而娃哈哈和乐百氏都面临着一个尴尬的局面：无论哪一类产品的市场份额要进一步发展，都必须要解决将来势必无法共享一个品牌的矛盾。而“养生”本身就有关乎生命健康的含义，使得这一品牌有较大的延伸空间，养生堂公司在原来的保健品行业所具有的品牌效应,可以部分地延伸到饮用水行业上。同时,“农夫”二字给人以淳朴、敦厚、实在的感觉,“农”相对于“工”,远离了工业污染,“山泉”则给人以回归自然的感觉。农夫山泉可以靠其淳朴自然和养生堂的健康形象打天下,比起以少儿用品起家的娃哈哈、乐百氏更有些优势。

农夫山泉的市场投入期,便实施了差异化战略,强调其产品的类别、水源、设备、包装、价格、口感和市场定位与同行其他企业的差别。农夫山泉是取自千岛湖水面下70米无污染活性水为原料,并经先进工艺进行净化而成。在这一水源差异上,以“千岛湖的源头活水”来强调其水源的优良;同时,千岛湖作为华东著名的山水旅游景区和国家一级水资源的保护区拥有极高的公众认同度,这使农夫山泉形成了一个独占的良好品牌形象,“好水喝出健康来”。同时,在农夫山泉上市不久所策划的“千岛湖寻源”的大型活动,更是让消费者能够到其生产基地亲自探根寻源。

在包装差异上,先是1997年在国内首先推出了4升包装,1998年初又推出运动瓶盖,农夫山泉并不是第一个采用了运动瓶盖,1998年3月份,上海老牌饮料正广和率先推出运动瓶盖。但值得注意的是,农夫山泉显然比正广和棋高一招:正广和在其宣传中只是生硬理解了运动瓶盖的运动性、方便性,并在广告中选择了一些运动场景;而农夫山泉则把运动瓶盖解释为一种独特的带有动作特点和声音特点的时尚情趣,选择中小学生这一消费群作为一个切入点,“课堂篇”广告中:“哗扑”一声和那句“上课时不要发出这种声音”,让人心领神会、忍俊不禁,使得农夫山泉在时尚性方面远远超出了其他品牌。

养生堂生产的农夫山泉瓶装水以一种清新、自然的特性进入瓶装水市场,打破了瓶装水娃哈哈和乐百氏二分天下的局面,在瓶装水市场上取得了一席之地。从1997年4月养生堂生产出第一瓶纯净水,到1998年养生堂的纯净水市场占有率已在全国占到第三位。据中华全国商业信息中心市场监评处对全国重点商场主导品牌的监测,1998年农夫山泉市场综合占有率居于第三,仅次于娃哈哈和乐百氏,一举冲入纯净水市场的三甲行列。

在农夫山泉产品逐步进入成熟阶段后,养生堂公司开始寻求新的产品定位。一方面,农夫山泉运动瓶盖的独特设计容易让消费者产生与运动相关的联想,值得将之作为一大卖点来推广。再者,饮料企业与运动的联姻由来已久,可口可乐和百事可乐便是借助竞技体育这一载体向中国饮料市场进行渗透的。于是,农夫山泉便开始贯彻其与体育事业相结合的策略,但它并不单纯靠搭体育之便车来推广产品,也着力传播善待生命、关注健康、重视运动的理念和品牌形象:从1998年赞助世界杯足球赛中央五套的演播室;1999年成为中国乒乓球队唯一指定用水;到2000年被国家体育总局选为第27届奥运会中国体育代表团唯一饮用水赞助商,成为2001—2004年中国奥委会的长期合作伙伴和荣誉赞助商。当时，农夫山泉推出了“奥运军团喝什么水”的竞猜，广告打着“关心金牌从关心运动员开始”的旗帜，建议“为中国体育健儿选择一种天然、健康、安全的好水”，在关心运动健儿的同时，也在传达和引导着一种健康的时尚。

【案例思考】

1.“农夫山泉”瓶装水如何快速进入市场？

2.“农夫山泉”瓶装水在市场快速成长的原因是什么？

第八章　价格策略

【学习目的】

1. 掌握商品定价的依据。
2. 熟悉企业定价的目标。
3. 掌握企业定价的方法与定价策略。

第一节　定价的客观依据

产品的价格确定必须科学合理。商品的定价应该以商品的价值为依据,并要符合顾客的心理。对于企业来说,要做到科学定价,把价格定得恰到好处首先需要了解定价的客观依据。一般而言,产品的价格主要受企业定价目标、产品成本、市场需求、竞争者价格以及政府政策等这些因素的影响。

一、定价目标

定价目标是指企业通过制定、执行一定的价格策略,达到的某一预期目的。企业在制定定价目标时需要注意以下三个问题。

第一,定价目标必须与企业营销目标一致。企业的定价必须要服从于企业的定价目标,而企业定价目标的确定必须依据企业的营销目标和企业所处的具体内外部经营环境。因此,在不同的时期、不同的环境下,企业可能会有不同的定价目标。

第二,定价目标可以分成两个层次。一类是战略性的定价目标。这类定价目标的定价行为追求的是企业长远的战略性目标。另一类是属于战术性的定价目标。这类定价目标是企业基于对市场的具体竞争与需求的分析,为刺激需求或打击竞争对手而采取的一些策略性的定价行为。

第三,定价目标不同,定价行为不同。如企业追求短期利润最大化的定价目标通常采取的是高定价行为;打击竞争对手的定价目标采取的是相对降价行为;追求最大市场占有率定价目标采取的是低价行为。

具体来讲，企业的定价目标有四个，分别是：维持企业生存、当期利润最大化、市场占有率最大化、产品质量最优化。

（一）维持企业生存

企业生产经营的最低要求就是能生存下去，企业要维持正常的运行，就要具备支付工人的工资、管理费用等其他必须开支的能力。当企业面临激烈的市场竞争、产品积压等影响企业生存时，往往选择维持生存的定价目标。事实上，维持生存的定价目标是企业的最低目标，为实现这一目标，企业在给产品定价时，产品的最低价格就要定在产品总成本之上。如果企业产品的定价长期低于产品总成本，那么企业就会出现“收不敷出”，最终导致企业的衰亡。

（二）当期利润最大化

经济学和管理学认为，企业生产经营的目标是利润最大化。企业要实现当期利润最大化必须找到一个利润最大化的标准，说明在什么时候，企业就实现了利润最大化。经济学家给出的利润最大化的标准是边际收益等于边际成本（$MC=MR$）。当企业生产的产品使边际收益和边际成本相等时，这种产量就实现了利润最大化。企业的边际收益（MR）实际上就是产品的价格，所以当边际成本等于边际价格时，企业会实现利润最大化的目标。利润最大化只是一个原则。不同行业的不同企业在运用这个原理时也会有所不同。有的企业会追求利润率最大化，有的企业会追求利润量最大化，有的企业更偏重短期利润最大化，有的企业会为了长期利润最大化而改变短期的好处。这些不同的目标既取决于企业自己的目的，尤其是企业决策者的偏好，也取决于它所处的市场环境。

（三）市场占有率最大化

市场占有率又称“市场份额”。它是指企业商品销售量（销售额）在同类行业商品销售量（额）中所占的比例。市场占有率是分析企业竞争状况的重要指标，也是衡量企业营销状况的综合经济指标。市场占有率高，表明企业营销状况好，竞争能力强，在市场上占有有利地位；反之，则表明企业营销状态差，竞争能力弱，在市场上处于不利地位。因此，市场占有率的最大化是企业追求竞争优势的一种最有效的方法。

很多企业的市场战略都追求更大的市场占有率，希望通过市场占有率的提高获得更大利润。但在市场的实际竞争中，有时为提高市场占有率所付出的代价会高于它所获得的收益。在大多数情况下，提高市场占有率会有利于利润的增长，例如在产品生命周期的成长期，通过降价快速拓展市场确实非常有可能在成熟期得到回报。当市场快速成长的时候，总是会爆发价格战，原因就在于：降价使企业在单个产品的利润上的损失，可以通过扩大销售总额来获得补偿，而且，如果获得了较大的市场份额，在未来一段时期内，这些老客户都能为企业创造价值。

(四)产品质量最优化

质量是一个产品或服务的特色和品质的总和。产品的价值和质量是产品定价最重要的因素。产品的价值和质量是顾客最为关心、最为敏感、最为实质性的方面。通常所说的“物有所值”，就是说，某一产品的价格与它的质量相符。在市场经济条件下，好货的价格都应处于一个合理的范围内。同时，一些消费者认为“贵的不一定就是好货，但是便宜的肯定不是好货”，而情愿购买“物有所值”的好产品，即使价格高一些也无妨。因此，企业为维护产品高质量的企业形象可选择产品质量最优化的定价目标，给高质量的产品制定一个合理的高价。

二、产品成本

生产产品必须要花费成本。所谓产品成本就是指企业为生产产品、提供服务而发生的各种耗费的总和。根据成本是否随产品产量变动，把成本分为固定成本和变动成本。不随产量增减而变动的成本叫做固定成本，变动成本随着产量增加而增加。产品成本包括：借入资金的利息、租用厂房和设备的租金、固定资产的折旧费、原材料与燃料费用、管理费用、职工的工资、销售费用，等等。固定成本与变动成本之和即为产品总成本。产品成本的高低直接影响产品的定价。其影响如图8-1所示。

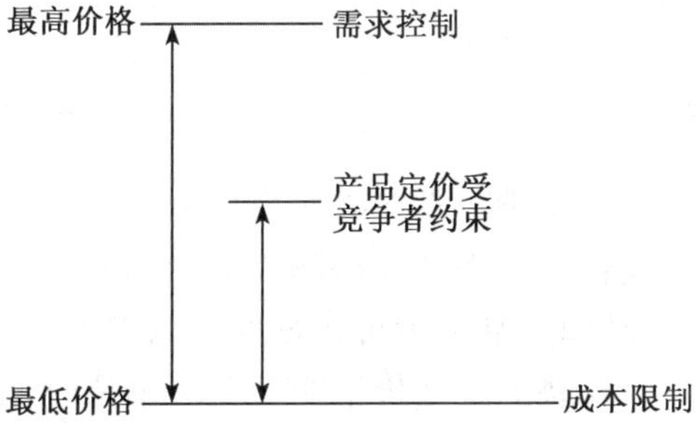

图8-1 产品定价受产品成本的影响

产品成本是企业定价时的最低标准(最低价格)。产品价格也有最高价格限制，产品的最高价格由市场需求决定，那么，企业的定价空间应该在产品成本(最低价格)和最高价格之间。

三、市场需求

需求是利润之源，成本是利润之据。需求决定产品定价的最高价格，此外，需求价格弹性对定价也会产生影响。需求价格弹性（通常用 E_d 表示）反映需求量对价格的敏感程度，以需求变动的百分比与价格变动的百分比之比值来计算。

$$E_d = \frac{\frac{\Delta Q}{Q} \times 100\%}{\frac{\Delta P}{P} \times 100\%}$$

在其他条件不变的条件下，通过改变销售价格，测定消费者在不同价格水平下的购买量，从而模拟出需求价格曲线，见图 8-2。计算出需求弹性。需求曲线可以直观地帮助厂商找到一些定量指标。

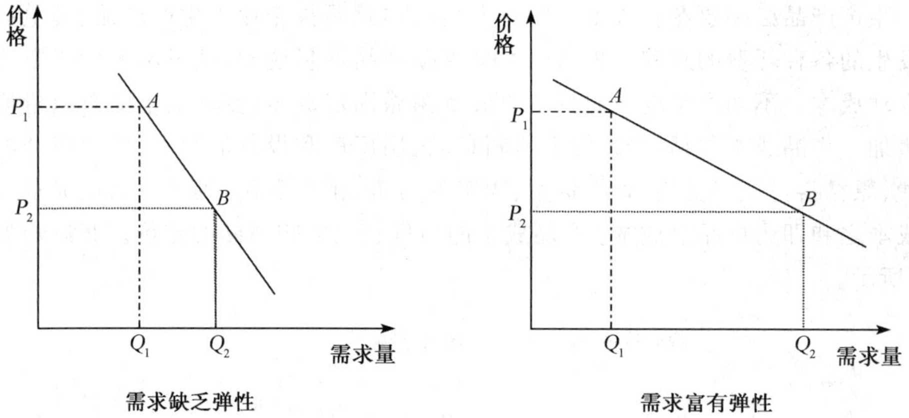

图 8-2 需求价格曲线

1. 最大潜在权限　也就是当产品在最低价格（企业的单位产品总成本）时的需求率，以帮助企业确定本品牌产品最大可挖掘的市场潜力。

2. 价格需求弹性　它反映的是当价格变动一个单位时，需求量变化的数量，通过这个指标在不同价格段的数值变化，可以发现企业最佳的价格变动幅度，以及找出能够改变价格策略的关键点。

3. 价格细分市场的分界价格　可以找出本品牌的忠诚客户群，及通过价格策略改变的可争取的客户群。

具体操作方法为：根据顾客需求的价格弹性定价。凡价格弹性较大的产品，宜采用低价，实行“薄利多销”；反之，价格弹性较小的产品，宜采用较高的价格，以获取厚利。或者对于缺乏弹性的商品,适宜于稳定价格或适当提价。富有弹性的商品,适宜于适当降价,以扩大销量。价格需求弹性研究可以对商家定价、价格变动之前给出定量的参考值,也可以在商家进行价格策略变动之后检测策略的效果,有着较好的预警功能与指导意义。

四、竞争者价格

竞争者价格的高低也会对企业的定价产生影响,如果企业与竞争者的价格差距太大,企业产品的销售量就会急剧的变动,不利于企业的稳定发展。竞争者的价格直接影响企业的销售量,一旦竞争对手在价格上进行调整,企业就必须在价格或产品的其他方面做出相应调整。竞争者如果采用降价的策略,企业就要采用适当的降价或提高产品质量等方法来应对竞争压力,否则,企业产品的市场份额可能被竞争者抢占过去,那时,企业再想夺回难度就大了。

五、政府政策

在市场经济中,政府不直接干预市场行为,但政府须要对经济宏观调控,政府在出台的经济政策中就包括商品价格的规定,以规范和指导企业的定价行为。例如,黄金价格、一些药品价格和其他一些涉及国计民生的商品的价格,国家都给出了相关的价格政策或指导价格;国家计委出台的《禁止价格欺诈行为的规定》中 13 种价格行为被列为价格欺诈行为。因此,企业在定价时,应根据政府有关价格政策对产品进行定价。

第二节 定价方法

在市场竞争中,企业对产品定价的主要目的是为了适应市场需求,扩大销售,增加利润,为企业获得最佳经济效益。因此,企业在定价时,宜根据市场行情的变化、企业产品的特点及消费者心理等因素,灵活地运用科学的定价方法给产品定价。常用的定价方法有成本导向法、需求导向法、竞争导向法等。

一、成本导向法

所谓成本导向法就是以产品成本为基础,加上一定比例的预期利润率来制定价格的方法,又称“成本加成”定价法。

成本导向定价是企业定价首先考虑选用的定价方法。成本是企业生产经营过程中所发生的实际耗费,这种耗费需要通过商品的销售得到补偿,因此销售时,至少要获得大于成本的收入，超出的部分表现为利润。成本导向定价法，是中外企业最常用、最基本的定价方法。成本导向定价法又衍生出了总成本加成定价法、目标收益定价法、边际成本定价法、盈亏平衡定价法等几种具体的定价方法。

(一)总成本加成定价法

这种定价方法把所有为生产某种产品而发生的耗费都计入成本的范围，计算单位产品的变动成本，合理分摊相应的固定成本，再按一定的目标利润率来决定价格。其计算公式为：

单位产品价格＝单位产品总成本×(1＋目标利润率)＝(单位产品变动成本＋总固定成本/产品数量)×(1＋目标利润率)

例如，某电视机厂生产 2 000 台彩色电视机，总固定成本 600 万元，每台彩电的变动成本为 1 000 元，确定目标利润率为 25%。则采用总成本加成定价法确定价格的过程如下：

$$单位产品固定成本=\frac{6\ 000\ 000\ 元}{2\ 000\ 台}=3\ 000\ 元/台$$

单位产品变动成本＝1 000 元

单位产品总成本＝4 000 元

单位产品价格＝4 000×(1＋25%)＝5 000(元)

采用成本加成法定价，确定合理的成本利润率是一个关键问题。而预期利润率的确定，必须考虑市场环境、行业特点等多种因素。某行业的某一产品在特定市场以相同的价格出售时，成本低的企业能够获得较高的利润率，并且在进行价格竞争时可以拥有更大的回旋空间。

在用成本加成法计算价格时，对成本的确定是建立在假设销售量达到某一水平的基础上进行的。因此，若产品销售出现困难，则企业预期利润就很难实现，甚至连成本补偿都不能满足。但是，这种方法也有一些优点：首先，简化了定价工作，便于企业开展经济核算；其次，若某个行业的所有企业都使用这种定价方法，他们的价格就会趋于一致，因而价格竞争的激烈程度就会有所缓解；再次，在成本加成的基础上制定出来的价格对买、卖双方来说都比较公平，卖方能得到正常的利润，买方也不会觉得受到了额外的剥削。成本加成定价法一般在租赁业、建筑业、服务业、科研项目投资以及批发零售企业中得到广泛的应用。有些企业虽然不用这种方法定价，但他们也多把用此法计算的价格作为参考价格。

(二)目标收益定价法

目标收益定价法又称“投资收益率定价法”,它是根据企业的投资总额、预期销量和投资回收期等因素来确定价格。

假设上题中,建设电视机厂的总投资额为800万元,投资回收期为5年,则采用目标收益定价法确定价格的基本步骤为:

1. 确定目标收益率

$$目标收益率=\frac{1}{投资回收期}\times 100\%=\frac{1}{5}\times 100\%=20\%$$

2. 确定单位产品目标利润额

$$单位产品目标利润额=\frac{总投资额\times 目标收益率}{预期销售量}=\frac{8\ 000\ 000\times 20\%}{2\ 000}=800(元)$$

3. 计算单位产品价格

$$单位产品价格=\frac{固定成本}{预期销售量}+单位变动成本+单位产品目标利润额=$$

$$\frac{6\ 000\ 000}{2\ 000}+1\ 000+800=4\ 800(元)$$

与成本加成定价法相类似,目标收益定价法也是一种生产者导向的方法,很少考虑到市场竞争和需求的实际情况,只是从保证生产者的利益出发制定价格。另外,对于那些需求弹性较大的产品,用这种方法制定出来的价格,难以保证销量的实现。那么,预期的投资回收期、目标收益等也就只能成为一句空话。不过,对于需求比较稳定的大型制造企业、供不应求且价格弹性小的商品、市场占有率高、具有垄断性的商品,以及大型的公用事业、劳务工程和服务项目等,在科学预测价格、销量、成本和利润四要素的基础上,目标收益法仍不失为一种有效的定价方法。

(三)边际成本定价法

边际成本(*MC*)是指每增加或减少单位产品所引起的总成本的变化量。由于边际成本与变动成本比较接近,而变动成本的计算更容易一些,所以在定价实务中多用变动成本代替边际成本,而将边际成本定价法称为变动成本定价法。

采用边际成本定价法时,是以单位产品变动成本作为定价依据和可接受价格的最低界限。在价格高于变动成本的情况下,企业出售产品的收入除完全补偿变动成本外,尚可用来补偿一部分固定成本,甚至可能为企业提供利润。

例如,某制鞋厂在一定时期内发生固定成本80 000元,单位变动成本0.7元,预计销量为100 000双。在当时市场条件下,同类产品的价格为1元/双。那么,企业是否应该继续生产呢？其决策过程应该是这样的：

固定成本＝80 000 元

变动成本＝0.7×100 000＝70 000(元)

销售收入＝1×100 000＝100 000(元)

企业盈亏＝100 000－70 000－80 000＝－50 000(元)

按照变动成本定价，企业出现了 50 000 元的亏损，但是作为已经发生的固定成本，在不生产的情况下，已支出了 80 000 元，这说明按变动成本定价时可减少 30 000元固定成本的损失，并补偿了全部变动成本 70 000 元。若低于变动成本定价，如市场价格降为 0.7 元/双以下，则企业应该停产，因为此时的销售收入不仅不能补偿固定成本，连变动成本也不能补偿，生产得越多，亏损便越多，企业的生产活动便变得毫无意义。

边际成本定价法改变了产品售价低于总成本便拒绝交易的传统思想，在竞争激烈的市场条件下具有极大的定价灵活性，对于有效地对付竞争者，开拓新市场，调节需求的季节差异，形成最优产品组合发挥出巨大的作用。但是，过低的成本有可能被指控为不正当竞争行为，并招致竞争者的报复，在国际市场则易被进口国认定为"倾销"，产品价格会因"反倾销税"的征收而急剧上升，失去其最初定价的意义。

(四)盈亏平衡定价法

在销量既定的条件下，企业产品的价格必须达到一定的水平才能做到盈亏平衡、收支相抵。既定的销量就称为盈亏平衡点，这种制定价格的方法就称为盈亏平衡定价法。科学地预测销量和已知固定成本、变动成本是盈亏平衡定价的前提。

在此方法下，为了确定价格可利用如下公式：

$$\text{盈亏平衡点价格}(P)=\frac{\text{固定成本}(FC)}{\text{预期销售量}(Q)}+\text{单位变动成本}(VC)$$

例：某企业年固定成本为 100 000 元，单位产品变动成本为 30 元/件，年产量为 2 000 件，则该企业盈亏平衡点价格：$\frac{100\ 000}{2\ 000}+30=80$(元)。

以盈亏平衡点确定价格只能使企业的生产耗费得以补偿，而不能得到收益。因此，在实际中均将盈亏平衡点价格作为价格的最低限度，通常在加上单位产品目标利润后才作为最终市场价格。有时，为了开展价格竞争或应付供过于求的市场格局，企业采用这种定价方式以取得市场竞争的主动权。

从本质上说，成本导向定价法是一种卖方定价导向。它忽视了市场需求、竞争和价格水平的变化，在有些时候与定价目标相脱节，不能与之很好地配合。此外，运用这一方法制定的价格均是建立在对销量主观预测的基础上，从而降低了定价的科学性。因此，在采用成本导向定价法时，还需要充分考虑需求和竞争情况，来确定最终的市场价格水平。

二、需求导向法

需求导向法就是根据顾客的不同需求情况，区别对待，分别定价。这种定价方法，对同一商品在同一(或不同)市场上制订两个或两个以上的价格，或使不同商品价格之间的差额大于其成本之间的差额。这种定价方法最大的好处是可以使企业定价最大限度地符合市场需求，促进商品销售，有利于企业获取最佳的经济效益。

根据需求特性的不同，需求差异定价法通常有以下几种形式。

(一)以顾客为基础的差别定价(此类定价又称价格歧视)

它指对同一产品针对不同的用户或顾客，采用不同的价格。比如，对老客户和新客户、长期客户和短期客户、女性和男性、儿童和成人、残疾人和健康人、工业用户和居民用户等，分别采用不同的价格。

(二)以空间为基础的差别定价

即随着地点或位置的不同而收取不同的价格。比较典型的例子是影剧院、体育场、飞机等，其座位不同，票价也不一样。例如，体育场的前排可能收费较高，旅馆客房因楼层、朝向、方位的不同而收取不同的费用。这样做的目的是调节客户对不同地点的需求和偏好，平衡市场供求。

(三)以时间为基础的差别定价

同一种产品，成本相同，而价格随季节、日期、甚至钟点的不同而变化。例如，电信局对用户通话峰期和闲暇期制定不同的资费标准；电影院在白天和晚上的票价有别。对于某些时令商品，在销售旺季，人们愿意以稍高的价格购买；而一到淡季，则购买意愿明显减弱，所以这类商品在定价之初就应考虑到淡、旺季的价格差别。

(四)以产品为基础的差别定价

不同外观、颜色、型号、规格、用途的产品，也许它们成本有所不同，但它们在价格上的差异并不完全反映成本之间的差异，而主要区别在于需求的不同。例如，工业用水、灌溉用水和居民用水的收费往往有别，对于同一型号而仅仅是颜色不同的产品，由于消费者偏好的不同，也可以制定不同的价格。

(五)以流转环节为基础的差别定价

企业产品出售给批发商、零售商和用户的价格往往不同，不同的经销商、代销商和经纪人销售产品，因责任、义务和风险不同，佣金、折扣及价格等都不一样。

(六)以交易条件为基础的差别定价

交易条件主要指交易量大小、交易方式、购买频率,支付手段等。交易条件不同,企业可能对产品制定不同价格。比如,交易批量大的价格低,零星购买价格高;现金交易价格可适当降低,支票交易、分期付款、以物易物的价格适当提高;预付定金、连续购买的价格一般低于偶尔购买的价格。

不是所有的商品在任何条件下都可以采用差别定价方法。差别定价的适用条件:

(1)市场可以细分,各细分市场需求程度不同;

(2)以较低价格购买产品的顾客不可能再以高价转卖出去;

(3)竞争者没有可能在企业以较高价格销售产品的市场上以较低价格竞销;

(4)细分市场和控制市场的成本费用不得超过因实行价格歧视而得到的额外收入;

(5)价格歧视不会引起顾客反感而放弃购买;

(6)采取的价格歧视不能违法。

三、竞争导向法

竞争导向定价法就是以同行业竞争对手的价格作为制定本企业同类产品价格主要依据的一种定价方法。主要有通行定价法和密封投标定价法等形式。采用竞争导向定价法定价时,如果竞争对手的产品价格有了变化,即使本企业的产品成本和市场需求量并没有变化,企业也必须改变其产品的价格;反之亦然。但是,竞争导向定价法也并不一定要把企业产品的价格与竞争者的价格保持一致,而要从企业本身的实际情况和经营目标出发,或者与竞争者同价,或者与竞争者保持一定的价格距离。

(一)通行价格定价法

通行价格定价法可以根据市场上同类商品竞争结果的可销零售价格,反向计算而确定出厂价格。计算公式是:

产品出厂价格=市场可销零售价格-零批差价-批进差价=
(同类产品市场基准零售价格±产品质量或规定差价)×
(1-零批差率)×(1-批进差率)

其中,在"同类产品市场基准零售价格"上加上或减去"产品质量或规定差价",是指在使用这种方法时,要将本企业商品的质量、品种、规格、包装等与同类竞争商品进行充分比较,确定应加价还是减价。零批差价是指同一商品在同一市场、同一时间内零售价格与批发价格之间的差额。零批差价与零售价格之比称零批差率。批进差价是指同一商品在同一市场、同一时间内批发价格与出厂价格之间的差额。批进差价与批发价格之比称“批进差率”。

例:某公司的新产品比市场上同类产品某方面性能明显优越,可以上浮5%差价,同类产品市场零售价格为3 000元,零批差率为10%,批进差率为5%,试问该新产品出厂价格应该定为多少?

分析:出厂价格$=3\ 000\times(1+5\%)\times(1-10\%)\times(1-5\%)=2\ 693.25$(元)

这种定价法着眼于市场,考虑了市场的供求和竞争因素的影响,能够较好地适应市场,有利于企业参与竞争。但是,这种定价方法与企业成本费用脱节,不一定能保证企业要求的利润。

(二)主动竞争定价法

与通行价格定价法相反,它不是被动的追随竞争者的价格,而是根据市场商品的销售实际情况及与竞争对手的商品差异状况来确定价格。采用此种定价方法定价时首先将市场上竞争商品价格与估算价格进行比较,分为高、中、低三个价格层次。其次,将商品的性能、质量、成本、式样、产量等与竞争者进行比较,分析造成价格差异的原因。再次,根据以上综合指标确定企业商品的特色、优势及市场定位,在此基础上,按定价所要达到的目标,确定商品价格。最后,跟踪竞争商品的价格变化,及时分析原因,相应调整商品价格。

(三)密封投标定价法

密封投标定价法主要用于招投标交易方式。是企业为了在社会集团(企业或事业单位)采用招标形式采购或为工程选择承包商时,为中标而采取密封投标定价的方法。投标价格是根据企业自己的成本费用、招标方需求以及对竞争者的报价预期综合考虑所确定的。企业参加投标就希望中标,所以它的报价,在其他条件与竞争对手基本相同时,应低于竞争对手的报价。企业与竞争者的报价相互是保密的,企业要估计竞争者的出价,实际上是和竞争者博弈的一个过程。一般来说,报价高、利润就大,但中标机会就会小,如果因价高而招致败标,则利润为零;反之,报价低,虽中标机会大,但利润低,其机会成本可能大于其他投资方向。因此,报价时,既要考虑实现企业目标利润,也要结合竞争状况考虑中标概率。最佳报价应是使预期利润达到最高水平的价格。此处,预期利润是指企业目标利润与中标概率的乘积,显然,最佳报价即为目标利润与中标概率两者之间的最佳组合。此外,价格最终如何制定,还受管理者对所获的价格信息的判断结果。

总之,为了形成较强且持久的获利性,公司必须把定价作为整个经营战略的一个组成部分。作为一个有战略眼光的定价者,他所应该思考的问题不是“我们需要什么样的价格才能收回成本并赚取预期的利润”，而是“在市场可接受的价格下，维持什么样的成本水平才能实现预期的利润目标”；不是“顾客愿意支付的价格是多少”，而是“我们的产品在顾客看来能值多少，以及通过更有效的沟通是否能使顾客确信该产品货真价实”；不是“什么价格才能实现销售额或市场份额目标”，而是“什么样的销售额或市场价格水平才能使公司利润最大化”。当某些顾客认为产品的价格过高时，定价者应当考虑如何进一步细分市场，进而以不同的产品和不同的分销渠道去满足不同价值标准的顾客群体，而不应当只是秘密地给这些顾客折扣。

第三节 定价策略

定价策略又称“价格策略”，是市场营销学里面最重要的组成部分之一，主要研究商品和服务的价格制定和变更的策略，以获得营销效果和收益的最佳。价格是商品价值的货币体现，是营销组合中最活跃的因素。我们日常的很多销售难题都和产品的价格息息相关：窜货、断货、砸价、无利润、市场费用捉襟见肘、产品销售不力等等。在营销活动中，似乎新商品经过一段时间降价总是顺理成章，而涨价似乎总是逆势而行，鲜有成功案例。所以预先制定一个相对均衡平稳，具有前瞻性的产品价格显得尤为重要。从大量营销实战经验来看，策略可以相对灵活，但产品的价格体系应该相对稳定，这样才有利于销售，即价格刚性，策略弹性。

一、新产品定价策略

（一）撇脂定价法

撇脂定价法是指新产品上市之初，将价格定得较高，以在短期内获取厚利，尽快收回投资。由于这种定价策略就像从牛奶中撇取其中所含的奶油一样，取其精华，所以称为“撇脂定价”策略。一般而言，对于全新产品、受专利保护的产品、需求弹性小的产品、流行产品、未来市场形势难以测定的产品等，可以采用撇脂定价策略。

撇脂定价法有以下几个优点：

(1)产品的价格高，企业能够在新产品上市之初迅速收回投资，减少了投资风险。

(2)在全新产品或换代新产品上市之初，顾客对其尚无理性的认识，此时的购买动机多属求新求奇。利用这一心理，企业通过制定较高的价格，以提高产品的身份，创造高价、优质、名牌的印象。

(3)先制定较高的价格，在其新产品进入成熟期后可以拥有较大的降价余地，不仅可以通过逐步降价保持企业的竞争力，还可以从现有的目标市场上吸引潜在需求者，甚至可以争取到低收入阶层和对价格比较敏感的顾客。

(4)在新产品开发之初，由于资金、技术、资源、人力等条件的限制，企业很难以现有的生产能力满足所有的需求，利用高价可以限制需求的过快增长，缓解产品供不应求状况，并且可以利用高价获取的高额利润进行投资，逐步扩大生产规模，使之与需求状况相适应。

撇脂定价策略也存在以下缺点：

(1)高价产品的需求规模毕竟有限，过高的价格不利于市场开拓、增加销量，也不利于占领和稳定市场，容易导致新产品开发失败。

(2)高价、高利会导致竞争者的大量涌入，仿制品、替代品迅速出现，从而迫使价格急剧下降。此时若无其他有效策略相配合，则企业苦心营造的高价优质形象可能会受到损害，失去一部分消费者。

(3)如果价格远远高于价值，在某种程度上损害了消费者利益，容易招致公众的反对和消费者抵制，甚至会被当作暴利来加以取缔，诱发公共关系问题。

从根本上看，撇脂定价是一种追求短期利润最大化的定价策略，若处置不当，则会影响企业的长期发展。因此，在实践当中，特别是在消费者日益成熟、购买行为日趋理性的今天，采用这一定价策略必须谨慎。

(二)市场渗透定价法

市场渗透定价法是指在新产品上市之初将价格定得较低，以吸引大量的购买者，扩大市场占有率。新产品采用渗透定价需要具有以下前提条件：

(1)市场需求弹性大，以便使低价格能促进市场的增长。

(2)具有规模效应，生产和销售成本必须随销售量的增加而减少。

(3)低价能够帮助排除竞争，否则价格优势只能是暂时的。

采用渗透价格的缺点是企业无疑只能获取微利。但是，由低价产生的两个好处是：首先，低价可以使产品尽快为市场所接受，并借助大批量销售来降低成本，获得长期稳定的市场地位；其次，微利阻止了竞争者的进入，增强了自身的市场竞争力。

例如，电视台给企业做广告，当电视广告客户不足时，电视台可以降低广告时段的价格，使其价格低于广告客户的预期，吸引更多的企业来购买。当购买者越来越多的时候，市场供求关系会出现新的变化，广告价格还可以再提升。一家刚刚创办的电视台，或一个新扩容的电视频道，往往采取渗透定价策略，即通过降低广告价格，使频道逐渐渗透到广告市场，最终占领市场。一些传统电视台，或老的电视频道，为了稳定客户，也会采用渗透定价策略。只不过这种定价策略，不是让企业少花钱，而是让他们花同样的钱得到更多的回报。当然，电视台在使用渗透定价时，要防止在非黄金时间、弱势频道中互相杀价，破坏电视广告的销售环境。

(三)满意定价

满意定价即在新产品投放市场时,规定一个既不高也不低的价格,兼顾生产者、中间商和消费者的利益,使各方面都感到满意。是一种在目标上兼顾赢利和竞争的定价策略,适用于一般日用必需品和重要的生产资料。这一策略可以使企业保持良好的社会形象和平常的赢利水平,减少市场竞争的风险,消费者也会认为公平可信,同时,价格不高不低,中间商觉得稳妥,因此,保持经营的积极性。

二、折扣定价策略

为了鼓励顾客及早付清货款、大量购买、淡季购买,酌情降低其基本价格,这种价格调整叫做价格折扣①。

(一)折扣定价策略

数量折扣策略就是根据顾客购买商品数量的多少,分别给予不同折扣的一种定价方法。数量越大,折扣越多。其目的是鼓励和吸引顾客长期、大量或集中向本企业购买商品。数量折扣可以分为累计数量折扣和非累计数量折扣两种形式。

1.累计数量折扣　累计数量折扣是指顾客在规定的时间内,当购买总量累计达到折扣标准时,给予一定的折扣。累计数量折扣定价法可以鼓励购买者经常购买本企业的产品。成为企业可信赖的长期客户;企业可据此掌握产品的销售规律,预测市场需求,合理安排生产;中间商也可保证货源。

运用累计数量折扣定价法时,应注意购买者为争取较高折扣率在短期内大批进货对企业生产的影响。

2.非累计数量折扣　非累计数量折扣是一种只按每次购买产品的数量而不按累计购买产品的数量折扣定价方法。其目的是鼓励客户大量购买,节约销售中的劳动耗费。

累计数量折扣和非累计数量折扣两种方式,可单独使用,也可结合使用。

(二)现金折扣策略

现金折扣策略,又称付款期限折扣策略,是在信用购货的特定条件下发展起来的一种优惠策略,即对按约定日期付款的顾客给予不同的折扣优待。现金折扣实质上是一种变相降价赊销,鼓励提早付款的办法。如付款期限一个月,立即付现款折扣5%,10天内付现款折扣3%,20天内付现款折扣2%,最后十天内付款无折扣。有些零售企业往往利用这种折扣,节约开支,扩大经营,卖方可据此及时回收资金,扩大商品经营。

---

①吴健安,王旭.市场营销学.第2版.北京:高等教育出版社,2004.

（三）交易折扣策略

交易折扣策略是企业根据各类中间商在市场营销中担负的不同功能所给予的不同折扣，又称商业折扣或功能折扣。企业采取此策略的目的是为了扩大生产，争取更多的利润，或为了占领更广泛的市场，利用中间商努力推销产品。交易折扣的多少，随行业与产品的不同而不同；相同的行业与产品，又要看中间商所承担的商业责任的多少而定。如果中间商提供运输、促销、资金融通等功能，对其折扣就较多；否则，折扣将随功能的减少而减少。一般而言，给予批发商的折扣较大，给予零售商的折扣较少。

（四）季节性折扣策略

季节性折扣策略是指生产季节性商品的公司企业，对销售淡季来采购的买主所给予的一种折扣优待。季节性折扣的目的是鼓励购买者提早进货或淡季采购，以减轻企业仓储压力，合理安排生产，做到淡季不淡，充分发挥生产能力。季节性折扣实质上是季节差价的一种具体应用。

（五）推广让价策略

推广让价是生产企业对中间商积极开展促销活动所给予的一种补助或降价优惠，又称推广津贴。中间商分布广，影响面大，熟悉当地市场状况，因此企业常常借助他们开展各种促销活动，如刊登地方性广告，布置专门橱窗等。对中间商的促销费用，生产企业一般以发放津贴或降价供货作为补偿。

（六）运费让价策略

运费让价是生产企业为了扩大产品的销售范围，对远方市场的顾客让价以弥补其部分或全部运费。企业对远方市场，一般都采用运费让价策略。

三、地区定价策略

一般地说，一个企业的产品，不仅卖给当地顾客，而且同时卖给外地顾客，而卖给外地顾客，把产品从产地运到顾客所在地，需要花一些装运费。所谓地区性定价策略，就是企业要决定对于卖给不同地区（包括当地和外地不同地区）顾客的某种产品，是分别制定不同的价格，还是制定相同的价格的决策。也就是说，企业要决定是否制定地区差价。地区性定价的形式有：

（一）FOB 原产地定价

FOB 原产地定价，就是顾客（买方）按照厂价购买某种产品，企业（卖方）只负责将这种产品运到产地双方指定的某种运输工具（如卡车、火车、船舶、飞机等）上交货。交货后，从产地到目的地的一切风险和费用概由顾客承担。如果按产地某种运输工具上交货定价，那么每一个顾客都各自负担从产地到目的地的运费，这是很合理的。但是，这样定价对企业也有不利之处，即远地的顾客就可能不愿购买这个企业的产品，而购买其附近企业的产品。

(二)统一交货定价

所谓统一交货定价，就是企业对于卖给不同地区顾客的某种产品，都按照相同的厂价加相同的运费(按平均运费计算)定价，也就是说，对不同地区的顾客，不论远近，都实行一个价。

(三)分区定价

这种形式介于前两者之间。所谓分区定价，就是企业把全国(或某些地区)分为若干价格区，对于卖给不同价格区顾客的某种产品，分别制定不同的地区价格。距离企业远的价格区，价格定得较高；距离企业近的价格区，价格定得较低。在各个价格区范围内实行一个价。企业采用分区定价也有问题：

(1)在同一价格区内，有些顾客距离企业较近，有些顾客距离企业较远，前者就不合算；

(2)处在两个相邻价格区界两边的顾客，他们相距不远，但是要按高低不同的价格购买同一种产品。

(四)基点定价

即企业选定某些城市作为基点，然后按一定的厂价加上从基点城市到顾客所在地的运费来定价(不管产品实际上是哪个城市起运的)。有些公司为了提高灵活性，选定许多个基点城市，按照顾客最近的基点计算运费。

(五)运费免收定价

有些企业因为急于想和某些地区做生意，负担全部或部分实际运费。这些商家认为，如果生意扩大，其单位产品的平均成本就会降低，足以抵偿这些费用开支。采取运费免收定价，可以使企业加深市场渗透，并且能在竞争日益激烈的市场上站得住脚。

四、心理定价策略

心理定价策略是满足消费者心理特征的一种价格策略。消费者长期和商品打交道的过程中，形成了一定的价格意识和价格心理。因消费者所处的阶层、地域不同，收入水平、生活习惯、生活经历各不相同，具有不同的价格心理。企业在制定价格时，注意这种有差别的消费者心理，使制定的价格尽量为消费者接受，从而达到促进商品销售，扩大市场占有份额，最终获得较大利润目的。

(一)整数定价

对于那些无法明确显示其内在质量的商品，消费者往往通过其价格的高低来判断其质量的好坏。但是，在整数定价方法下，价格的高并不是绝对的高，而只是凭借整数价格来给消费者造成高价的印象。整数定价常常以偶数，特别是“0”作尾数。例如，精品店的服装可以定价为 1 000 元，而不必定为 998 元。这样定价的好处：①可以满足购买者炫耀富有、显示地位、崇尚名牌、购买精品的虚荣心；②省却了找零钱的麻烦，方便企业和顾客的价格结算；③花色品种繁多、价格总体水平较高的商品，利用产品的高价效应，在消费者心目中树立高档、高价、优质的产品形象。

整数定价策略适用于需求弹性小、价格高低不会对需求产生较大影响的商品，如流行品、时尚品、奢侈品、礼品、星级宾馆、高级文化娱乐城等，由于其消费者都属于高收入阶层，也甘愿接受较高的价格，所以，整数定价得以大行其道。

(二)尾数定价

又称“奇数定价”、“非整数定价”，指企业利用消费者求廉的心理，制定非整数价格，而且常常以奇数作尾数，尽可能在价格上不进位。比如，把一种毛巾的价格定为 2.97 元，而不定 3 元；将台灯价格定为 19.90 元，而不定为 20 元，可以在直观上给消费者一种便宜的感觉，从而激起消费者的购买欲望，促进产品销售量的增加。

使用尾数定价，可以使价格在消费者心中产生特殊的效应：①便宜。标价99.97元的商品和 100.07 元的商品，虽仅相差 0.1 元，但前者给购买者的感觉是还不到“100 元”，后者却使人认为“100 多元”，因此前者可以给消费者一种价格偏低、商品便宜的感觉，使之易于接受；②精确。带有尾数的定价可以使消费者认为商品定价是非常认真、精确的，连几角几分都算得清清楚楚，进而会产生一种信任感；在实践中，无论是整数定价还是尾数定价，都必须根据不同的地域而加以仔细斟酌。比如，美国、加拿大等国的消费者普遍认为单数比双数少，奇数比偶数显得便宜，所以，在北美地区，零售价为 49 美分的商品，其销量远远大于价格为 50 美分的商品，甚至比 48 美分的商品也要多一些。但是，日本企业却多以偶数，特别是“零”作结尾，这是因为偶数在日本体现着对称、和谐、吉祥、平衡和圆满。

当然，企业要想真正地打开销路，占有市场，还是得以优质的产品作为后盾，过分看重数字的心理功能，或流于一种纯粹的数字游戏，只能哗众取宠于一时，从长远来看却于事无补。

(三)声望定价

这是根据产品在消费者心中的声望、信任度和社会地位来确定价格的一种定价策略。声望定价可以满足某些消费者的特殊欲望，如地位、身份、财富、名望和自我形象等，还可以通过高价格显示名贵优质，因此，这一策略适用于一些传统的名优产品、具有历史地位的民族特色产品，以及知名度高、有较大的市场影响、深受市场欢迎的驰名商标。比如，台湾宝丽来太阳镜价格高达240～980元，我国的景泰蓝瓷器在国际市场价格为2 000多法郎，都是成功地运用声望定价策略的典范。

为了使声望价格得以维持，需要适当控制市场拥有量。英国名车劳斯莱斯的价格在所有汽车中雄踞榜首，除了其优越的性能、精细的做工外，严格控制产量也是一个很重要的因素。在过去的50年中，该公司只生产了15 000辆轿车，美国艾森豪威尔总统因未能拥有一辆金黄色的劳斯莱斯汽车而引为终生憾事。

但是，声望定价必须非常谨慎。20世纪70年代末，我国某企业将出口到欧美的假发提价2～3倍，销路迅速下降，大部分市场被日本、韩国的企业抢去。

（四）习惯性定价策略

某些商品需要经常、重复地购买，因此这类商品的价格在消费者心理上已经定格，成为一种习惯性的价格。许多商品尤其是家庭生活日常用品，在市场上已经形成了一个习惯价格。如一块肥皂、一瓶洗涤灵等，对这些商品的定价，一般应依照习惯确定，不要随便改变价格，以免引起顾客的反感。善于遵循这一习惯确定产品价格者往往得益匪浅。

（五）招徕定价

招徕定价是指将某几种商品的价格定得非常之高，或者非常之低，在引起消费者的好奇心理和观望行为之后，带动其他商品的销售。这一定价策略常为综合性百货商店、超级市场、甚至高档商品的专卖店所采用。

招徕定价运用的较多的是将少数产品价格定得较低，吸引顾客在购买“便宜货”的同时，购买其他价格比较正常的商品。美国有家“99美分商店”，不仅一般商品以99美分标价，甚至每天还以99美分出售10台彩电，极大地刺激了消费者的购买欲望，商店每天门庭若市。一个月下来，每天按每台99美分出售10台彩电的损失不仅完全补回，企业还有不少的利润。

将某种产品的价格定得较低，甚至亏本销售，而将其相关产品的价格定得较高，也属于招徕定价的一种运用。比如，美国柯达公司生产一种性能优越、价格极廉的相机，市场销路很好。这种相机有一个特点，即只能使用“柯达”胶卷。“堤内损失堤外补”，销售相机损失的利润由高价的柯达胶卷全部予以补偿。

在实践中，也有故意定高价以吸引顾客的。珠海市九洲城里有种3 000港元一只的打火机，引起人们的兴趣，许多人都想看看这“高贵”的打火机是什么样子。其实，这种高价打火机样子极其平常，虽无人问津，但它边上3元一只的打火机却销路大畅。

值得企业注意的是，用于招徕的降价品，应该与低劣、过时商品明显地区别开来。招徕定价的降价品，必须是品种新、质量优的适销产品，而不能是处理品。否则，不仅达不到招徕顾客的目的，反而可能使企业声誉受到影响。

由于心理定价策略主要是利用了消费者的心理因素来制定商品的价格，它对消费者的购买更具诱惑性。因此，对于心理定价策略中的道德问题就成为广泛关注的问题。西方伦理学家提出了判断营销道德的两大理论，即功利论及道义论。在这里功利论应该能够很有效地界定心理定价策略中的道德问题。所谓"功利论"主要以行为后果来判断行为的道德合理性，如果其行为给大多数人带来最大幸福，该行为就是道德的，否则就是不道德的。比如，名牌高档商品采用高价显示心理，消费者认为它们是身份和地位的象征，并能从它们那里得到一种特别的满足，像这种价格超越了其本身价值的定价策略应该不算不道德。但对于一些欺骗性的价格，比如营销人员对于实际上并未降价的产品谎称降价；采用表面打折法，故意把某种商品的原价写得很高，然后再大力宣传大减价，声称"原价 459 元，现价 299 元"，其实，商品的价格并没有下降，反而升高了。还有，一些城市在春节期间相继推出的"返券"促销活动。比如买 100 元返 20 元，有的甚至更多。当消费者满心欢喜地购物后，才感觉自己上当了，因为他们发现自己手中的一堆返券仅仅能够买一些过时的、自己不需要的商品。而那些处在热销的商品却打出"不参加返券活动"的字样，同时还发现价格比其他商场的同类商品的价格要高。像这样在事后使消费者感到大为受骗，而事前又不告之清楚的价格促销应该算是违背了道德。那么，怎样抓住消费者的心理价格，而又不违背营销道德，就应该成为大家值得思考的问题①。

【复习思考题】

1.影响企业价格制定的主要因素有哪些？它们是如何影响价格的？

2.企业的定价目标主要有哪些？

3."薄利一定多销"，请评价这种说法？

4.如何看待企业的降价策略？（提示：降价是一把"双刃剑"，既有积极作用，同时也不可避免地带来负面影响。）

5.成本导向定价法（包括成本加成定价法和目标利润定价法）有什么共同的缺点？

6.需求导向定价的主要方法？

7.定价策略和调价策略包括哪些内容？

8.心理定价有哪些方法？应注意哪些问题？

①王薇．心理定价策略及其应用[J]．沿海企业与科技，2006(3)．

【案例】

海信空调的价格策略

当价格战的硝烟席卷了包括彩电、冰箱、洗衣机、影碟机、微波炉等在内的几乎所有家用电器时，关于空调是否降价的话题，从1998年开始就成为媒介探讨的重点。随着20世纪最后一个春天的来临，空调器企业之间的降价之战开始了。

在目前国内空调市场上，新出现的变频空调除了具有定速空调的制冷等功能外，更具有智能变频、节能省电、宽电压工作等优点，是空调家族中的新面孔和佼佼者。由于变频空调在国内尚属新生事物，并且价位较传统定速空调高出许多，所以尚未成为国内空调市场的主流，在全国空调总销量中所占的比例也只有百分之十几。随着中国居民消费收入的增加，住房条件的改善，以及变频空调在技术成熟后的价格走低，它的诸多优点便会凸现出来。不难预见，变频空调必将取代定速空调成为未来中国空调消费的潮流。但价格却构成了制约空调器需求进一步增长的瓶颈因素。

同时，国内空调器行业在品牌结构上，最明显的特点是集中度较高，仅海尔、美的、格力、春兰4家就占据了约50%的市场份额，而接下来的科龙、夏普、海信、上菱、松下5个品牌又占据了约30%的份额。1999年前10位品牌的市场占有率之和为81%，前5位品牌间的竞争也更加激烈，尤其是2～5位品牌。

在这场降价风潮中，海信在恰当的时候果断出击，给空调业价格战开了一个头，并尝到了第一口鲜美的汤。据来自中国社会经济决策咨询中心的信息，2000年4月份全国106家大型商场空调器销售占有率排名中，海信仅次于海尔位居第二，为9.6%，比2月份的4.3%提高了123%（此数据的统计仅限于全国106家大商场，其他形式的销售终端的销售情况未包括在内）。可见，海信从3月份开始实施的价格策略对其抢占市场份额发挥了积极的作用。春兰的迅速跟进也使其销售量有了明显的增长。但逐渐地，精明的消费者在众多的降价面前开始由惊喜抢购转为理智思考。正所谓"买涨不买跌"，由于消费者对降价商品还未降至谷底的消费预期，空调市场产生了明显的持币待购、旺季不旺的现象。至此，这场由海信的低价策略引发的价格风波在业界引起了激烈的争论。

对空调降价持肯定态度的业内人士指出，从行业发展规律来看，空调已经进入高速发展期，继续保持发展初期的高利润率是不现实的，对行业的长期发展也不一定有利。把价格降下来，会刺激这个市场的加速成长，同时抬高这个市场的"准入门槛”,避免一些不必要的资源浪费,提高我国空调行业的整体素质。

而对降价持反对意见的厂家指出:价格下降必然会削减企业的赢利,减少企业的资本积累,从而使企业被迫削减其技术创新的资金投入,造成企业发展后劲不足,并影响整个行业的技术进步。同时,对消费者而言,他们实际上所需要的是顾客总价值与顾客总成本之比的最大化,而顾客总成本是购买成本和使用成本之和。空调器属于半成品,它的售后服务诸如安装和维修质量的好坏直接影响着空调消费者日后的使用成本。如果企业不留有足够的利润空间,它将无法保证提供良好的售后服务。如果消费者用表面上很有吸引力的价格购买了产品而实际上仅仅支付的是购买成本,他们的使用成本就没有在这次交换中表现出来,在日后使用过程中很可能会出现使用成本增加,这是企业对消费者不负责任的行为。因此,企业不应该一味降价去抢占市场份额,而应该拿到合适的利润,将重点放在提高产品质量和完善售后服务上去,更好地满足消费者需求。

面对外界的种种评论,海信一再强调“无意挑起价格战”,“推出‘工薪变频’只是想以成熟的技术制造出适合中国消费需求的变频空调,让更多的消费者买得起变频空调”,并称他们的降价举措是基于以下的几点考虑:

第一,海信空调技术起点高,从建厂初期就以变频空调为拳头产品,一直致力于变频技术的研究与创新,是国内目前变频空调品种最多、产量最大的生产基地,从而使得制造成本大大降低。同时,借助于企业集团先进的管理手段和成熟的营销网络,企业的资源得到优化配置,这一切都促成了海信在价格上的重大突破。

第二,变频空调作为传统定速空调的换代产品,其在降价前的价格与大多数消费者心目中的消费预期还存在一定差距,而在目前国内空调市场处于供大于求的买方市场下,需求对价格的决定作用远大于供给,变频空调能否真正成为大众消费品,关键是看它能否实现消费者所能承受的“平民价格”。因此,价格下调能够有效刺激消费者对空调的潜在需求转化为实际购买,从而推动变频空调在中国的普及。这一点从海信的低价策略得到市场的热烈回应也可以证明。

第三,中国入世在即,而目前国内空调业的整体技术水平在国际上还处于劣势,如果在价格上又没有竞争力,那么当国外品牌大举进入中国市场的时候,国内企业又该如何去面对呢?从这个角度来讲,整个空调行业不管是通过价格还是通过别的什么方式进行整合,对整个行业的发展都是有利的。因此,不管外界理解与否,海信已确定的低价策略是不会动摇的。

(资料来源:《销售与市场》2000年第4期,有删减)

【案例分析】

1.从空调降价的结果来看,消费者对空调的需求在价格上是富有弹性的还是缺乏弹性的?

2.你认为海信空调采取降价措施是否明智?为什么?

3.如果你是海信空调势均力敌的竞争对手,你将如何应对海信的价格攻势?

4.如果你是海信空调的营销经理,下一步如何行动?

第九章　分销渠道策略

【学习目的】

1. 掌握分销渠道概念、作用和类型。
2. 掌握中间商概念及类型。
3. 了解分销渠道模式及其发展趋势。
4. 学会分销渠道的设计、维护与管理。

第一节　分销渠道概述

一、分销渠道的概念

分销渠道与市场营销渠道是有区别的两个概念，在应用时应该加以区分。所谓市场营销渠道是指配合起来生产、分销和消费某一生产企业产品和服务的所有企业和个人。市场营销渠道包括某种产品供产销过程中的所有有关企业和个人，如供应商、生产企业、中间商、辅助商以及最终消费者或用户等。所谓分销渠道是指某种产品和服务在从生产企业向消费者转移的过程中，取得这种产品和服务的所有权或帮助所有权转移的所有企业和个人。分销渠道包括经销商（拥有产品所有权）、代理商（帮助转移产品所有权）、处于分销渠道起点和终点的生产企业和最终消费者或用户。也有西方学者将分销渠道定义为，促使产品或服务顺利地被使用或消费的一整套相互依存的组织。在商品和市场经济中，产品通过交换，实现所有权转移，称为商流。伴随商流的产品实体的空间转移，称为物流。

二、分销渠道的作用

分销渠道在企业的市场营销活动中具有非常重要的作用，它可以有效建立起生产企业与消费者之间的经济联系，使企业生产的产品源源不断地进入消费领域。这样，一方面满足消费者需求，另一方面也可以使企业的再生产能够顺利进行。分销渠道的作用具体表现在以下 5 个方面。

(一)联结产销

分销渠道就像是一座桥梁,能够将生产企业与消费者有效地联结起来,解决他们之间关于产品购销在时间、地点、结构、品种和数量等方面的矛盾,从而使得产品的所有权发生转移,最终实现交易。

(二)传递或反馈信息

为了保证产品的适销对路,分销渠道成员一般会及时地把消费者或用户的需求变化情况反馈给生产企业,帮助生产企业根据市场的需求与预测,做出产品、价格或促销等方面的调整。

(三)促进销售

分销渠道成员为了在经营中能够获得更多的利益,经常会开展各种促销活动来吸引顾客,从而发挥促进销售的作用。

(四)承担风险

分销渠道在商品流转过程中承担商品供求变化、自然灾害和价格下跌等的风险。比如,分销渠道中的中间商在商品流通中经常发挥"蓄水池"的作用,把季节生产而常年消费的产品,在生产季节里集中收购并细水长流地供应给消费者,对常年生产季节消费的产品,平时陆续收购、储存,在消费季节集中向消费者供应。

(五)实体分配

产品在空间转移时,分销渠道成员会负责进行运输、储存和信息处理等的具体活动,帮助物流的顺利进行。

三、分销渠道的类型

按照不同的划分标准,分销渠道可以分为不同的类型。例如,按照生产企业是否利用中间商,分销渠道可以分为直接渠道和间接渠道;按照所经过的中间层次或环节的多少,分销渠道可以分为长渠道和短渠道;按照每一层次或环节使用的同种类型中间商数量的多少,分销渠道可以分为宽渠道和窄渠道;按照流通中的商品性质的不同,分销渠道可以分为消费品的分销渠道和工业品的分销渠道。

(一)直接渠道和间接渠道

生产企业不通过中间商环节,直接将产品销售给消费者或用户的渠道称为直接渠道。生产企业通过中间商环节,间接地把产品传递到消费者或用户手中的渠道称为间接渠道。

直接渠道是商品流通的最基本、最直接的形态。它的实现形式有很多,比如生产企业雇用推销员直接向消费者销售产品、设店自销、邮购、电话销售等等。直接渠道比较适用于工业品销售，是工业品销售的主要类型，因为工业品用户数量少且相对集中，购买量大，生产企业接受用户直接订货，可以减少由于环节多所造成的麻烦。在消费品销售中，直接渠道一般适用于产品少、销售范畴小或市场比较集中的生产企业。直接渠道的优点主要表现为：①市场反应快。有利于及时、具体、全面地了解消费者的需求及市场变化的情况，能够帮助生产企业及时调整生产经营决策。②销售及时。对于时间性强的产品，如鲜活产品、时尚产品等，可以有效减少销售时间。③节约流通费用。主要表现为不需要支付中间商的利润。④促进销售。有利于为消费者提供较好的售前、售中、售后技术咨询等服务，从而促进产品销售。⑤有效控制价格。

间接渠道在现代社会里运用得比较广泛。中间商，可以是广义的批发商，也可以是广义的零售商。间接渠道比较适用于消费品的销售，它是消费品分销的主要类型，因为消费者比较多且相对分散，购买量少，购买频繁，他们一般希望产品的种类和品种更为丰富。在工业品销售中，间接渠道一般适用于附属设备、工业易耗品、农用化肥、农药、小型农具等产品上。间接渠道的优点主要表现为：①减轻生产企业产品销售的风险负担。有助于生产企业实行专业化生产，提高生产经营的效率。②简化交易次数。③扩大产品流通的范围。方便了消费者的购买。④有效解决产品生产和消费在时间、数量和空间上的矛盾。

(二)长渠道和短渠道

产品在从生产企业向消费者或用户的转移过程中，每经过一个中间营销机构，就称为一个渠道层次或流通环节。一般将经过两个或两个以上中间层次或环节的分销渠道称为长渠道，不经过任何中间层次或环节或者只经过一个中间层次或环节的渠道称为短渠道。层次或环节越多，则渠道越长；层次或环节越少，则渠道越短。但是总体来说，分销渠道的长短又只是相对而言。根据这一划分标准，分销渠道可以具体分为以下四类：

1. 零级渠道(也称为直接渠道)　生产企业直接把产品销售给消费者或用户的渠道。

2. 一级渠道　生产企业通过一个中间层次或环节将产品销售给消费者或用户的渠道。

3. 二级渠道　生产企业通过两个中间层次或环节将产品销售给消费者或用户的渠道。

4. 三级渠道　生产企业通过三个中间层次或环节将产品销售给消费者或用户

的渠道。

也有四级渠道、五级渠道、六级渠道……，其概念也依此类推。长渠道和短渠道的优点与直接渠道和间接渠道的优点比较相似。

(三)宽渠道和窄渠道

企业在每个渠道层次或流通环节中使用的同类中间商数量多，产品在市场上的分销面广，称为宽渠道。企业在每个渠道层次或流通环节中使用的同类中间商数量少，产品在市场上的分销面窄，称为窄渠道。在市场上有以下三种宽度不同的分销渠道。

1. *广泛性分销渠道* 即生产企业在某一地区广泛地利用尽可能多的合适的中间商销售其产品。企业采用这种渠道，通过众多的中间商把产品推到较多的目标市场上，可以使企业的产品得到广泛的销售。消费品中的便利品和工业品中的一般原材料、小工具、标准品等通常采取这种渠道，以便使广大消费者或用户能够随时随地购买到这些产品。

2. *选择性分销渠道* 即生产企业在某一地区选择一部分合适的中间商销售其产品。选择性分销渠道适用于几乎所有的产品。但是相对而言，消费品中的选购品和特殊品更加适用。因为消费者在购买选购品和特殊品时，一般都愿意多花时间和精力进行比较选择，但是如果产品可以随时随地购买到的话，就会满足不了他们求美、求新、求奇和求名的心理。

3. *独家专营性分销渠道* 即生产企业在某一地区精心挑选出一家中间商来销售其产品。通常双方会协商签订独家经销合同，规定中间商不得经营竞争者的产品，以便控制其业务经营。一般来说，独家专营性分销渠道对特殊品、高档耐用消费品以及使用方法复杂或需要承担较多售后服务的产品等比较适用。

(四)消费品分销渠道和工业品分销渠道

消费品和工业品的性质不一样，所以他们的分销渠道也有差异，如图 9-1 和图 9-2 所示。

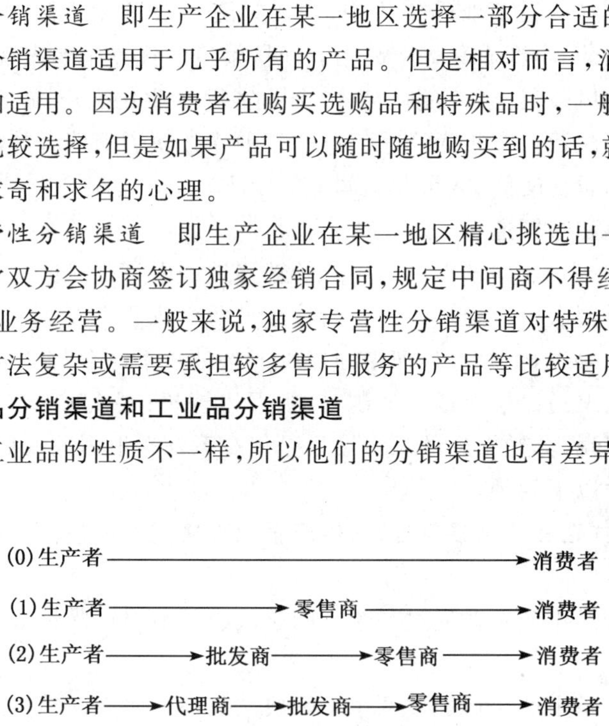

图 9-1 消费品分销渠道

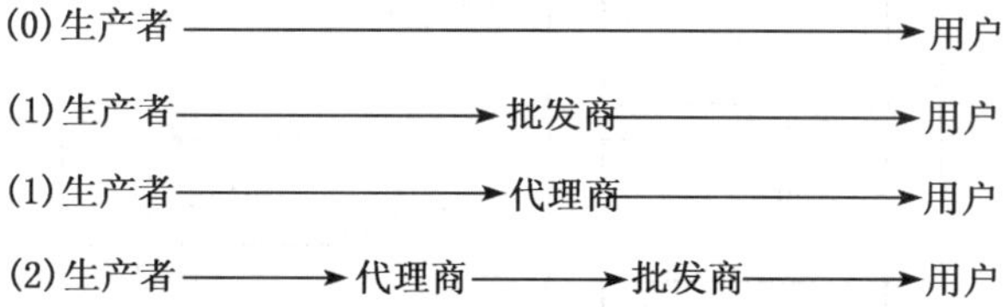

图 9-2　工业品分销渠道

其中，两图左边的括号里的数字表示渠道的级数。

四、分销渠道的模式

随着经济的发展，市场竞争日益激烈，新型的批发商和零售商不断涌现，分销渠道模式也在不断的发展，现在正在由传统分销渠道逐渐向全新的整合分销渠道转变。

(一)传统分销渠道

传统分销渠道由独立的生产商、批发商、零售商和消费者或用户组成的分销渠道模式，如图 9-3 所示。每一个渠道成员都是作为一个独立的企业实体追求自己的利润最大化，即使它是以损害系统整体利益为代价也在所不惜。没有一个渠道成员对于其他成员拥有全部的或者足够的控制权。各渠道成员之间的联系松散。随着营销环境的不断变化发展，传统分销渠道正在面临越来越大的挑战。

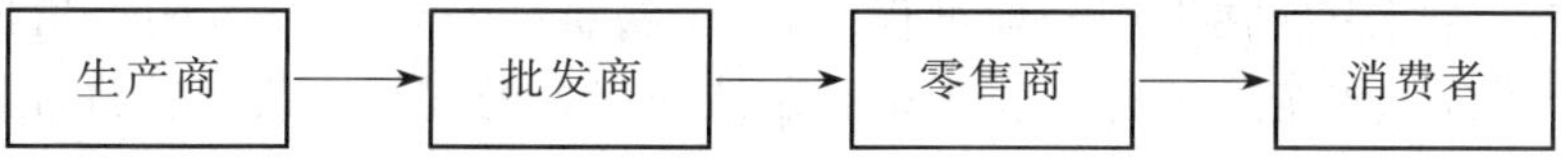

图 9-3　传统分销渠道

(二)整合分销渠道

整合分销渠道是指渠道成员通过一体化整合而形成的分销渠道模式。这种分销渠道模式正在为越来越多的企业所采用。它主要包括垂直分销渠道系统、水平分销渠道系统和多渠道分销渠道系统。

1. 垂直分销系统　垂直分销系统，又称为纵向营销系统，是由生产企业、批发商和零售商通过不同的形式纵向整合组成的一种统一联合体，如图 9-4 所示。某个渠道成员或者拥有其他成员的产权，或者拥有相当实力，其他成员愿意合作，或者是形成一种特约代理关系。根据整合方式的不同，垂直渠道系统可以分为以下三种类型：

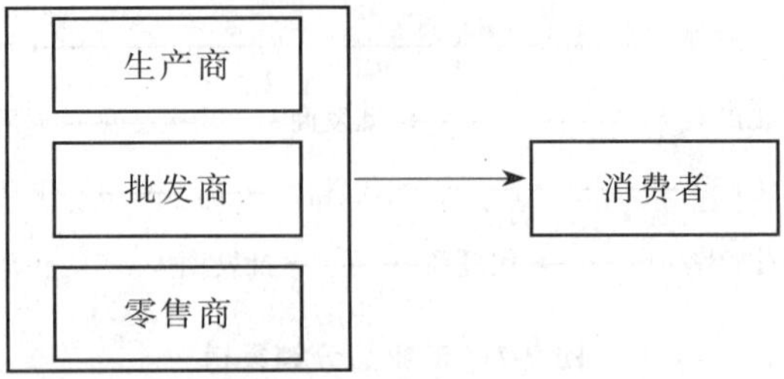

图 9-4 垂直分销渠道

(1)公司式垂直渠道系统。指由一家公司拥有和统一管理若干生产商、批发和零售机构,控制分销渠道的若干层次或者整个分销渠道,综合经营生产、批发和零售业务。公司式垂直渠道系统可以由大工业企业拥有和管理,采用工商一体化经营方式;也可以由大商业企业拥有和管理,采用商工一体化方式。前者如美国火石轮胎橡胶公司拥有橡胶种植园,轮胎制造厂,还拥有轮胎系统的批发机构和零售机构,其销售网点遍布全国。

(2)管理式垂直渠道系统。指通过渠道中最有实力的成员来协调和管理整个渠道运作。如美国宝洁公司能够在有关商品展销、货架位置、定价政策和促销活动等方面取得其再售者非同寻常的合作。

(3)契约式垂直渠道系统。指由不同层次的生产企业和中间商通过合同契约的形式整合组成的联合体。它具体又有特许经营组织、批发商倡办的自愿连锁组织和零售商合作组织三个形式。

特许经营组织。在生产分配过程中,一个被称作特许经营者的渠道成员可以连接几个环节。传统的特许经营系统有制造商倡办的零售或代理特许经营和制造商倡办的批发特许经营。前者如日本丰田公司对经销自己产品的代理商或经销商给以买断权,这些代理商或经销商都是独立的生意人,他们同意满足丰田公司有关销售和服务的各种条件;后者如可口可乐,他们与各个市场上的瓶装厂商签订合同,授予其在特定市场上的分装特许权和向零售商发运可口可乐的特许权。新的特许经营系统有服务公司倡办的零售特许经营,它多出现在快餐服务行业和汽车租赁行业。

批发商倡办的自愿连锁组织。批发商组织独立的零售商成立自愿连锁组织,帮助他们和大型连锁组织抗衡。

零售商合作组织。零售商带头组织一个新的企业实体来开展批发业务和可能的活动。成员可以通过零售商合作组织集中采购,联合进行广告宣传等活动。

2.水平式分销系统　水平式分销系统,又称为横向营销系统,是由同一层次两个或者两个以上没有关联的公司联合资源或者方案共同开发一个营销机会。如在一些大的商场开设快餐店,商场和快餐店都从中获得了利益:商场一方面为自己的顾客提供了更丰富的服务项目,另一方面增加了客流量;快餐店获益于大商场的大的客流量。

3. 多渠道分销系统　多渠道分销系统,又称为混合营销系统,是指一个公司建立两条或者更多的分销渠道以到达一个或者更多的顾客细分市场。也就是企业为同一或者不同的细分市场采用多条渠道分销系统。这种系统一般分为两种形式:一种是生产企业通过多种渠道销售同一产品;另一种是生产企业通过多种渠道销售不同产品。前者如创维彩电,消费者可以到大型综合超市或大商场购买到,可以到家电连锁店购买到,可以到专卖店购买到,也可以到网上购买到。后者对产品组合相对复杂的企业比较适用。

第二节　中　间　商

一、中间商的概念

中间商是指处在生产企业与消费者之间,从事商品交易业务,促使买卖行为发生和实现的、具有法人资格的经济组织或个人。中间商的类型一般可以从两个角度划分:按在流通过程中所起的作用不同可分为批发商和零售商;按是否拥有商品所有权可分为经销商和代理商。

中间商的作用主要表现为:一方面,中间商可以凭借自己的各种联系、经验、专业知识及活动规模等,有效地弥合生产商供给与顾客需求之间差距,更加有效地推动产品广泛地进入目标市场;另一方面,利用中间商是实现成本节约的一个重要源泉,如图 9-5 所示。

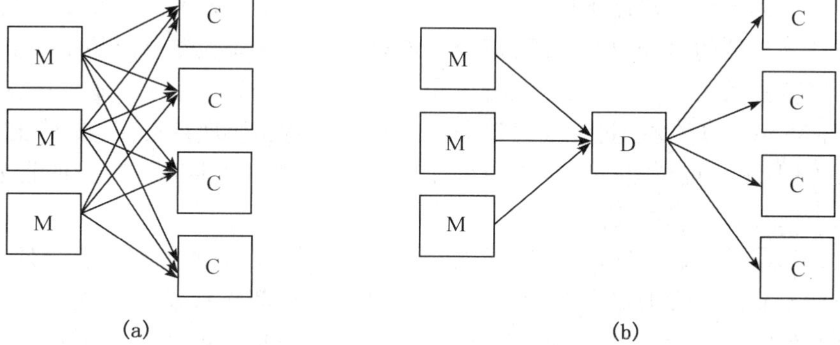

注:M-生产商　C-顾客　D-中间商

图 9-5　中间商的经济作用

图 9-5 中,(a)部分显示了三个生产企业,每个生产企业都采用直接营销分别联系到四个顾客,总共发生了 12 次交易联系;(b)部分显示了三个生产企业通过一个中间商与四个顾客联系,总共发生了 7 次交易联系。由此可见,中间商的利用有效地减少了交易次数,节约了交易总成本。

二、中间商的分类

按在流通过程中所起的作用不同,中间商可分为批发商和零售商。它们的区别主要表现在这三个方面:第一,交易对象具有差别。一般来说,批发商的交易对象是商业顾客或用户,而零售商的交易对象是最终消费者。第二,交易大小不同。批发交易通常大于零售交易。第三,交易的用途不同。批发商销售的产品主要用于商业用途或生产消费,而零售商销售的产品主要是提供个人或家庭的生活消费。第四,在有关法律条令和税收政策等方面对批发商和零售商的要求也是不同的。下面分别介绍批发商和零售商的概念、类型及其发展趋势。

(一)批发商

1.批发与批发商　批发是指一切将产品或服务销售给那些为了转卖或者其他商业用途而进行购买的用户的活动。一般都使用批发商这个词来描述那些主要从事批发业务的公司。批发商的产品不是销售给最终的消费者,而是销售给为了将产品转卖或者其他商业用途的零售商或其他用户。批发商在沟通生产企业与零售商之间的信息、承担风险、满足市场需求等方面发挥着非常重要的作用。一般来说,当批发商能够有效地执行下列一种或者几种功能时,往往被利用:①推销和促销;②采购和置办多种商品;③整买零卖;④仓储;⑤运输;⑥融资;⑦承担风险;⑧提供市场信息;⑨管理服务和建议。

2.批发商类型　按照不同的划分标准,批发商可以分为不同的类型。例如,按照批发商品种类的多少,批发商可以分为综合商品批发商和专业商品批发商;按照服务地区范围的大小,批发商可以分为全国批发商、区域批发商和地方批发商;按照是否拥有商品所有权,批发商可以分为经销批发商和代理批发商;按照批发产品的性质不同,批发商可以分为生产资料批发商和消费品批发商。现代的批发业主要有以下三种批发商类型:

(1)商人批发商。商人批发商是指自己进货,取得产品所有权后再批发出售的商业企业。它是批发商最主要的类型。在不同行业,商人批发商的称呼也有所不同,如中盘商、分销商、工厂配售商等。商人批发商是批发商的主要类型。按其职能和提供服务的多少,商人批发商又可以分为完全服务批发商和有限服务批发商。

完全服务批发商提供几乎所有的批发服务功能,包括保持存货、雇用销售人员、提供信贷、负责送货、协助管理等。

有限服务批发商只提供一部分批发服务功能。其主要类型有：

①现款交易运货自理批发商。他们不赊销，也不负责送货，一般经营周转比较快的食品杂货等产品，卖给小型的零售商。

②卡车批发商。他们主要执行销售和送货职能，一接到顾客订单就很快地从生产企业那里把产品装上卡车，直接将产品送到超级市场、小杂货店、医院、餐厅、工厂自助食堂、旅馆等地方，现货现卖。一般经营那些容易变质的易腐和半易腐产品。

③承销批发商。他们接到顾客订单后，直接向生产企业进货，并通知生产企业将商品运送给顾客。因为承销批发商不需要有仓库和产品库存，只需要一间办公室或营业所就可以了，所以又称为写字台批发商。

④托售批发商。他们在超级市场和其他食品杂货商店设置自己的货架，展销其经营的产品，等产品卖出后，零售商才付款。一般经营家用器皿、化妆品、玩具等产品。

⑤邮购批发商。指那些借助邮购方式开展批发业务的批发商。他们主要经营食品杂货、小五金等产品，其顾客一般是边远地区的小零售商。

⑥生产合作社。主要是农民组建，负责组织农民到当地市场销售的批发商。

(2)代理商。代理商是不拥有产品所有权，从事购买或销售或两者兼备的洽商工作的商业单位。与商人批发商的明显区别就是对其所经营的产品没有所有权，所提供的服务比有限商人批发商还要少，其主要职能在于促成产品交易，取得佣金报酬。主要类型有：

①经纪人。他们主要的作用就是为买卖双方牵桥搭线，协助谈判，并且不存货，不卷入财务，也不承担风险，当买卖达成后，由委托方支付其相应的佣金或者费用。最常见的例子如食品经纪人、不动产经纪人、证券经纪人和保险经纪人等。

②制造商代表。他们代表两家或者两家以上产品线互补的制造商，并且分别与每个制造商签订有关价格政策、销售区域、订单处理程序、送货、商品担保、佣金标准等方面的正式书面协议。大多数制造商代表都是小单位，雇用很少的雇员。他们一般经营服饰、家具和电器等产品。

③采购代理商。是指代表顾客采购商品的代理商。采购代理商一般与顾客有长期的合作关系，代他们进行采购，负责为其收货、验货、储运，直至最终交货。

④销售代理商。是指销售生产商特定产品或者全部产品的代理商。他们可以对产品价格和其他交易条件等作全权处理。销售代理商常见于纺织、木材、服装、某些食品和金属产品等行业。

⑤佣金商。是指对产品实体拥有控制力,并处理产品销售的代理商。佣金商一般涉足农产品的代销业务。

(3)生产商、零售商分销部和办事处。买卖双方都不通过独立的批发商,而由自己自行经营批发业务。主要有销售分部和销售办事处、采购办事处。销售分部与办事处的主要区别在于:销售分部有自己的产品库存,而办事处没有自己的产品库存。

3.批发商的发展趋势　制造商总是拥有越过批发商的选择权,所以当大型的制造商和零售商转向直接购买程序时,批发商甚至表现出了衰败的倾向。但是具有远见的批发商会积极地改革他们的服务,重新组织自身的业务,通过投资更多的先进材料处理技术、信息系统和互联网等来减少运作成本,增加其在渠道中的价值,以满足供应商和目标顾客的改变需要。罗斯奇(Lusch)、齐佐(Zizzo)和肯德丁(Kenderdine)通过对北美 136 个成功批发商的研究,从五个方面总结了他们更新后进步的论点:①强化核心经营;②扩展到全球市场;③用较少的资源做更多的事情;④推行全面质量管理;⑤营销支持哲学。

(二)零售商

零售是指所有向最终消费者直接销售产品或服务,用于个人或家庭非商业性用途的活动。任何从事这种销售活动的机构,不管是制造商、批发商还是零售商,也不管这些产品或服务是如何销售(经由个人、邮寄、电话或自动售货机)或者是在何处(在商店、在街上或在消费者家中)销售的,都属于此范畴。一般都使用零售商这个词来描述那些主要从事零售业务的公司。零售商是联系生产企业、批发商与消费者的桥梁,在分销渠道中具有非常重要的作用,它能够有效地使生产企业的产品由流通领域进入消费领域,直接满足最终消费者的生活需要。

零售商的类型不断发展,层出不穷。零售业态就像产品一样,也会经过导入、成长、成熟和衰退四个阶段,而且随着市场与科技的不断发展,全球零售生命周期也有不断缩短的趋势。一般根据有无固定的营业场所将零售商分为商店零售商和无店铺零售商两种主要类型。

1.商店零售商　商店零售商是零售商的主要类型。1998 年 7 月,我国国内贸易局将商店零售商划分为 8 类:百货店、超级市场、大型综合超市、便利店、仓储式商场、专业店、专卖店、购物中心。结合国际零售业发展状况,现在主要的商店零售商类型有:

(1)专业商店。经营一条窄而深的产品线,通常专门经营一大类花色、品种、规格齐全的产品,如服装店、家具店、花店、书店、运动器材店、照相机店等。

(2)专卖店。经营的产品线也是窄而深的。与专业商店的主要区别就是专卖店主要经营某一个品牌的产品。

(3)百货商店。经营的产品线既宽又深,可以看作是专业商店的联合体。它的经营范围通常包括服装、五金用品、日常用品等。一般每一条产品线都作为一个独立的部门,由专门的采购员和营业员管理。

(4)超级市场。相对而言,规模大、成本低、利低、销售量大,自主服务为主的经营机构。主要提供食品、洗涤等家庭日常用品。

(5)便利商店。店面相对较小、营业时间长。一般位于居民住宅区附近,经营周转速度快的方便产品或易消耗品,以营业时间及地理位置的方便争取消费者。

(6)折扣商店。出售标准商品,但价格低于一般商店,利较少,销售量较大。如运动用品折扣商店、电器设备折扣商店和折扣书店等。

(7)仓储商店。一种以大批量、低成本、低售价和薄利多销的方式经营的连锁式零售企业。它一般以工薪阶层和机关团体为主要服务对象,精选正牌畅销产品,从厂家直接进货,强调降低经营成本,注重发展会员和会员服务,仓库式货架陈设商品,商品以大包装形式供货和销售,仓店合一,选址在次商业区或居民住宅区。

(8)购物中心。规模较大,经营的产品品种较多且价位较高。通常会提供良好的服务和宽敞的购物环境。

(9)连锁店。是由多家出售同类产品的零售商店组成的一种规模较大的联合经营组织。主要有公司连锁和特许专售组织。公司连锁是指两个或两个以上的零售商同属一个所有者所有或管理,经销同样的商品,统一店面和店堂设计、统一配送等。特许专售的授权者通过契约的方式,将其商标、商品、商誉、营运方式、专利权等授予被授权者使用。授权者一方面可以从授权中收取利润报酬,另一方面也可以扩大其产品的市场覆盖面,如麦当劳、肯德基、永和豆浆等。

(10)样品陈列室推销店。这类商店将产品目录推销和折扣原则用于品种繁多、毛利高、周转快和有品牌的产品。如,珠宝首饰、动力工具和摄像器材等。

2.无店铺零售商　无店铺零售商是一种发展得非常快的零售商类型。它主要有以下四种形式:

(1)直接销售。它起源于沿街叫卖,主要是利用推销员挨家挨户或者举办家庭销售会等方式销售。现代的直接销售有三种模式:一对一推销、一对多(聚会)推销和多层次(网络)营销。

(2)直复市场营销。又称为“直接回应的营销”,它是以赢利为目标,通过个性化的沟通媒介向目标市场发布信息,以寻求对方直接回应(问询或订购)的一种互动的营销系统。直复营销的具体方式有邮购、电话营销、电视营销和网上营销等。使用个性化沟通媒体的主要目的并不是像普通广告那样刺激顾客的偏好和树立品牌形象,而是为了扩大销售量。

(3)自动售货。它是利用自动售货机向消费者出售货物的一种形式,主要适用于具有很大方便价值的冲动型产品,如软饮料、香烟、食品、胶卷等。自动售货机可以设在街道、工厂、办公室、大零售店、旅店、餐厅等许多地方,它向消费者提供24小时售货。银行的自动取款机也属于这种形式,它可以为银行顾客提供现金存取款、转账等多种服务。

(4)购物服务。一种为特定委托人服务的无店铺零售方式。这些委托人通常是一些大型组织的员工,如学校、医院、工会和政府机关等。这些大型组织的员工可以成为购物服务公司的会员,他们被授权从一批经过挑选的、愿意向这些会员以折扣价售货的零售商那里购货。零售商向购物服务公司支付一小笔费用。

3. 零售商的发展趋势　美国著名的市场营销学专家菲利普·科特勒将零售商的发展趋势概括为这样几个方面:①新的零售方式和组合;②混业竞争加剧;③巨型零售商的增多;④科技投资的增加;⑤主要零售商全球化经营;⑥销售的是体验,而不单单是货物;⑦商店零售与无店铺零售的竞争加强。

第三节　分销渠道的选择与管理

一、影响分销渠道选择的因素

(一)顾客因素

顾客的购买习惯、购买能力、集中度、规模、平均购买量以及其他需求特征等对分销渠道的选择具有较大的影响。例如,对于日常用品,消费者规模大,并且一般习惯就近随时购买,所以适宜采用长渠道来分销;而对于耐用品或选择品,消费者一般习惯到大型商场、专卖店购买,次数也较小,所以适宜采用短渠道来分销。如果顾客比较集中,则适宜采用窄渠道;如果顾客比较分散,则适宜采用宽渠道。

(二)产品因素

产品的物理化学性质、单价、式样、技术复杂程度、新旧程度等都会影响分销渠道的选择。例如,对于容易腐烂、损坏的产品,为了避免拖延时间及重复处理,通常适宜选择较短的渠道甚至专用渠道来分销;如果是价格昂贵的工业品或耐用消费品,为了保证售后服务质量,不宜经过太多的中间商转手,应该尽量减少中间环节;对于式样花色多变的时尚用品,为了避免过时,适宜采用短渠道;对于像大中型机械设备、电子计算机等单价高、技术复杂的产品,因为顾客对其安装、使用和维修服务的要求很高,所以一般适宜采用直销或由专业代理商来进行销售;如果是全新的产品，由于产品质量及市场需求都不稳定，所以中间商经销的可能性就会降低，迫使生产企业不得不组建自己的营销队伍来进行销售。

（三）生产企业自身因素

生产企业自身影响分销渠道选择的因素，一方面包括生产企业生产的产品，另一方面包括生产企业的实力、控制渠道的愿望、渠道经验、管理能力等。一般来说，生产企业实力越强，其选择分销渠道的范围就越大，它既可以将分销职能让给效率更高的中间商，也可以建立自己的直销网络；生产企业控制渠道的愿望越大，就越有可能会选择较短的分销渠道；某些生产企业如果曾经通过某种特定类型的中间商成功地销售过产品，它们也可能会逐渐形成渠道偏好；如果生产企业管理能力很强，同时又具有丰富的营销经验，它们一般会选择直接渠道。

（四）中间商因素

影响分销渠道选择的中间商因素主要包括中间商对生产企业的态度和要求、提供服务的能力、经销费用、规模等。如果批发商因为某些原因不愿意经销外地产品或提出过多过高的要求，生产企业就要考虑是直接进入零售市场还是直销。不同的中间商在执行运输、广告、储存、信用条件、退货特权、人员训练、接纳顾客等方面提供的服务能力也不相同。如果某产品计划进入新市场需要做大量广告，生产企业就会更多考虑能够更好地提供广告服务的代理商而不是批发商。中间商经销费用的高低是影响渠道选择的一个重要影响因素。如果某一地区批发商的规模较小，而大型零售商很多，生产企业就应该考虑直接将产品销售给零售商。

（五）竞争者因素

竞争者所使用的分销渠道往往是生产企业在选择渠道所要考虑的又一重要因素。例如，对于商场中的同类产品，一般都摆放在一起销售。但是有时，竞争者所使用的分销渠道反倒成为生产企业所避免使用的渠道。例如，当绝大多数化妆品生产企业运用不同类型的零售商来进行销售时，美国安利公司选择了一个直接面向消费者的直销渠道。

（六）环境因素

宏观经济形势对渠道选择有较大的制约作用。例如，我国的化肥、烟草的专卖政策，使得这些产品的生产企业必须按照专卖的程序选择分销渠道。在经济不景气情况下，生产企业为了降低产品售价，必然会减少分销环节，采用较短较窄的渠道。

二、分销渠道的设计与评价

从决策理论的角度分析，要设计一个有效的渠道系统，应该经过以下几个步骤。

(一)确定渠道目标与限制

渠道目标可以理解为目标顾客需要的服务产出水平。目标顾客对渠道的服务产出要求主要有批量大小、等候时间、空间便利、产品品种和服务支持五种。企业在设计渠道时,必须从顾客的需求出发,结合自己的具体能力与条件,全方面考虑产品、中间商、竞争者、环境等限制因素,因为增加对目标顾客需要的服务产出水平会带来渠道成本的增加和较高的产品价格。路易斯·巴克林的观点是:在竞争情况下,渠道机构在安排其功能任务时,把某些期望达到的服务产出水平的整个渠道费用最小化。

(二)明确渠道选择方案

明确渠道选择方案主要是解决这样四个基础问题:确定渠道的结构模式;确定中间商类型;确定中间商数目;界定渠道成员的责任与权利。

1. *确定渠道的结构模式* 渠道的结构模式主要表现在两个方面:一方面是拟采取的分销渠道类型;另一方面是拟采取的分销渠道模式。分销渠道类型的选择,是根据企业确定的渠道目标,结合企业自身的能力与条件,全方面考虑产品、中间商、竞争者、环境等限制因素,对直接渠道、间接渠道、长渠道、短渠道、宽渠道、窄渠道等方面进行选择。在由传统分销渠道逐渐向全新的整合分销渠道转变过程中,采用什么样的整合分销渠道模式也是重要的渠道决策之一。

2. *确定中间商类型* 中间商类型主要是批发商和零售商及其具体形式。例如,假设某公司想销售其生产的A产品,有下列四种分销渠道模式可供选择:①与用户签订合同,直接向他们供应本公司的产品;②寻找一些愿意经营本公司产品的中间商经销或代销;③借助通常使用的渠道,通过批发商或代理商将产品转售给零售商;④在大中城市设立A产品门市部,直接销售给A产品用户,并与当地电台协商,请其协助推销产品,付给一定佣金。

3. *确定中间商数目* 中间商数目的确定,取决于产品本身的特点、市场容量的大小和需求面的宽窄等。通常有广泛性分销策略、选择性分销策略和独家专营性分销策略可供选择的形式。

(三)评估各种主要渠道选择方案

每一种渠道选择方案都是一条能够将生产企业产品送达到最后顾客的路线。生产企业所要解决的问题就是,从那些看起来似乎很合理但又是相互排斥的各种主要渠道方案中,根据经济性、控制性和适应性三个主要标准来分析评估出能够满足企业长期目标的渠道方案。

1. 经济性标准　每一种渠道方案都会产生不同水平的销售量(额)和成本,建立有效分销渠道的一个非常重要的标准就是能否取得最大利润。因此,企业必须考虑两个基本问题:在成本不变的情况下,采用哪种分销渠道会使销售额达到最高;在同一销售量范围内,采用哪种分销渠道成本最低。假设某企业希望其产品在某一地区取得大批零售商的支持,现有两种方式可供选择:一是向该地区的营业处派出 10 名销售人员,除了付给他们基本工资外,还采取根据推销成绩付给佣金的鼓励措施;二是利用该地区制造商的销售代理商(该代理商已和零售店建立起密切的联系),并可派出 30 名推销员,推销员的报酬按佣金支付。如图 9-6 所示,S^* 点代表两条渠道成本相同时的销售额,由此可见,一般来说,利用销售代理商的成本较企业自销的成本低,但是当销售额增长超过 S^* 水平时,用代理商需要的成本则越来越高。

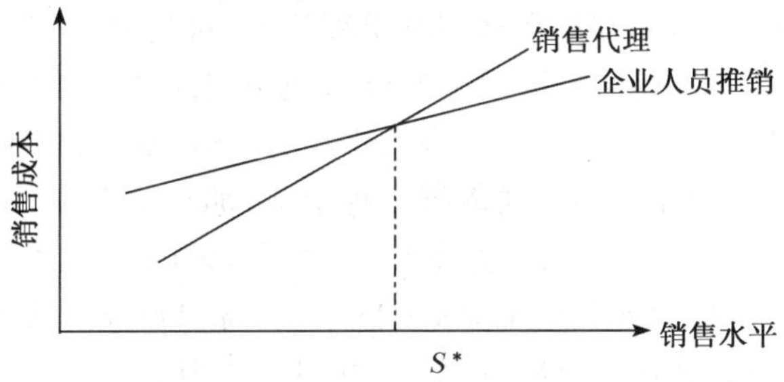

图 9-6　销售代理商与企业自销比较

2. 控制性标准　中间商是独立的企业,它所关心的是自己如何取得最大利润。所以,使用中间商会增加企业渠道控制上的问题,这是一个不容忽视的事实。中间商可能不愿与相邻地区同一委托人的代理商合作;可能只注重访问那些与其推销产品有关的顾客,而忽略对委托人很重要的顾客;其推销员可能无心去了解与委托人产品相关的技术细节,也很难正确对待委托人的促销资料等。这样会使生产企业在树立企业产品形象、提高服务质量和控制最终价格以及促销策略的实施等方面难以控制。企业在评估渠道方案时必须清醒地认识到这些问题。

3. 适应性标准　这是考虑分销渠道对未来环境变化的应变能力。不能有效变化的渠道是没有未来的。所以生产企业在与中间商签订长期合约时要慎重从事,因为在合约期内不能根据需要随时调整渠道,这会使渠道失去灵活性和适应性。比如,当某一制造商决定利用销售代理商推销产品时,可能签订 5 年合同,在这段时间内,即使采用其他销售方式会更有效,但制造商也不得任意取消销售代理商。

一般来说，一个涉及长期承诺的渠道方案，只有在经济效益和控制力方面都十分优越的条件下，才可以考虑。

三、分销渠道的维护与管理

(一)选择渠道成员

生产企业选择中间商的难易程度是不一样的。常常处于两种极端情况之间：一是生产企业可以毫不费力地找到特定的商店并使之加入其渠道系统。如此高的吸引力可能是因为生产企业具有很高的声望，也可能是因为生产企业的产品能够给中间商带来很大的利润，也可能是生产企业采用了独家分销或选择性分销策略等。在这种情况下，生产企业需要做的工作只是如何选择适当的中间商。二是生产企业必须费尽心思才能找到期望数量的中间商。例如某一清凉饮料的生产企业好不容易在食品商店找到合适的陈列位置。这种情况下，企业必须很好地研究中间商如何做出购买决定，尤其是在他们制定决策时，对毛利、广告与销售促进、退货保证等重视的程度，企业还必须开发一些能够使中间商更有利可图的产品。

中间商的选择是生产企业的产品进入市场、占领市场、巩固市场和发展市场的关键因素之一。不论企业遇到上述的哪一种情况，都必须明确中间商的优劣特性，慎重选择中间商。生产企业选择中间商时一般要考虑以下因素：

1. 中间商的合法经营资格　企业必须对中间商的各种合法证件认真审核，检查其是否具有国家(或该地区)准许的经营范围。特别是食品、药品等限制较多的产品。将中间商持有的证件进行登记复印备案。

2. 中间商的目标市场　企业一般要选择其目标市场与自己的目标市场相似的中间商。如果中间商经营竞争对手的产品，则一般不要选择。但是，如果企业产品的品质、价格、包装和服务项目等优于竞争对手的产品，也可以选择。

3. 中间商的地理位置　选择的批发商应该具有较好的交通运输及仓储条件，这样会便于运输、储存及降低销售成本和产品调度的顺畅。选择的零售商应位于与企业的顾客群体流量大的地区。

4. 中间商的销售能力　考察中间商是否具有稳定的、高水平的销售队伍，健全的销售机构，完善的销售网络，足够的推销费用和良好的广告媒体环境等。

5. 中间商的服务水平　考察中间商是否具有比较完善的售后服务水平，比如运输、安装、调试、保养、维修和技术培训等。

6. 中间商的财务状况　财务力量和状况较好的中间商可以按期结清货款，减少企业订单——回款的时间。甚至在某些情况下，企业还可以预收货款，为企业提供财务帮助。

7. 中间商的信誉 考虑中间商的从业年限、发展历史，注重中间商在经营过程中是否讲信誉，有没有良好的企业声誉。

(二)界定渠道成员的责任

渠道成员要在承担责任方面达成协议。协议要规定好分销产品的价格政策、销售条件、区域权利以及具体服务要求等内容。一般来说，生产企业的责任是向中间商保证供货、产品质量、退换货、价格折扣、广告促销协助等；中间商的责任是向生产企业提供市场需求信息和各种业务统计资料等情报、保证实行价格政策、及时足额付款、达到规定的服务水平等。

(三)激励渠道成员

促使中间商进入渠道的因素和条件已经构成了部分激励因素。但是企业要长期发展，就必须不断地激励中间商，充分调动其积极性。对于企业来说，首先应该要站到中间商的角度来考虑问题：①中间商是一个独立的经济实体，它有着自身利益，它可以自由制定政策而不受他人干涉。②中间商主要执行顾客购买代理商的职能，其次才是执行供应商销售代理商的职能，他卖得最起劲的产品通常都是顾客愿意购买的产品，而不一定是企业叫他卖的产品。③中间商总是努力将他所供应的所有产品进行货色搭配，然后卖给顾客，其销售目标是取得一整套货色搭配的订单而不是单一货色的订单。④企业若不给中间商特别奖励，中间商不会保存所销售的各种品牌的记录。而那些有关产品开发、定价、包装和激励规划的有用信息，常常是保留在中间商很不系统、不标准、不准确的记录中，有时甚至故意对企业隐瞒不报。

所以，企业可以从以下几个方面采取措施来激励中间商：

1. 向中间商提供物美价廉、适销对路的产品 企业应该根据市场需求以及中间商的要求，经常地、合理地调整生产计划，改进生产技术，提高产品质量，改善经营管理，以更好地满足中间商的要求。

2. 合理分配利润 企业要充分运用定价策略和技巧，考察各中间商的进货数量、信誉、财力和管理等因素，视不同情况，分别给予不同的折扣和让利。同时，企业的定价策略也应充分考虑市场需求和中间商的利益，根据实际情况的变化随时进行调整。

3. 协调与中间商的关系 企业要与中间商结成长期的合作伙伴，就要不断地协调两者之间的关系。一方面，要弄清楚中间商的需求；另一方面，要明确自己满足中间商需求的程度。一般来说，企业可以依据不同的情况，选择采取合作、合伙或者分销规划三种方法。

4. 授予独家经营权 这种做法固然会影响市场覆盖面，但是可获得中间商在广告、促销等方面的积极合作。

5.开展各项促销活动　企业可以利用广告宣传推销其产品，对于技术性较强的产品，推销和售后服务都需要专门技术，为中间商培训人员就显得十分重要；企业还应该经常派人协助中间商进行营业推广，诸如安排产品的陈列，举办产品展销，实施销售竞赛等。

6.资金资助　企业可以采取售后付款或先付部分货款待产品出售后再结算的方式，以解决中间商资金不足的问题。

7.提供市场信息　企业应将其所掌握的市场信息及时传递给中间商，使他们心中有数，以便能及时调整和制定销售策略。

另外，企业还必须充分考虑到激励不足与激励过分两种情况。当生产企业给予中间商的条件过于苛刻，以致不能激励中间商的合作与努力时，就会出现激励不足的情况，其结果就是销售量降低，利润减少；当生产企业给予中间商的优惠激励条件超过他取得合作与努力水平所需要的条件时，就会出现激励过分的情况，其结果就是销售量提高，成本提高，利润也减少。

(四)评估渠道成员

如果企业与中间商在一开始就签订了有关绩效标准与奖惩条件的协议的话，就可以避免很多的不愉快。每隔一段时间，企业就按照一定的标准衡量中间商绩效，如：配额完成情况，平均库存水平、装运时间、对受损货物的处理、促销方面的合作以及为顾客提供服务的情况等。企业对表现好的中间商予以奖励；如果某一渠道成员的绩效过分低于既定标准时，则需找出主要原因，同时考虑可能的补救方法；对表现不好的予以批评，必要时企业可更换渠道成员，以保证营销活动顺利有效地进行。

一般来说，测量中间商销售绩效的主要方法有以下两种：

(1)将每一中间商的销售绩效与其上期的进行比较，并以整个群体的升降百分比作为评价标准。对低于该群体平均水平的中间商，必须加强评估与激励措施。如果对后进中间商的环境因素加以调查，可能会发现一些可原谅因素，如当地经济衰退、某些顾客不可避免的失去、主力推销员的丧失或退休等。其中某些因素可以在下一期弥补过来。这样，生产企业就不应该因这些因素而对中间商采取惩罚措施。

(2)将各中间商的绩效与该地区基于销售潜量分析所设立的配额相比较。即在销售期过后，根据中间商的实际销售额与其潜在销售额的比率，将各中间商按先后名次进行排列。这样，企业的调整与激励措施可以集中于那些没有达到既定比率的中间商。

当采用整合分销渠道模式时，企业应该综合地对分销渠道所有成员进行合理的评估，如产品设计、生产、营销、促销业务、客户服务、现场服务支持、品质保证、存货管理、运输、仓储、退货、进出口、收账等，以确定功能性责任的落实。

（五）调整分销渠道

市场环境不断变化，为了确保分销渠道的有效运作，企业应该在分析评估渠道成员的基础上，根据实际需要，适当调整或改变分销渠道。可以有以下三种方法：

1. 增减中间商　即在原有的分销渠道里增加或者减少某些个别中间商。在做出这种调整决定时，一定要多方面进行综合评价。以增加中间商为例，中间商的增加，会给企业增加多少的销售量和利润，增加多大的市场覆盖面，是否会给顾客带来更多的满意，会对其他中间商的销售量、利润和情绪带来多大的影响等。

2. 增减分销渠道　如果增减中间商不能够解决问题时，就可以考虑增减分销渠道。例如，某化妆品公司发现其经销商只注重成人市场而忽视儿童市场，引起儿童护肤产品的销路不畅。为了促进儿童化妆品市场的开发，该公司就可能需要增加一条新的分销渠道，如直接利用专卖店来进行销售。

3. 调整分销渠道模式　即对原先的整个分销渠道系统，如销售体系、制度等进行通盘调整。原有的分销渠道系统已经明显过时了，与满足顾客需要和欲望的理想系统之间的差距在扩大。这类调整难度较大，它不是在原有分销渠道的基础上进行完善，而是采用新的分销渠道模式。例如，汽车制造商放弃原来利用独立的代理商来销售产品的分销渠道模式，而采用直销模式。

【复习思考题】

1. 什么是分销渠道？
2. 分销渠道可以分成哪几种类型？
3. 画出消费者市场分销渠道模式的示意图。
4. 什么是中间商？它有什么作用？
5. 什么是批发商？什么是零售商？它们分别具有什么样的类型？
6. 选择分销渠道应该考虑哪些因素？
7. 如何对分销渠道进行管理？

【案例】

迪比特手机，成也渠道败也渠道

迪比特，2003年手机行业的亮点企业，台湾手机厂商中唯一在内地拿到手机牌照的企业，却在2004年在中国内地大幅亏损，这个结果也许出乎迪比特的预料。

让时间回到2003年，我们可以清晰看到迪比特当时的意气风发：凭借一款性价比极高的产品5688作为先锋，在竞争激烈的手机行业冲出一条血路，市场份额扶摇直上。在2003年9月、10月的销量高峰期，销量竟然达到每月70多万台。但是，迪比特并没有过几个月好日子。2004年初，迪比特手机的销量开始直线下滑，在天空中划过一道美丽的闪电后，归于沉寂。2004年是很多国产手机品牌的冬天，但对迪比特来说，这个冬天来得似乎更迅疾了一些。

产品性价比高，高额利润助推渠道商

2003年的手机是竞争异常激烈的一年。国产品牌的迅猛崛起，给了国外手机品牌一剂清醒剂，使得国外手机品牌不得不正视国产手机品牌在渠道上的运作方式，并积极学习国产手机在渠道上的经验。

同时，一些革命性的手机技术出现了趋向普及的势头。其中发展最快、普及最广的是彩屏手机。在2003年5月份之前，一方面由于彩屏手机的价格还处在较高位置，一般在3 000元左右，没有到大部分消费者可以接受的心理价位。另一方面大部分手机厂商还有大量的手机库存，大家都忙着清理黑白手机的库存，没有把重点放在彩屏手机的销售上。有的国产机品牌虽然没有库存的负担，但由于当时彩色显示屏比较紧张，一些想在彩屏手机市场有所作为的厂家也无计可施。

在2003年5月份之前，迪比特手机的全国销量比较低，黑白屏手机的库存负担基本没有，而且其有1 000万台产能规模和全球采购的优势，使得彩屏手机实现了大批量生产。由于有加工企业的规模优势，迪比特的产品成本比较低。迪比特利用自己的优势，在市场上出了一个奇招，以非常低的价格由区包(以一个省或几个省为单位买断包销商)买断产品，以远远低于竞争对手的价格进行零售。

当时市场上折叠彩屏手机的零售价格普遍在2 500～3 000元之间，而迪比特一款折叠彩屏手机5688的零售价格仅为1 980元，这一个零售价格不仅远远低于竞争对手，而且触及了消费者可接受的心理界点。迪比特以1 500/台的价格由区包买断，留给渠道的利润将近500元。这种极高的性价比手机对消费者有强大的吸引力，迪比特留给渠道的高利润又给了渠道强大的推力。两者合力，产品的销量迅速提升，单5688一款产品全国月销售量最高的时候就可以达到20万～30万台。在此策略下，带动迪比特全线产品销售上升，在2003年9月、10月份，销量一度达到70多万台，位于国产手机销量三甲之内。

渠道失控，价格混乱，终端销售下滑

就在迪比特销量一路飙升的时候，市场正在急速发生变化，大部分国产品牌经过2003年的“十一”黄金周，以及在此之前几个月的清库，黑白机的库存基本清理完毕。波导、TCL、康佳及国外品牌彩屏手机也实现了批量化生产。康佳发动了彩屏风暴，TCL、波导等也开始全力发动彩屏手机的促销。TCL于2003年10月推出两款折叠彩屏手机919、929，上市价1 390元/台，波导两款比较有代表性的产品SC01、SC10在10月份的价格也只有1 100元/台和1 500元/台，摩托罗拉等外国品牌的彩屏手机价格也开始下调。从2003年10月过后，迪比特彩屏手机的销量在终端受到非常大的阻击。

从这时起，迪比特的渠道危机开始爆发。2001年迪比特曾找中迪普泰做全国代理，在2001年底开始发展地包，2003年开始发展大区包，甚至找天音、蜂星做国包。因为前期市场良好前景的影响，迪比特向区包压了大量库存，而且是买断经营，从理论上讲是不保价、不退货。但与此同时，由于竞争对手的低廉的价格和强势推动的渠道的打压，迪比特终端的销售差强人意，彩屏手机价格一路走低，迪比特区包害怕亏损，开始恐慌性地低价抛货，由此造成迪比特价格体系混乱，地区经销商没有利润，零售商也没有利润，渠道开始排斥迪比特产品，迪比特有大量产品滞留渠道。渠道开始对迪比特失去信心，迪比特后面的产品得不到主流渠道的支持，造成迪比特的销量全面下滑。2004年迪比特开始发展全新的FD营销模式（从某种意义上说就是“直供”，代理商只是充当资金和物流的平台，具体销售由迪比特在全国的分公司自己操作），但是仍无法挽回销售下滑局面。在渠道管理方面，迪比特也有窜货处罚制度，但是，由于全国窜货现象太严重，广东的一个区包商就收过1.8万台外地窜来的货，最后的处罚也不了了之，渠道混乱得不可收拾。

（资料来源：李穗豫，陈玮. 中国本土市场营销精选案例与分析. 广州：广东经济出版社）

【案例分析】

1. 迪比特应该怎样调整渠道策略？
2. 以迪比特为代表的国产手机厂商怎样发挥渠道策略的优势？

第十章　促销策略

【学习目的】

1. 掌握促销、促销组合的概念及其作用。

2. 能够根据影响因素的分析制定出切实可行的促销组合。

3. 了解人员推销、广告、公共关系、营业推广的含义、特点及其策略。

4. 能够在企业的实际营销活动中运用人员推销、广告、公共关系、营业推广各种促销方式。

第一节　促销概述

一、促销的概念及其特点

促销，即促进销售，是指企业通过人员和非人员方式，沟通企业与消费者之间的信息，引发、刺激消费者的消费欲望和兴趣，使其产生购买行为的活动。促销是企业在市场竞争中取得有利的产销条件，获取较大经济效益的必要保证。一般来说，促销具有以下三个特点。

(一)促销的目的是引发、刺激消费者产生购买行为

企业开展促销活动的主要任务是向目标消费者传递有关产品的性能、特色及其带来的利益等。在消费者可支配收入既定的情况下，消费者是否产生购买行为主要取决于消费者的购买欲望，而消费者的购买欲望又与外界的刺激、诱导密不可分。促销只是针对这一点，通过各种传播方式把产品或服务等有关信息传递给消费者，以激发其购买欲望，使其产生购买行为。

(二)促销的核心是沟通信息

在社会化大生产条件下，生产者与消费者之间客观上存在着分离。促销活动是在生产者和消费者之间进行沟通，了解消费者的需求，进而满足消费者的需求过程。沟通过程示意图如 10-1 所示。

从图 10-1 可以看出，一个有效的沟通过程通常包括以下 9 个要素。

1. 信息源　给另一方发送信息者，又称为发送者。信息源可以是个人、企业或者政府等。企业是市场营销中信息沟通的主要信息发送者。对信息源来说，信息的可信性是非常重要的，它影响到目标受众如何评价所接收的信息和采取怎样的行动。

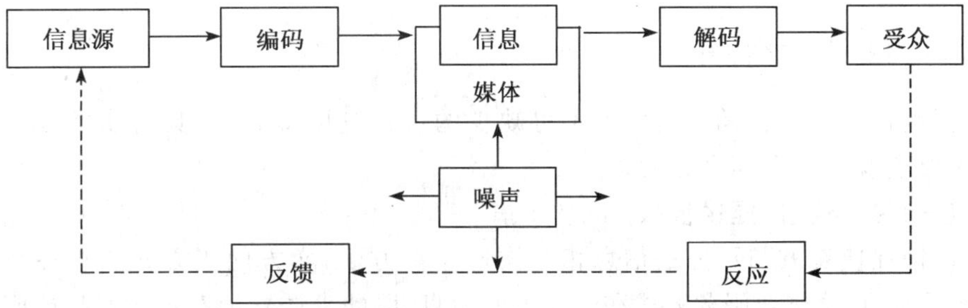

图 10-1　沟通过程示意图

2. 编码　即把信息源所希望传递给目标受众的意图、设想和愿望等转变成目标受众可看、可听、可读或可体会的沟通主题信息信号，一般由符号、文字、数字、图片或音乐等组成。

3. 信息　由信息源传送给受众并使之理解的理念、感情或看法。信息一般包括企业名称、产品或品牌名称、产品特点、功效、益处、喻义、价格等。

4. 媒体　用来承载和传递信息的工具与手段。一般可分为人员与非人员两类。

5. 解码　受众对收到的信息进行解释、理解的过程。每一个受众往往根据自己的背景(经历、偏好、收入、价值观及态度等)及信息内容的明晰度等来解释、理解所接收到的信息。

6. 受众　在绝大多数营销场合，沟通信息的受众一般是潜在的目标市场。有时也会是其他媒介、竞争者等。

7. 反应　受众在受信息影响后所做出的有关行动。目标受众对信息的反应有多种模式。层次效果模式描述了受众从知晓、认识、喜爱、偏好，到信任和购买六种状态。

8. 反馈　受众返送给信息源的那部分反应。反馈主要有这三种形式：购买、改变购买态度和不购买。

9. 噪声　是指信息沟通过程中的干扰。它可以影响沟通过程的任何一个环节。

(三)促销的方式有人员促销和非人员促销两类

人员促销，即直接促销或人员推销，是企业运用推销人员向消费者推销产品或服务的一种促销活动。它主要适用于消费者数量少、比较集中的情况。非人员促销，即间接促销或非人员推销，是企业通过一定的媒体传递产品或服务等有关信息，以促使消费者产生购买欲望、发生购买行为的一系列促销活动，包括广告、公共关系和营业推广等。它适用于消费者数量多、比较分散的情况。通常，只有将人员促销和非人员促销结合起来使用，才能更好地达到促销效果。

二、促销的作用

促销在企业的营销活动中是不可缺少的可控制因素之一，具有非常重要的作用，主要表现在以下四个方面。

(一)传递信息，提供情报

促销促使卖方与买方的信息相互沟通。一方面，卖方向买方介绍有关企业现状、产品特点、价格及服务方式和内容等的信息，以此来诱导消费者对产品或服务产生需求欲望，进而采取购买行为；另一方面，买方向卖方反馈对产品价格、服务内容、服务方式和质量等信息，促使生产者和中间商取长补短，更好地满足消费者的需求。

(二)突出特点，诱导需求

在市场竞争日益激烈的环境下，同类商品越来越多。企业通过促销活动，宣传、说明本企业产品有别于其他同类竞争者产品之处，便于消费者了解本企业产品在哪些方面优于同类产品，使消费者认识到，购买本企业产品所带来的利益较大，从而激发消费者的购买欲望，变潜在需求为现实需求。

(三)指导消费，扩大销售

在促销活动中，企业循循善诱地介绍产品知识，一定程度地对消费者起到了教育和指导作用，从而有利于激发消费者的需求欲望，扩大产品销售。

(四)树立形象，稳定市场

人们的需求不断地在变化和发展，企业要在变幻莫测的市场中稳定和提高市场地位，就需要通过促销活动扩大企业的影响，加深消费者对企业的印象。通过宣传企业的独特风格和产品的独特个性，树立特定的企业形象和产品形象，以适应市场发展的需要，促进顾客购买，保持顾客数量的稳定增长，从而稳定自己的市场。

三、促销的基本策略

(一)推进策略

又叫人员推销策略，即企业运用人员推销手段，把产品推进到目标市场的一种策略。即生产者采取积极措施把产品推销给批发商，批发商再采取积极措施把产品推销给零售商，零售商再采取积极措施把产品推销给消费者，如图 10-2 所示。推进策略一般适用于单位价值较高的产品，性能复杂、需要做示范的产品，根据用户需求特点设计的产品，流通环节较少、流通渠道较短的产品，市场比较集中的产品等。是以中间商为主要促销对象。

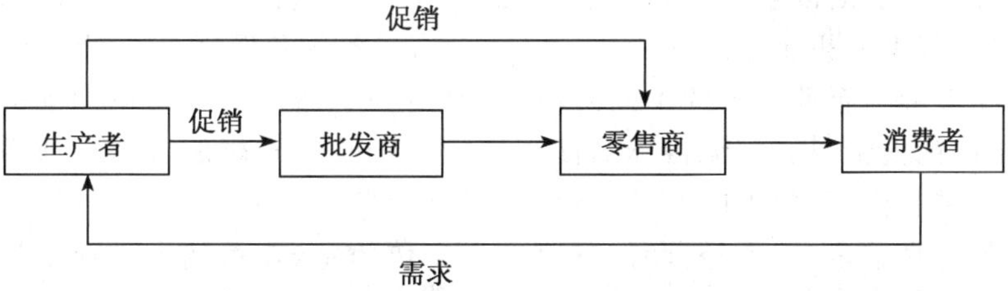

图 10-2　推进策略

(二)拉动策略

又叫非人员促销策略,即企业通过非人员促销手段,特别是广告宣传的方式,刺激最终消费者对企业产品产生兴趣和需求,拉动他们向零售商要求购买这一产品,零售商就会向批发商要求购买该产品,批发商又会向生产者要求购买该产品,如图 10-3 所示。拉动策略一般适用于单位价值较低的日常用品,流通环节较多、流通渠道较长的产品,市场范围较广、市场需求较大的产品等。

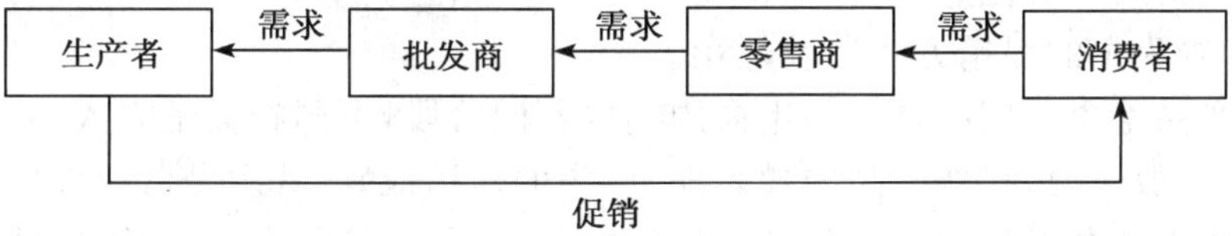

图 10-3　拉动策略

四、促销组合及其影响因素

(一)促销组合

由于不同的促销方式有不同的特点,所以在促销过程中,企业常常将多种促销方式同时并用。所谓促销组合,即企业根据产品的特点和营销目标,综合各种影响因素,对各种促销方式的选择、编配和运用。表 10-1 显示了各种促销方式的基本特点。

表 10-1　促销方式的基本特点

人员推销	广告	公共关系	营业推广
直接的人际接触	公共性	可信度高	引起受众注意
培养人际关系	普及性	减少受众戒备	利益诱惑
及时反映和反馈	表现力强	戏剧性	刺激行为
针对性强	非强制性		

(二)促销组合的影响因素

影响促销组合的因素很多。一般来说,在认真考虑各种促销方式的特点基础上,企业应该仔细分析企业的促销目标、产品、市场条件和促销预算四个主要因素。

1.促销目标　企业经营的不同阶段,或者是为了适应市场营销活动的不断变化,会有不同的促销目标。无目标的促销活动不会收到理想的效果。所以企业根据不同的促销目标,采用不同的促销组合。例如,当企业在某一时期、某一市场,为了迅速增加产品销量、扩大经营时,应以广告宣传为主,在短期内迅速加快信息传递,然后以营业推广加以配合;当企业在某一市场把重点放在树立产品的良好形象上,以便长期占领市场,处于竞争优势,这时则应侧重于公共关系,以人员推销为辅,发挥这些促销方式的优势;当企业为了表现在服务上的优势与特色时,就应该以人员推销为主,以营业推广和公共关系为辅。

2.产品因素

(1)产品性质。不同的促销方式在工业品和消费品上的作用是不一样的。一般来说,工业品购买批量大、市场相对集中,且多属于专家性购买,购买者希望在掌握大量准确可靠信息的基础上进行选择,所以以人员推销为主的促销组合方式比较适用;消费品一次性购买量少、市场广泛而分散,且高知名度的产品容易受欢迎,所以以广告为主的促销方式比较适用。

(2)产品生命周期。在产品生命周期的不同阶段,不同的促销方式的作用也大不相同。一般来说,在新产品的导入期,广告的作用最好,其次是营业推广活动;在成长期,由于消费者的相互转告,需求通常可以自行保持一定的增长,因此,所有促销方式的作用都会有所弱化;在成熟期,以不同促销方式的作用大小次序排列,依次为营业推广、广告与人员推销;在衰退期,营业推广的作用继续增大,而广告的作用减少,人员推销的作用则最小。在产品生命周期各阶段应有计划地运用公共关系活动。

3.市场条件　从市场地理范围大小看,若促销对象是小规模的本地市场,应以人员推销为主;而对全国甚至是世界市场进行促销,则多采用广告形式。从市场类型来看,消费者市场因消费者多而且分散,多数靠广告等非人员推销方式;而对用户较少、批量购买、成交额较大的生产者市场,则主要采用人员推销形式。此外,在有竞争者的市场条件下,制定促销组合还应考虑竞争者的促销方式和策略,要有针对性地不断变换自己促销组合。

4.促销预算　在满足促销目标的前提下,要尽量节约促销费用。企业确定的促销预算额应该是企业有能力负担的,并且是能够适应竞争需要的。为了避免盲目性,在确定促销预算时,除了考虑营业额的多少外,还应该考虑到促销目标的要求、产品生命周期等其他影响促销的因素。

第二节 人员推销策略

一、人员推销特点

（一）人员推销的概念及方式

人员推销是企业运用推销人员直接向顾客进行的一种促销活动。美国营销协会（AMA）认为：所谓人员推销是指企业通过派出销售人员与一个或一个以上可能成为购买者的人交谈，作口头陈述或书面介绍，以推销产品，促进和扩大产品销售。人员推销的三个基本要素是：推销人员、推销对象和推销品。人员推销的方式主要有以下3种。

1. 上门推销　推销人员携带产品的样品或图片、说明书、订货单等走访顾客，推销产品。这是一种积极主动的、名副其实的“正宗”人员推销方式，也是最古老、人们最熟悉的一种人员推销方式。上门推销的特点是推销员向顾客靠拢，容易使推销员与顾客之间形成情感联系，也有助于双方形成一种长期的、固定的产销关系。

2. 柜台推销　商店的营业员向光顾的顾客销售产品。这也是一种非常普遍的人员推销方式。柜台推销的特点是顾客向推销员靠拢。由于商店里的产品种类相对齐全，款式、数量也相对较多，所以为顾客提供了较多的购买方便。

3. 会议推销　利用各种会议的形式，如展销会、洽谈会、交易会、订货会、供货会等宣传和介绍产品，开展销售活动。会议推销的特点是推销员群体向顾客靠拢。在各种推销会议上，多家企业同时参加商品销售活动，各企业之间、同行之间接触广泛，推销集中，影响面大，其推销效果一般要比前两种人员推销方式要好。

（二）人员推销的特点

人员推销的特点主要表现在以下6个方面。

1. 信息传递双向性　一方面，推销人员通过向顾客宣传介绍产品等有关信息，另一方面，推销人员通过与顾客的接触，能及时了解顾客对产品以及企业等方面的评价与建议。通过这种信息的双向传递，可以为企业制定合理的营销策略提供依据。

2. 推销目的的双重性　一方面，推销人员施展各种推销技巧，目的是推销产品，另一方面，推销人员与顾客直接接触，向顾客提供服务，目的是为了帮助顾客解决问题，满足顾客需求。双重目的相互联系、相辅相成。推销人员只有做好顾客的参谋,更好地实现满足顾客需求这一目的,才有利于诱发顾客的购买欲望,促成购买。

3.推销过程的灵活性 由于推销人员与顾客直接联系,当面洽谈,可以通过交谈与观察了解顾客,进而根据不同顾客的特点和反应,有针对性地调整自己的工作方法,以适应顾客,诱导顾客购买。同时还可以及时发现、答复和解决顾客提出的问题,消除顾客的疑虑与不满意感。

4.友谊、协作长期性 推销人员与顾客直接见面,长期接触,可以促使买卖双方建立友谊,形成企业与顾客之间长期的买卖协作关系,稳定产品的销售。

5.成本较高 由于每个推销人员直接接触的顾客有限,销售面窄,特别是在市场范围较大的情况下,人员推销的开支较多,这样就增大了产品的销售成本。

6.对推销人员的要求较高 人员推销的效果直接决定于推销人员素质与能力。随着科学技术的发展,产品的生命周期不断缩短,新产品层出不穷,对推销人员的要求也越来越高。

二、人员推销策略

人员推销是一项非常复杂的工作,它要求推销人员在不同的场合、推销不同的产品、面对不同的推销对象时,都要能够做到随机应变,灵活运用试探性、针对性和诱导性3种基本的人员推销策略。

(一)试探性策略

试探性策略也称为“刺激——反应”策略,这是在不了解顾客的情况下,推销人员运用刺激性手段引发顾客产生购买行为的策略。推销人员事先设计好能够引起顾客兴趣的推销语言,通过渗透性交谈进行刺激,在交谈中观察顾客的反应;然后根据其反应采取相应的对策,并选用得体的语言,再对顾客进行刺激,进一步观察顾客的反应,以了解顾客的真实需要,诱发购买动机,引导其产生购买行为。

(二)针对性策略

针对性策略也称为“配方——成交”策略。是指推销人员在基本了解顾客某些情况的前提下,事先设计好针对性强的、能够投顾客所好的推销语言,有目的、分步骤地宣传和介绍产品,以达到让顾客最终做出购买决定的策略。在运用针对性策略时,一定始终体现出诚意,当顾客真正感到推销人员是在为自己解决问题时,交易也就很容易达成。就像医生为患者诊断后开出有效处方,最终成交一样。

(三)诱导性策略

诱导性策略也称为“诱发——满足”策略。是指推销人员运用能激起顾客某种需求的说服方法,诱发引导顾客产生购买行为。推销人员通过与顾客的交谈和联系，能够使顾客的一些潜在需求一下子变得很强烈，甚至产生了一些从未考虑过的需求，最后自觉地加入到购买行列中。诱导性策略是一种创造性的策略，它要求推销人员要具有非常高的推销艺术与技巧。

三、推销人员的使用和管理

推销人员不仅是企业的形象与代表，更是企业开拓和维系市场的主要力量，它们在企业的市场营销活动中起着非常重要的作用。所以应该积极加强对推销人员的使用和管理。

（一）推销人员的甄选

企业做好推销工作的关键是必须甄选出一批优秀的推销人员。推销人员可以来自企业内部，也可以在社会上公开招聘。甄选推销人员的方法多种多样，一般是采用申报、笔试、面试和心理测试相结合的方法。

1. 申报工作　主要是由应聘者填写申请或应聘表格。企业可以借此掌握应聘者的性别、年龄、受教育程度、工作经历、健康状况等的基本情况。

2. 笔试和面试工作　企业可以借此了解应聘者的仪表风度、语言表达能力、知识广度和深度、理解和分析问题的能力、工作态度等。

3. 心理测试工作　主要是对应聘者的能力、个性、态度、性格、兴趣等的测试。

一般来说，甄选出来的推销人员应该在具有良好的体质之外，还要具备以下几种素质：

(1)积极上进，勇于进取。推销人员一定要具有强烈的事业心和责任心，热爱本职工作，尽心尽力，坚定热忱，敢于探索，积极进取，热心服务，追求成功。

(2)求知欲强，知识广博。较高素质的推销人员必须具有较强的求知欲，乐于学习各种必备的知识和及时总结经验。这样才能够不但使推销人员具有丰富的业务知识，同时也逐渐培养了其广博的知识面。在与顾客联系的过程中，可以有效利用自己对企业、产品、市场、竞争和心理学等方面的知识来与顾客相互沟通信息，最终促成交易的发生。

(3)文明礼貌，善于表达。推销人员在推销过程中一定要文明礼貌，仪表端庄，举止得当，谦恭有礼，谈吐文雅，性格开朗，口齿伶俐，幽默诙谐，善于表达，从而使顾客愿意与其沟通。

(4)灵活应变，技巧娴熟。推销人员应该反应灵敏，并且具有娴熟的推销技巧，善于针对不同的市场环境灵活使用不同的推销方法。较高素质的推销人员一般可以恰当地选定推销对象，能够准确地了解顾客的有关情况，并且善于选择恰当的洽谈时机，把握易于被他人忽视或不易被发现的营销机会。

(二)推销人员的培训

推销人员的培训有助于提高其工作效率,更快更好地完成工作职责和任务,所以是一项非常重要的工作。经过甄选出来的推销人员,通常还需要经过一段时间认真地培训才能够上岗,代表企业去推销产品。对在岗的推销人员也要有计划地进行培训,从而使其能够及时了解企业的新产品、新的经营计划和新的市场营销策略等,并且能够帮助其更好地提高推销技能和增加其工作的积极性和主动性。培训的内容一般包括企业知识、产品知识、市场知识、推销技巧、心理学知识以及政策法规等。

推销人员的培训方法主要有举办培训班、专题讲座、示范教学、职位演练、个别谈话、函授专业课程、委托办班等。根据推销人员参与程度的划分标准,可以将培训方法分为讲授培训、模拟培训和实践培训三种。讲授培训是指通过举办短期培训或进修等形式,由专家、教授或者优秀的推销人员来讲授基础理论和专业知识或者介绍推销方法、技巧和经验的培训方法。模拟培训是指通过让推销人员参与分析推销案例或者由专家、教授或者优秀的推销人员扮演的顾客进行模拟推销等活动,使得推销人员能够获得一定真实感的培训方法。实践培训是指通过让推销人员直接上岗工作,或者由有经验的推销人员传、帮、带,从而使推销人员身体力行,能够很快了解并且胜任销售工作。总的来说,有效地培训在满足企业市场营销努力的基础上,应该使得推销人员能够获得较强的成长感与归属感,这样就能够更加促进推销人员工作积极性的发挥。

(三)推销人员的考评

推销人员的考评既可以作为实行报酬决策的依据,同时也可以作为企业人事决策的重要参与标准。它主要包括两个重要的工作:收集考评资料与建立考评标准。

收集考评资料是做好推销人员考评工作的一个重要前提和基础。一般来说,企业可以通过以下几个途径来收集考评资料:

1.推销人员销售工作报告　它一般包括推销人员的销售计划和销售绩效报告两个部分。前者反映推销人员一定时期内的销售计划和日常工作活动安排的科学性和合理性;后者反映推销人员的实际工作业绩。

2.企业销售记录　它一般包括销售总额、区域销售量、顾客记录、成本、费用、应收账款、应付账款等方面的内容。通过对这些资料进行加工分析,可以反映出任何一名推销人员所接订单的毛利,也可以反映出企业总订单的毛利。

3.顾客及社会公众评价　推销人员面向顾客和社会公众提供服务,这就决定了他们在考评推销人员工作中的重要作用。这类资料一般可以通过顾客投诉和定期的顾客调查结果反映出来。

4.企业内部员工的意见　它一般包括企业销售经理、其他推销人员,甚至是其他职能部门员工的意见。这类资料可以反映推销人员是否具有领导或组织才能,工作态度和合作态度等方面情况。

科学合理的绩效考评标准的建立,是考评推销人员的又一个非常重要的工作。绩效考评标准在与企业的销售增长、利润增加和企业发展的总目标相一致的前提下,也要充分考虑到推销人员的个体差异、区域经济发展环境等一些客观因素。一般来说,常用的考评标准有:销售量;毛利;访问率;访问成功率;平均订单数目;销售费用及费用率;新客户数目等。

(四)推销人员的激励

建立有效的薪酬制度是激励推销人员的一个重要方面。一般有固定工资制、直接佣金制和混合制三种形式。固定工资制即按固定的工资标准来支付报酬;直接佣金制即根据推销人员的工作绩效来支付报酬和奖励;混合制即在支付固定工资的同时根据推销人员工作的实绩给予相应的物质和精神奖励。混合制吸取了前两种形式的优点,使企业既能够对推销人员的工作加以有效的控制与监督,又能够兼顾各项推销工作,保证推销人员的个人利益。

激励是调动推销人员工作积极性和主动性的重要手段。斯蒂芬·P·罗宾斯(Stephen P. Robbins)和玛丽·库尔特(Mary Coulter)曾经给出了对激励员工的一些建议,对企业的推销人员来说也同样适用。主要有:认清个体差异;进行人与工作的匹配;运用目标;确保个体认为目标是可以达到的;个别化奖励;奖励与绩效挂钩;检查体制是否公平;不要忽视金钱的作用。

第三节　广告策略

一、广告的概念与种类

(一)广告的概念

广告一词源自于拉语,有"注意"、"诱导"、"广而告之"等的意思。广告的概念有广义和狭义之分。广义的广告是指一切借用传媒体形式,向公众传播信息的活动。狭义的广告是指经济广告或非经济广告。其中,非经济广告是指为了达到某种宣传目的而进行的宣传活动,包括政治广告、军事广告、文艺广告、社会广告等。市场营销学研究的是经济广告,是指广告主以促进销售为目的,付出一定费用,通过特定的媒体传播商品或服务等有关经济信息的大众传播活动。经济广告具有这样几个特点:①广告是以广大消费者为广告对象的大众传播活动;②广告以传播商品或服务等有关经济信息为其内容;③广告是通过特定的媒体来实现的;④广告主要对使用的媒体支付一定的费用;⑤广告的目的是为了促进商品销售,进而获得较好的经济效益。

(二)广告的种类

广告的形式多种多样,根据不同的划分标准,可以把广告分为不同的种类。

1.商品广告、企业广告和公益广告　这是根据广告的内容和目的不同来划分的。商品广告是针对商品销售开展的大众传播活动,按照其目的的不同又可分为开拓性广告(新产品进入市场或产品进入新市场时以介绍产品为主的广告)、劝告性广告(为应对竞争而突出产品特点等而进行的广告)和提醒性广告(对于已进入成熟后期的产品所进行的广告)三种类型;企业广告着重宣传、介绍企业名称、企业精神、企业概况(如厂史、生产能力、服务项目等)等有关企业信息,其目的是为了提高企业的声望、名誉和形象;公益广告主要是指用来宣传公益事业或公共道德的广告,它能够实现企业自身目标与社会目标的融合,有利于树立并强化企业形象。

2.对生产者的广告、对经营者的广告和对消费者的广告　这是根据广告对象的不同来划分的。对生产者的广告主要是针对生产资料的工业用户发布的,其内容多为原材料及生产设备等,主要起引导介绍作用;对经营者的广告是生产厂家针对采购商、代理商、批发商和零售商发布的,其内容多为消费品,目的是引起中间商的推销兴趣;对消费者的广告直接面向广大消费者,是厂商和经营者直接向消费者推销产品的,这类广告数量最多,内容也最为丰富。

3.全国性广告和地区性广告　这是根据广告传播的区域不同来划分的。全国性广告是采用信息传播能覆盖全国的媒体所做的广告,以此激发全国消费者对所广告的产品产生需求。在全国发行的报纸、杂志、电视或互联网等媒体上所做的广告,均属全国性广告。这类广告要求广告产品是适合全国通用的产品,并且,因其费用较高,一般也只适合生产规模较大、服务范围较广的企业。地区性广告是采用信息传播只能覆盖一定区域的媒体所作的广告,借以刺激某些特定地区消费者对产品的需求。在省、市、地区、县、乡镇的报纸、杂志、广播、电视,以及路牌、车体上的广告都属地区性广告。这类广告传播范围较小,多适用于生产规模较小、产品通用性较差的企业和产品。

二、广告媒体与选择

(一)广告媒体

广告媒体,即广告媒介,是广告主与广告接受者之间的连接物质。随着科学技术的发展,广告媒体的种类也会越来越多。

1. 印刷媒体　如报纸、杂志、挂历、明信片、电话簿、画册、商标、说明书等。

2. 电子媒体　如广播、电视、互联网、电影、电子显示屏等。

3. 户外媒体　如路牌、海报等。

4. 展示媒体　如橱窗、柜台、门面、模特等。

5. 邮寄媒体　如函件、征订单等。

6. 其他媒体　如购物袋等。

不同的广告媒体具有不同的特点，如表 10-2 所示。

表 10-2　主要广告媒体的优缺点

媒体类型	优点	缺点
报纸	发行量大，宣传面广；制作灵活方便；传播迅速，时效性强；具有较高的可信度；广告文字、图案便于事后查找；费用较低等	广告夹在大量信息中不突出，易被忽略；和读者接触时间较短；广告易因印刷效果不良而受影响等
杂志	宣传对象的选择性强；可信并具有一定权威；保存时间长；印刷精美，艺术表现力强；发行地域广，宣传面大等	发行周期较长；时效性差；专业性强，接触对象不够广泛；版面紧张，无法保证等
广播	传播迅速；制作简便；传播面广；借助语言、音乐发挥听觉效果，通俗易懂，成本低廉等	有声无形，广告印象不深；时间短，广告内容不易记忆；无法查找；听众注意力不集中等
电视	综合视觉和听觉，富有感染力；表现手法多样，艺术性强；收视率高，深入家庭等	成本高；播放时间短，通常以秒计算，易为观众错过；广告对象难以选择，针对性差等
互联网	受众范围广；受众选择性好；广告成本低；信息双向传播；可以定向发送信息；修改广告方便；个性化明显；可以较精确地统计出广告收视率等	普及率偏低；被动传播多于主动传播等

(二)广告媒体的选择

1. 产品的性质　生产资料和生活资料、高技术产品和一般生活用品、价值较低的产品和高档产品、一次性使用的产品和耐用品等具有不同的性质。广告媒体只有适应产品的性质，才能取得好的广告效果。通常，对高技术产品进行广告宣传，面向专业人员，多选用专业性杂志；而对一般生活用品，则适合选用能直接传播到大众的广告媒体，如广播、电视等。

2. 目标受众　不同的广告媒体会把广告信息传给不同的消费者，所以企业选择广告媒体时应与目标市场接触广告媒体的习惯相一致。最有效的广告媒体是那些能最准确、最迅速并且最有效地将广告信息传达到目标市场的媒体。例如，对儿童用品的广告宣传，宜选电视作其媒体；对妇女用品的广告进行广告宣传，宜选用妇女喜欢阅读的妇女杂志或电视，也可以在妇女商店布置橱窗或展销。

3. 传播效果　即媒体传播的范围和影响力的大小。不同的媒体的传播效果不同，企业选用媒体时，应从广告媒体的传播范围、影响力等多方面进行衡量，选取效果好、声誉高的媒体。

4. 媒体成本　不同的广告媒体，收费标准不同；同一媒体，经营单位不同或广告登出的时间、出版面不同，收费标准也不一样。所以企业要考虑广告费用和自己的支付能力来选择广告媒体。

三、广告的设计原则

（一）真实性

真实性是广告设计的一个非常重要的原则，它反映了企业基本的商业道德和社会责任。真实性主要体现在两个方面：①广告主与广告产品要真实。如果广告主不是合法的单位，或者广告产品根本不是广告主自身生产或经营的，那么做出来的广告也肯定就是虚假的。②广告的内容要真实。它要求广告的内容能够客观地反映企业及其产品的实际。另外，广告内容在艺术手法的修饰和运用上也要得当。

（二）社会性

广告不仅是一种促销形式，而且是一种具有鲜明思想性的社会意识形态。所以，广告必须符合社会文化、思想道德的客观要求，有利于社会主义精神文明，有利于培养人民的高尚情操。比如，广告要遵循《广告法》等有关国家法律，严禁出现带有中国国旗、国徽、国歌标志、国歌音响的广告内容和形式，杜绝损害国家民族尊严的、甚至有反动、淫秽、迷信内容的广告等。

（三）针对性

广告的内容与形式的设计要具有针对性，即对不同的产品和目标市场要采用不同的内容和表现形式。各个目标市场群体都有自己的需求特征或偏好，只有根据他们的需求特征或偏好来有针对性地设计广告的内容和表现形式，才能够有效地吸引他们的注意，从而进一步地激发起他们对企业及其产品的兴趣，最终发生购买行为。

（四）艺术性

广告是一门科学，也是一门艺术。在具体的设计和运用过程中，要有效地吸收和利用文学、戏剧、音乐、美术等学科的艺术特点，把真实的、具有社会性和针对性的广告内容通过适当的艺术形式表现出来，才能够更加有效地增强广告效果。这也要求广告设计一定要构思新颖，广告形式不断地创新。

四、广告效果的测定

从不同的角度来考察，广告效果可以分为：经济效果和社会效果；即效性效果与迟效性效果；促销效果与本身效果。广告效果的测定，不仅有利于降低广告费用，而且有利于制定有效的广告决策，它已成为广告活动的一个非常重要的组成部分。下面从广告的促销效果和本身效果两个方面来进行测定。

（一）广告促销效果的测定

广告促销效果，即广告的直接经济效果，它反映广告费用与广告产品销售量（额）之间的比例关系。通常测定广告促销效果的主要衡量指标有以下5个。

1. 广告费用占销率　这一指标可以反映出计划期内广告费用对广告产品销售量（额）的影响。一般来说，广告费用占销率数值越小，则广告促销效果越好；反之，则越差。

广告费用占销率＝[广告费/销售量（额）]×100％

2. 广告费用增销率　这一指标可以反映出计划期内广告费用增减对广告产品销售量（额）的影响。一般来说，广告费用增销率数值越大，则广告促销效果越好；反之，则越差。

广告费用增销率＝[销售量（额）增长率/广告费用增长率]×100％

3. 单位广告费用促销额（量）　这一指标可以反映出单位广告费用促销的广告产品销售额（量）。一般来说，单位广告费用促销额（量）数值越大，则广告促销效果越好；反之，则越差。

单位广告费用促销额（量）＝销售额（量）/广告费用

4. 单位广告费用增销量（额）　这一指标可以反映出单位广告费用对广告产品销售的增益程度。一般来说，单位广告费用增销量（额）数值越大，则广告促销效果越好；反之，则越差。

单位广告费用增销量（额）＝[报告期销售量（额）－基期销售量（额）]/广告费用

5. 弹性系数　这一指标通过销售量（额）变动率与广告费用投入量变动率的比值来测定广告促销效果。

$$E=(\Delta S/S)/(\Delta A/A)$$

式中：E 为弹性系数；ΔS 为增加广告费用后的销售增加量（额）；S 为销售量（额）；ΔA 为增加的广告费用支出额；A 为广告费用原有支出额。

总的来说,以上五个指标都是通过广告费用与广告产品销售量(额)之间的比例关系来衡量广告促销效果的。但是在现实中,影响广告产品销售量(额)的因素非常多,广告费用只是其中因素之一。所以上述方法也只能作为衡量广告效果的参考。

(二)广告传播效果的测定

广告传播效果主要是指广告对目标市场所带来的心理效应的大小,通常包括目标市场对广告产品的注意、兴趣、情绪、记忆、理解、动机等。一般来说,只有广告的设计能够引起消费者的高度注意,使其产生深刻的记忆,才会有助于其购买动机的形成。以下是四种常用的广告传播效果测定方法。

1. *配对法*　适用于事前测定,一般是对同一产品两则拟定的广告做出传播效果的测定。其基本做法是,邀请一定数量的消费者和专家对两则广告进行配对评价,选出其中一个。

2. *价值序列法*　适用于事前测定,一般是对同一产品两则以上拟定的广告做出传播效果的测定。其基本做法是,邀请一定数量的消费者和专家对拟定的多则广告进行评价和依次排序,排序越靠前,则表明其传播效果应该最好。

3. *评分法*　既适合用于事前测定,也适合用于事后测定。其基本做法是,将广告各要素列成表,邀请消费者和专家逐项评分,得分越高,表明其传播效果应该越好。

4. *访查法*　既适合用于事前测定,也适用于事后测定。其基本做法是,通过邮寄调查表、电话、人员面谈、互联网等媒体或方式征集广告受众对广告传播效果的意见,从而最终评价出广告传播效果的好坏。

第四节　营业推广策略

营业推广又称销售促进,它是指企业运用各种短期诱因鼓励消费者和中间商购买、经销或代理企业产品或服务的营业推广活动。营业推广的范围广泛、形式多样,几乎包括了除人员促销、广告和公共关系以外的所有刺激顾客采取现实购买行为的措施。

一、营业推广的特点

营业推广是向顾客提供特殊的购买优惠条件,能迅速吸引顾客的注意,激起购买行为,在短期内扩大销售。一种不经常的、无规则的营业推广活动,常常是人员推广和广告推销的一种辅助手段①。

二、营业推广的方式

营业推广的方式多种多样,每一个企业不可能全部使用。这就需要企业根据各种方式的特点、营业推广目标、目标市场的类型及市场环境等因素选择适合本企业的营业推广方式。

(一)向消费者推广的方式

对消费者营业推广的目的在于鼓励消费者多购买企业的商品,吸引更多的顾客使用本企业的产品,争夺其他品牌的顾客等。主要措施有:服务营业推广、购买商品给予一定的折扣以及特种价格营业推广、类别顾客折扣、演示营业推广、消费信用、有奖销售等。

(二)向中间商推广的方式

向中间商推广,其目的是为了鼓励中间商大量进货,增加储存、特别是季节性商品;争取建立固定的产销关系。主要措施有业务会议、推销奖励、红利提成、商业信用等方式。

(三)对推销人员的营业推广

对推销人员营业推广是为了调动推销人员积极性,大力推销产品,开拓新市场。主要措施有:竞赛和利润提成(分红)、奖金等。

三、营业推广方案的制定

开展营业推广活动时,为了与目标市场进行有效的沟通,必须选择发布信息的各种渠道,制定行之有效的营业推广方式。显然营业推广活动是一种综合性的活动,必须从整体上确立营业推广方案,以便有效实现预期的营业推广目标。在实施具体的营业推广计划时,可以按照以下 7 个步骤来制定总体的营业推广方案。

1. 确定目标市场 所谓确定目标市场,其实就是确定产品或服务针对的消费者。在潜在市场中,哪些人需要企业的产品,哪些人在使用企业产品过程中受益,那么这部分人就是企业的目标市场所在。只有认准了潜在客户,才能采取最有效的营业推广手段,与他们进行营销沟通,并在沟通过程中传达最适合于他们的营销信息。

2. 确定营业推广目标 总的来说,企业所希望实现的营业推广目标就是企业期待目标市场对营业推广活动所作出的反应,比如促使他们获取购物优惠券并进

---

①何永祺,张传忠,蔡新春等编著. 市场营销学[M]. 大连:东北财经大学出版社,2001.

行购物。如果企业希望通过刺激客户的购物欲望来达到提高销售业绩的目标，那么企业就要更准确地确定企业的各项营业推广方式与手段。多数刚从事市场营销的人都会犯这样一个错误就是不能准确地确定开展营业推广活动所要实现的各项目标。希望提高销售额是非常自然的事情，不过就特定产品而言，企业必须确定采取哪些营业推广手段才是实现这一目标的最佳途径。

比如说，在某些情况下，想方设法吸引更多顾客试用企业的产品，从而实现扩大销售的目的。这时企业可以采取直接营销的手段，给客户寄去营业推广邮件，并为第一次购买公司产品的客户提供优惠条件，或有奖销售的方式，诸如此类的销售方式都能有效地帮助实现预期的营业推广目标。

3.确定营业推广信息　营业推广信息实质上就是企业在与目标市场沟通时用以吸引目标市场所采用的文字和形象设计。当企业在与目标市场进行营业推广沟通时，必须在营业推广信息中以充足的理由向潜在的客户表明，为什么他们应该对企业所传达的营业推广信息做出反应。企业所提供的产品能够给用户带来的最大的益处是什么，这是营业推广信息中最关键的内容。像麦当劳餐厅不仅营造了家庭的温馨氛围，还有一整套儿童故事，以及卡通人物形象，比如家喻户晓的麦当劳叔叔、汉堡神偷、麦克警察和奶昔小精灵等，他们都成为麦当劳广告中的主角，深受孩子们的欢迎，麦当劳的文化正是随着这些具有鲜明个性的人物在大众群体中传播开的。

4.选择营业推广手段　作为信息的发送者，必须选择最有效的营业推广手段，以便准确传达营业推广信息。销售推广的方式多种多样，其中包括有奖竞赛活动、优惠销售、特供品销售和样品赠送等。确定最有效的销售推广方式的唯一途径就是事前进行试验性操作对其做出实际检验。

5.确定营业推广预算　确定营业推广预算的惯常做法就是在估算竞争对手营业推广预算的基础上来确定自己的营业推广预算。对竞争对手的营业推广预算的评估，其目的只是以它为借鉴，在此基础上，根据具体情况，做出适合本企业实际的营业推广预算方案。

6.确定营业推广总体方案　当营业推广总体方案确定下来以后，必须自始至终协调和整合总体方案中所采用的各种不同的营业推广手段，这一点对实现预期营业推广目标来说显得非常重要。制定详细的推行计划，是保证营业推广方案顺利实施的前提。

7.评估营业推广绩效　对营业推广总体方案做出评估和调整，其目的不仅仅是为了调整那些效果不佳的营业推广手段，同时也是为了使以后的营业推广总体方案能够更有效地为实现营业推广目标服务。

第五节 公众关系策略

一、公众关系的概念及特征

公众关系又称公共关系，是指企业在从事市场营销活动中正确处理企业与社会公众的关系，以便树立企业的良好形象，从而促进产品销售的一种活动。公众关系是一种社会关系，但又不同于一般社会关系，也不同于人际关系。公众关系的基本特征表现在以下几方面。

(一)公众关系是一定社会组织与其相关的社会公众之间的相互关系

这里包括三层含义：其一，公关活动的主体是一定的组织，如企业、机关、团体等。其二，公关活动的对象，既包括企业外部的顾客、竞争者、新闻界、金融界、政府各有关部门及其他社会公众，又包括企业内部职工、股东。这些公关对象构成了企业公关活动的客体。企业与公关对象关系的好坏直接或间接地影响企业的发展。其三，公关活动的媒介是各种信息沟通工具和大众传播渠道。作为公关主体的企业，借此与客体进行联系、沟通、交往。

(二)公众关系的目标是为企业塑造良好的形象

公众关系的目标是为企业广结良缘，在社会公众中创造良好的企业形象和社会声誉。一个企业的形象和声誉是其无形的财富，良好的形象和声誉是企业富有生命力的表现，也是公关的真正目的之所在。

(三)公众关系的活动以真诚合作、平等互利、共同发展为基本原则

公共关系以一定的利益关系为基础，这就决定了主客双方必须均有诚意，平等互利，并且要协调、兼顾企业利益和公众利益。这样，才能满足双方需求，以维护和发展良好的关系。

(四)公众关系是一种长期活动

公共关系着手于平时努力，着眼于长远打算。公共关系的效果不是急功近利的短期行为所能达到的，需要连续的、有计划的努力。企业要树立良好的社会形象和信誉，不能拘泥于一时一地的得失，而要追求长期的稳定的战略性关系。

(五)公众关系是一种信息沟通，是创造“人和”的艺术

公共关系是企业与其相关的社会公众之间的一种信息交流活动。企业从事公关活动，能沟通企业上下、内外的信息，建立相互间的理解、信任与支持，协调和改善企业的社会关系环境。

二、公众关系的功能

公众关系的对象很广，包括消费者、新闻媒体、政府、业务伙伴等，企业利用公众关系吸引公众的注意力或者抵消留在公众头脑里的坏印象。公众关系作为一门经营管理的艺术，其功用、职能主要表现在信息收集、咨询建议、舆论宣传、交往沟通等方面。

(一)信息收集

公众关系所需收集的信息主要有两大类，即产品形象信息与企业形象信息。产品形象信息包括公众特别是用户对于产品价格、质量、性能、用途等方面的反映，对于该产品优点、缺点的评价以及如何改进等方面的建议；企业形象信息则包括：公众对本企业组织机构的评价，如机构是否健全，设置是否合理，人员是否精简，运转是否灵活，办事效率如何等；公众对企业管理水平的评价，如经营决策评价、生产管理的评价、市场营销管理的评价、人事管理的评价等；公众对于企业人员素质的评价，如对决策者的战略眼光、决策能力、创新精神等方面的评价；公众对于企业服务质量的评价，包括服务态度、对顾客的责任，等等。

(二)树立企业形象

在激烈的市场竞争中，企业产品质量差异趋于缩小，推销和服务也极相似，甚至产品从外向内都在趋于一致，已无明显区别性、识别性，其唯一性、独特性已不在于产品，而在于品牌，在于品牌这一无形资产附加上去的价值，即口碑、舆论、宣传、氛围创造出来的，被接受的价值内涵或文化心理内涵。人们既买商品，又买概念。产品的机能性、情绪性、社会性(身份、地位)同时在起作用。人们把提升生活品位的条件赋予品牌概念职能感，使企业竞争转向软的方面——品牌形象和企业形象。公众关系在市场营销中起着树立企业形象的作用，它致力于扩大企业被公众知晓的程度——知名度，提高企业被公众所认可的程度——美誉度，以取得社会和公众的了解和信赖。

(三)协调企业和公众的关系

公众关系客体——公众，指因面临与企业相关的共同问题而形成的社会群体。公众关系就是用各种不同的方法建立，维持和改善企业与公众的关系，以积极的态度在适应环境中影响环境、改变环境，促进市场营销的需求管理，影响需求的水平、时机和构成。

(四)传播信息，沟通感情

公众关系以公众为对象，以传播为手段，以美誉为目的，以真诚为信条，以长远为方针，以互惠为原则，以公众最能接受的传播效果，传递企业、产品和品牌信息，沟通与公众的情感,影响他们的态度,以引起预期的行为。公众关系宣传所制造的新闻效应,以其社会性、道德性、文化性等方式起到了一般销售方式难以达到的效果。可以说公众关系在市场营销中使商业与文化、利益和情感、当前和长远、竞争与和谐、找到了合适的契和点。

三、公众关系的原则

(一)求真务实原则

坚持两点:公关工作的求真务实,即客观性、全面性、公正性;公关工作计划制订的求真务实。

(二)公众利益第一原则

并不是企业完全牺牲自我,而是要始终把公众利益放在首位。

(1)认真听取公众意见。

(2)提供优质服务。

(3)维护消费者权益。

(4)以公众需求为导向。

(三)互惠互利原则

(1)生产优质产品,谋求与消费者的共同利益。

(2)积极参与社会服务,对公众和社会负责。

(3)有效调节组织和公众的利益平衡。

(四)全员公关原则

就是一切公关人员,对公关工作无论对内对外,都要立足于全员动手,紧密合作。

四、公众关系方式

公众关系的活动方式,是指以一定的公关目标和任务为核心,将若干种公关媒介与方法有机地结合起来,形成具有特定公关职能的工作方法系统。

主要包括以下几种方式:

(一)宣传性公关

宣传性公关即利用各种传媒传递企业信息,影响公众舆论,迅速扩大企业的社会影响。宣传性公关的特点是主导性强、时效性强,传播面广,推广企业形象的效果快,特别有利于提高企业的知名度。其具体形式有:发新闻稿,做公众广告,印刷发行公共关系刊物以及各种视听材料,演讲或表演等。而最有效的方法是发布新闻。例如就公众关注的社会问题、权威人士或社会名流的联系、传统节日或重大纪念日等进行宣传。

(二)征询性公关

征询性公关运用收集信息、社会调查、民意检测、舆论分析等信息反馈式手段，了解民意，把握时势动态，同时推出了企业形象。征询性公关的特点在以输入信息为主，具有研究性、参谋性，是双向沟通中不可缺少的重要机制。其形式有：各种征询活动、来信来访，热线电话、征询性广告等，由于公众的参与，可取得较好的公众效果。

(三)交际性公关

交际性公关即运用各种交际方法和沟通艺术，广交朋友，协调关系，缓和矛盾，化解冲突，为企业创造“人和”环境。交际型公关的特点是直接沟通，形式灵活，信息反映快，富于人情味，在加强感情联络方面效果突出。其方式主要有社团交际和个人交际，如工作餐会、宴会、座谈会、专访、慰问、联谊会、祝贺等。

(四)服务性公关

交际性公关以实际服务行为作为媒介，吸引公众，加深与公众之间的内在联系，获得公众的好评，争取与公众进行更为广泛的合作，其特点是以实际行动为最有力的语言，在公众中留下深刻的印象。如各种消费教育、消费培训、消费指导以及售后服务等。

(五)社会性活动性公关

社会性公关以企业的名义发起或参与社会性的活动，在公益、文化、教育等活动中充当主角，在支持社会事业的同时，扩大企业的影响程度。交际性公关的特点在于社会参与面比较广，与公众接触面比较大，社会影响力强，同时投资费用也高，能提高产品的知名度。主要形式有赞助文化、体育、教育、卫生等事业，支持社区福利、慈善事业，扶持新生事物，参与社会重大活动并赞助、利用企业的庆典活动或传统节日为公众提供有吸引力的大型活动或招待。

此外，还存在其他类型的公众关系方式如建设型公关、进攻型公关、防御型公关等方式。

【复习思考题】

1. 什么是促销？促销有哪些作用？
2. 试描述促销中的沟通过程。促销策略有哪些？
3. 何谓促销组合？影响促销组合的主要因素有哪些？
4. 何谓人员推销？人员推销有何特点？
5. 广告设计的原则有哪些？广告促销的效果如何测定？

6. 如何制定营业推广方案？
7. 何谓公众关系？公众关系有何特点？
8. 公众关系活动方式有哪些？

【案例】

柏兰新品推广的三个“一”

柏兰是丝宝集团进军大众护肤品的一个年轻品牌，由丝宝的元老——丽花丝宝品牌的红色系列演变而来，品牌定位为“肌肤养护专家”。柏兰品牌一贯坚持单品带系列，系列带品牌的推广策略，防晒推广的成功与否将直接关系柏兰在集团中的地位和市场人员的信心。新品推广的“三个一”：一个好概念、一条好广告、一个好方案，一直是丝宝强调的推广模式，如果说柏兰单单只做了这些，那也没有质的变化，柏兰需要的是用单品带品牌的整合思路，全效防晒应该成为柏兰品牌“成名”的契机。

1. 一个好概念

防晒市场是护肤品在夏季市场的主要销售来源，防晒概念的更新速度很快，以往年份的防晒概念主要有“防止晒老”、“晒不黑”、“无油防晒”、“三重隔离”、“四季防晒”、“美白防晒”等，这些概念大都从功能的角度来阐述，没有哪一个处于绝对强势地位。柏兰以往的防晒概念是“美白、清爽”，这个概念已经很多厂家在用，为了更好地证明自己，企业需要寻找新的USP。在概念创作的“头脑风暴”会上，公司创意人员想起玉兰油刚推出不久的“多效修护霜”，以此想到柏兰防晒，如果对“晒老、晒伤、晒黑、晒出色斑”来个全面解决，可能会更迎合市场的潮流，“全效防晒”的概念立即得到大家的认可。

2. 一条好的广告片

有了概念，公司开始准备广告创意。丝宝公司的广告制作流程是这样的，内部拿创意，委托广告制作公司制作，中央台、卫视台的投放由集团掌握，地方台由各地市场掌握投放。因为柏兰的市场知名度较低，公司初步确定柏兰全效防晒要拍“明星”广告的思路。有人推荐了林志颖。这时，广告创意也有了眉目，公司决定再挑选4个青春的模特，分别表现出不要“晒伤、晒老、晒黑、晒出色斑”，主体风格为青春、活泼、时尚。

使用男明星拍护肤品广告，是柏兰从未有过的先例，不仅因为一时找不到合适的女星，还有标新求异的想法。2001年2月初，片子拍出来后，在公司内部做了大面积的调查，效果比较理想。

3. 一个好的促销方案

防晒产品的促销力度一般比其他护肤品都大。夏天一般送的都是洗面奶和护肤露之类的赠品，柏兰洁面乳的小规格赠品都被送了好长时间了，估计对市场的冲击力不够大，公司最后把目光集中在柏兰清新凝露上。这款产品是受竞争对手的产品提示而开发的，准备在近期推出，产品的特点比较清新，不油腻，透明的膏体显得很时尚，柏兰全效防晒送清新凝露(25 g)，晒后再补水，全面呵护，又切中了"全效"二字，效果不错。

接下来是确定促销方案的形式。商场门口大型路演活动因为可快速推广新品而很受厂家的推崇，这类活动在丝宝曾经是硬性规定要做的。既要快速推广产品，又要有力度，还要节省人力、费用，那就抽奖送钻戒。但抽出的奖品大多是柏兰清新凝露，一方面节省了费用，自己的产品生产成本容易控制，一方面照顾了柏兰的品牌形象，最后又给清新凝露的后期上市打下了基础。

(资料来源：王新，柏兰全效防晒产品 2001 整合推广案例分析，中国营销传播网，2004 年 11 月 22 日，有修改)

【案例思考】

1. 柏兰全效防晒护肤品采用了哪些促销手段？

2. 你认为柏兰全效防晒护肤品采用的这些促销手段是否成功？你会怎么做？

第五部分

市场营销新领域和发展趋势

第十一章 市场营销新领域与发展趋势

【学习目的】

1. 理解服务营销、绿色营销、关系营销、整合营销、网络营销诸营销新理论产生的背景及意义。

2. 掌握上述新营销理论的内涵及特点或特征。

3. 了解上述诸营销新理论的实施过程或策略。

第一节 服务营销

营销理论和实践起源于有形产品的销售。也就是说,传统的营销理论主要探讨的是有形产品的营销活动及其规律。但是,一方面,随着科学技术的发展,企业运用科学技术的意识和能力的不断提高,使得同类产品在技术层面上的差距逐渐缩小;消费者的需求由单纯对有形产品需求发展到对有形产品及无形服务的多样需求,企业之间的竞争焦点便集中到服务上。另一方面,随着经济和社会的发展,人们对教育、旅游、休闲娱乐、金融、交通、医疗等服务需求越来越多,服务及服务业随之逐渐发展。这些行业同样面临着竞争,面临着如何根据消费者的需求,有效地把适应消费者需要的服务送达消费者的问题。因此,服务营销理论,以及服务业企业如何制定有效的服务营销策略以便在竞争中生存发展,便成为营销理论界和实业界广泛关注的问题。

一、服务概述

(一)服务概念

营销理论界对服务有不同的解释。如美国市场营销协会(AMA)最先给服务下的定义为:"服务是用于出售或者是同产品连在一起进行出售的活动、利益或满足感。"菲利普·科特勒指出:"服务是一方能够向另一方提供的基本上是无形的任何活动和利益,并且不导致任何所有权的产生。它的生产可能与某种有形产品联系在一起,也可能无关联。”①A·佩恩则认为:“服务是一种涉及某些无形性因素的活动,它包括与顾客或他们拥有财产的相互活动,它不会造成所有权的变更。条件可能发生变化,服务产出可能或不可能与物质产品紧密相连。”②这些解释尽管表述上不尽一致,归纳起来,它们揭示了服务的基本特征:无形性、不可分离性、可变性和易逝性。

(二)服务的特征

与有形产品相比较,服务具有以下主要的特征。

1. 无形性(intangibility) 服务的无形性又可称为不可感知性,这是服务最主要的特征。有形产品是一个有形的物体,而服务表现为行为、过程和效果。因此,服务的无形性就是指顾客在购买服务之前,不能预先品尝、视听或触摸。不像一般有形商品那样,可以在展销会上展览,或在商店柜台陈列展示,或送样品让顾客鉴品。虽然有些服务包括一些物质产品(如售后维修服务提供的零部件)但服务的中心内容是向顾客提供有价值的活动。这种活动及其效果,预先难以感知,购买之前,往往根据看到的服务设施、环境、人员及价格来判断服务质量和效果,再次购买,则依据以往的经验。

2. 不可分割性(inseparability) 服务的不可分割性,是指服务的生产、分销及消费过程是同步进行不可分割的特征。服务生产的同时,也就是服务消费之时。服务生产过程就是服务消费过程,服务中生产者和消费者发生直接联系。不像有形产品的生产、储存、销售、消费各环节在时间上有间隔,在空间上也相分离,生产者和消费者并非直接接触。因此,服务的这种特征又可称为同步性,或直接性。服务的这种特征表明,服务消费是服务提供者与消费者相互作用的过程,服务效果的好坏不仅取决于服务生产者的素质,也与顾客的个体情况密切相关。

3. 异质性(variability) 服务的异质性又称可变性,或差异性。是指服务的构成成分及其质量水平往往会因人、因时、因地而异,难以像有形产品那样用统一的质量标准来衡量。服务的差异性通常是服务人员与顾客之间相互作用的结果。一方面,由于人的修养、知识、技术水平等综合素质上存在着差异,同一服务,不同人操作,质量及效果难以相同;即便是同一人作同样的服务,因时间、地点、环境等的不同,质量及效果也难以一致。另一方面,由于顾客直接参与服务的生产过程和消费过程,于是又会因顾客的个体因素的不同,同样的服务会产生不同的评价和效

①菲利普·科特勒. 营销管理——分析、计划、执行和控制. 上海:上海人民出版社,Prentice Hall 培科,1999.436.

②A·佩恩. 服务营销. 北京:中信出版社,1998.8.

果。服务的这一特征，即要求服务人员自身素质不断提高，以不断提高服务质量水平；又要求服务人员必须针对不同顾客，采取相应的服务手段和措施，以提高顾客的满意度。

4. 易逝性(perishapbility)　服务的无形性以及生产与消费的不可分割性，决定了服务不能像有形产品那样储存起来，以备未来出售，消费者也不能将服务携带回家存放起来，以备未来消费。这就是服务的易逝性，也即服务的不可储存性。对于服务，没有消费就没有生产，有消费就有生产，服务的不可储存性，这使得服务的供需矛盾较为突出。在时间上，服务的供求矛盾难以协调，易出现忙闲不均；在空间上，供求的余缺难以调剂。使得忙时忙处也即需求高峰时服务质量难以保证；闲时闲处服务设施(如旅店的空房、车船的空位)、人员等闲置，而产生闲置生产力成本。因此，如何平衡服务供求矛盾，提高服务设施及人员的使用率，降低闲置生产力成本，是服务型企业必须认真面对的问题。

(三)服务的分类

对服务分类的目的，在于能够识别不同服务的特性，以便能制定出相应的营销策略。服务可以从不同方面对其分类。由于实际上，有形产品的营销和服务营销很难截然分开，有形产品的生产企业离不了服务的支持，纯粹的有形产品很少；同样，服务型企业或组织往往需要有形产品来实现其服务，纯粹的服务极少。因此，限于篇幅，以下主要根据服务在满足顾客需求的供应活动中所占比重的大小，将产品分为以下5类。

1. 纯粹有形产品　主要指几乎不附带任何服务的有形产品，如食盐、牙膏。

2. 伴随服务的有形产品　此类产品是指附带旨在提高对顾客吸引力的服务的有形产品。尤其是技术含量高，服务尤为重要的产品，如电脑、汽车。

3. 有形产品与服务的混合物　这是指有形产品和服务参半的产品。有形产品和无形服务都很重要。如餐馆即提供食品，又提供服务。

4. 伴随有形产品的服务　主要指需要辅助一定实物得以实现的服务。如交通旅行服务中有交通工具、票据和饮料，但主要项目是运输服务。

5. 纯粹服务　主要指几乎不附带任何有形产品的服务，如心理咨询。

二、服务业与服务营销

(一)服务业概念

服务业是指专门提供或生产和销售服务的社会经济部门和企业的集合。服务业有广义和狭义之分。狭义服务业仅指商业、餐饮业、修理业等传统的生活服务业。广义的服务业是指为社会提供各种各样的服务活动，生产和销售各种各样服务商品的社会部门和经济组织的集合。也即通常所说的第三产业。本章讨论的是广义的服务业。表 11-1 是联合国有关组织对三大产业的划分①。

表 11-1 联合国经合组织和世界银行对三大产业的划分

产业划分	产业范围
第一产业	农业、畜牧业、林业、渔业、狩猎业
第二产业	制造业、建筑业、自来水、电力、煤气生产、采掘业、矿业
第三产业	商业、餐饮业、仓储业、运输业、交通业、邮政业、电信业、金融业、保险业、房地产业、租赁业、技术服务业、职业介绍、咨询业、广告业、会计事务、律师事务、旅游业、装修业、娱乐业、美容业、修理业、洗染业、家庭服务业、文化艺术、教育、科学研究、新闻传媒、出版业、体育、医疗卫生、环境卫生、环境保护、宗教、慈善事业、政府机构、军队、警察等

服务业门类很多,可从不同角度划分。根据服务组织的服务目的不同可分为非营利性服务业和营利性服务业。前者如政府部门:政府机关、学校、科研机构、新闻传媒、医院、部队等。后者如:商业、餐饮业、仓储运输业、旅游业、金融保险业、会计律师业、房地产业等,而且,随着社会经济的不断发展,还会不断出现更多更新的服务业。

(二)服务营销

市场营销学界对服务营销的研究大致是从 20 世纪五六十年代开始的。20 世纪上半叶是一个以制造业为主要特征的经济社会。在产业结构中,制造业占绝对比重;在人们的消费结构中,实物消费的比重占绝对优势。与其相适应,营销理论主要解决的是有形产品的营销问题。二战以后,随着经济和社会的发展,人们对教育、旅游、金融、保险、房地产等服务的需求越来越多,相应的服务业随之而产生和发展起来,并且服务业在现代经济结构中的比重日益增加。据有关资料表明,目前,发达国家服务业产值占国内生产总值(GDP)的比重一般为 70%~80%,中等发达国家服务业的比重超过了 50%,一些发展中国家也达到了 30%。服务业从业人数也在相应地不断大大地增长。在这样的时代背景下,服务营销的理论研究及其实践便应运而生并不断发展着,最终服务营销理论开始专门化,成为市场营销学的一个独立分支。服务营销就是指以提供服务为主的企业或社会经济组织部门,识别、预测并满足顾客对服务需求的营销活动。

三、服务营销组合策略

鉴于服务的特征,传统的 4P 营销组合不能完全适应服务营销。美国服务营

①苗月新. 市场营销学. 北京:清华大学出版社,2004:327.

销学家布姆斯(B. Booms)和比特勒(M. Bitner)提出服务营销还需增加3个P:人(people),实体证明(physical evidence)和过程(process)。这7个P构成服务营销组合。对这7个P的有机组合,可以针对服务的特征进行营销管理。

(一)产品(product)策略

服务产品含义在前面已作阐述。服务产品作为一个整体同样包括三个层次:核心服务、形式服务和辅助服务。核心服务是服务提供给消费者最基本的效用和利益。旅馆的核心服务就是满足消费者"休息与睡眠"的需要;形式服务就是体现核心服务的基本形式,包括具体项目、设施、品牌、条件和属性等。旅馆的形式服务包括其品牌、安静舒适的环境设施、床、盥洗室等;辅助服务是指提供给顾客增加的一些利益,包括咨询、服务保证、订票与结算便利等额外的有特色的利益和好处。服务的产品策略就是根据服务的特征,通过区分消费者的需要,有针对性地设计服务项目,创造服务品牌,通过可展示的服务的形式部分如品牌、环境设施、服务人员的技术水平和形象等将无形的核心利益传达展示给消费者,同时设计并提供给顾客更多的顾客需要的有特色的能与竞争者区别开来的辅助服务,并努力使服务整体各层次标准化,以提高服务的吸引力和竞争力。

(二)价格(price)策略

服务的定价策略同有形产品的定价策略没有本质上的不同,企业在制定服务产品价格时,也必须考虑定价目标、成本、供给、需求、竞争等因素。但是基于服务的特性,决定了服务的定价策略有它的独特性。由于服务的异质性,更适宜需求导向定价法,在定价的方法上更具有灵活性,针对不同的消费对象、不同地点、不同的服务人员制定不同的价格。越是独特的服务、服务品牌知名度、美誉度越高,或企业形象越好,服务环境和场所越优越、服务人员的技术或形象越好等价格宜高。由于服务的无形性和异质性,消费者很难在购买前对服务质量和效果做出评价和区分,价格就是一种重要的识别标志,可以通过价格的差异化,即价格的高低不同,区分不同的服务项目、服务水平、服务效果等,对于服务的不可储存性,也可以通过价格的差异化来调节需求的高低峰。

(三)分销(place)策略

由于服务的不可分割性和异质性等特征,使服务的分销以直销为主。随着服务业市场拓展的需要,竞争的加剧,消费需求的便利化,能够采用标准化服务的企业,在进行直销的同时,逐渐增加使用中介机构如代理商、经纪人、批发商和零售商等分销。如旅游、宾馆、车船飞机交通运输等经由中介机构售票等。由于服务不能储存,在服务的分销中选择好时间和地点显得尤为重要。时间上,掌握好不同服务在时间上的需求规律,调节好忙闲的矛盾;在地点上,应充分考虑备选地点的人口密度或人流量,购买力水平、交通便利等情况。特许经营是服务分销中的最大变革。它不仅可以广泛运用于服务业,而且使服务业突破了地区的限制,得以在全国全球发展。另外,像租赁服务这种创新性分销方法在服务领域也得到日益广泛的应用。

(四)促销(promoting)策略

服务的无形性和异质性使得服务的促销比有形产品的促销困难得多,但由于服务业竞争的日益激烈,又使得成功的促销策略的制定与实施成为服务企业营销制胜的必然选择。基于服务的特性,服务产品在促销方法上,在采用广告宣传、人员推销、公众关系和营业推广时,应注重以下策略:①注重有形化宣传和展示。服务的无形性给购买者增添了感知评价的困难及购买风险,企业可以通过对环境、设施、品牌标志、员工形象和业务信息的有形展示和宣传,有助于购买者借助所获得的有形信息评价感知无形服务,增强购买信心。②注重企业形象和服务形象代表人物的宣传。企业良好的形象是顾客选择服务的依据,综合素质高的服务人员所提供的服务质量水平高、绩效好,他们使无形服务有形化,对他们进行宣传有助于增强购买者的信心。③注重服务带给顾客利益的宣传。这比宣传服务本身更有效。④重视针对不同顾客采用不同的服务,提高顾客满意度,培养忠诚顾客。

(五)人(people)策略

由于绝对多数的服务是由人提供的,以及服务的异质性等特征就决定了服务业营销成功的关键在于人。服务的提供人员在顾客的心目中是服务的一个组成部分。如某个案子是某个律师办的、某个病是某个医生看的。由于服务提供人员的修养、知识、技术水平等综合素质上存在着差异,同一服务,不同人操作,质量及顾客满意程度会有差异。因此,服务型公司或组织,应做好服务人员的选择、培训、激励和控制等工作,注意激发、培训员工的展示胜任能力、良好的执行态度、责任心、主动性、解决问题的能力。

(六)实体证明(physical evidence)策略

实体证明又叫有形展示。指借助一切有形组成传递服务信息、展示服务特色与优点的活动。有形展示是一种极为重要的服务策略。由于服务的无形性及易逝性,需要借助一些外在的有形物如服务环境、设施、员工、信息资料、价格表、其他顾客等来传递服务信息、展示服务特色,以帮助顾客感受服务所能带来的利益,引导顾客对服务产生合理的期望,增强顾客消费服务的信心。美国著名营销学家贝里和潘拉索拉曼认为:服务企业的有形展示可分为实体环境、信息沟通和价格三要素。实体环境包括周围环境——空气质量、安静度、气氛、整洁度等,设计因素——

建筑、结构、颜色、造型风格等美学因素和陈设、标识等功能性因素，社会因素——在服务场所一切参与和影响服务提供的人的数量、仪表和行为等；信息沟通即利用企业自身及其他引人注目的信息，通过各种媒体运用不同传播方式传播与展示服务信息的活动；价格即利用价格对价值的衡量标识的作用，展示看不见的服务及其水平、质量和特色等。

（七）过程（process）策略

顾客所获得的利益与满足，不但来自服务本身，同时也来自服务的递送过程。理论和实践表明，良好的服务递送过程即服务系统运作方式，可提高服务效率，增加顾客满意度。可从以下几个方面建立良好的服务递送过程：①建立和完善服务系统的运作制度措施，明确各层级职员的权利和义务以及应遵循的规章；②设计合理简化的服务系统运作程序和方法；③提高服务的标准化程度及机械化程度；④采取顾客参与的开放的服务监督措施；等等。

第二节　绿色营销

20 世纪以来，伴随着经济的高速发展，人类生存的环境日益恶化，迫使人类更多地关注环境问题，因此，环境保护运动蓬勃兴起，"绿色消费"应运而生，引起了世界各国企业的普遍关注。于是，强调企业利益与顾客长远利益及社会利益相统一的绿色营销也随之产生了。不容置疑，是否实施绿色营销将成为企业能否持续发展的关键。

一、绿色营销含义

关于绿色营销有广义和狭义之述。广义的绿色营销，也称伦理营销，指企业营销活动中体现社会价值观、伦理道德观，充分考虑社会效益，既自觉维护自然生态平衡，更自觉抵制各种有害营销。狭义的绿色营销，又称生态营销或环保营销，指企业营销活动，谋求消费者利益、企业利益与环境利益的协调，对产品的创意、设计和生产，以及定价、分销和促销，直至消费的策划和实施，都以保护生态环境为前提，力求减少和避免环境污染，保护和节约自然资源，维护人类社会长远利益，实现社会经济和企业可持续发展。

绿色营销以环境保护为经营哲学思想、以绿色文化为价值观念，以消费者的绿色需求为出发点，以可持续发展为目标，必能有效实现企业利润目标、消费者需要和社会生态利益三方面平衡，而将会成为 21 世纪我国的主流营销模式。

二、绿色营销的兴起

绿色营销是20世纪70年代初营销领域中产生并逐步被运用的一个新观念，是整个人类社会绿色革命的一个组成部分。绿色营销的产生和发展受到以下环境因素的影响和推动。

(一)全球生存环境恶化的警示

20世纪伴随着现代工业的大规模发展，人类为了眼前和局部的利益，以空前的规模和速度开发自然资源，无节制地向大自然索取，同时任意排放过多的有害废弃物，生产消费过程中及之后难以处理其废弃物的产品，超过了生态环境所能承受的程度，导致了各国不同程度的自然资源的匮乏和环境污染，严重地毁坏了人类赖以生存的环境，给人类自身的生存和发展造成严重威胁。例如，据测算，因为过度开采石油，全世界石油的储存量可供开采期只有30年，天然气只有50年；过度砍伐森林，使森林面积不断减少，1950—1985年，全世界森林面积就减少了一半；交通、城市、工矿大量占用土地及垦殖不当，造成耕地面积大量减少，从20世纪60年代以来，世界人均耕地面积从0.45公顷下降到0.24公顷；由于工业和生活用水量急剧增加，全球有100多个国家缺水，水源遭受污染；由于工业和交通等领域排放大量废热和废气，已使大气中的二氧化碳大量增加，臭氧层遭到破坏，给生态环境和人类健康带来极大危害，等等。不仅如此，人类正在为此花费巨大代价。如据有关资料表明，德国1990年因污染而造成的损失占当年GNP的1.7%～4.2%。面对上述巨大的环境问题，人类逐渐认识到，不注意生态平衡和环境保护的经济发展实际上是自我毁灭。因此，旨在保护生态环境，治理环境污染，实施可持续发展的绿色营销就应运而生了。

(二)绿色革命及其运动的兴起

伴随全球经济高速发展带来的全球生态环境危机，让全世界警醒，世界公众对环境生态危机日益关切，环境保护意识日益提高，绿色消费需求逐渐兴起。越来越多的消费者在购买和消费商品时考虑环保问题，愿意选择那些节约能源，没有污染，有益于身心健康的产品。在绿色的运动中，公众的环保呼声日益高涨，一大批环保公益组织相继成立。其中最有影响的是1971年由加拿大工程师戴维·麦克塔格特发起成立的“绿色和平组织”。该组织虽然是非官方的民间组织，但却有强大的活动和社会影响力，该组织以不屈不挠的精神，阻止种种危害环境的行动，推动各国环保事业的发展，提高人们的绿色意识。

(三)各国政府相关立法和政策的制约

绿色运动和绿色意识的兴起，引起了人类经济行为的变化，包括政府行为的变化。从20世纪70年代至今，各国为了经济的长远可持续发展，纷纷采用可持续发展的经济发展模式，制定相应的经济政策、制度和法规。如“污染者付费”制度、“绿色标志”制度、“污染权交易”制度等一系列新的市场制度和经济法规。旨在迫使企业或有关组织减少或避免对环境的污染和破坏，同时积极引导企业或有关组织建立环保意识，发展绿色营销。以使经济发展与生态环境相协调，保证社会经济良性循环发展。如1978年德国首先推行“蓝色天使"计划，1997年即产生了400多种绿色产品，现已超过了4 500多种。1991年这年，日本推出了“绿色星球计划”，英国实施“大地环境研究计划”，加拿大推出五年环保“绿色计划”等等。我国的绿色工程始于绿色食品开发。1989年农业部组织专家研究提出了“绿色食品”概念；1992年7月，我国政府决定由国家计委和国家科委牵头制定1994年国务院常委会通过的《中国21世纪议程》，为在我国实现生态与经济协调发展提出了战略目标，制定了政策和行动方案；1992年11月，国务院批准成立了中国绿色食品发展中心，制定了《绿色食品标志管理办法》；1993年5月中国绿色食品发展中心加入了“有机农业运动国际联盟”。

（四）国际公约与协定的促进

环境保护是关系到全球人类生存和发展的大事，国际社会为此做出了很多努力。1972年，联合国在斯德哥尔摩首次召开了人类环境会议，通过了全球性环保行动计划和《人类环境宣言》向全世界发出了“只有一个地球”的强烈呼吁；1987年，联合国环境与发展委员会公布了《我们共同的未来》的报告，正式提出了“经济的可持续发展”这一概念；1992年，在巴西里约热内卢召开的有102个国家元首和政府首脑参加的联合国环境与发展大会，通过了《里约热内卢环境与发展宣言》和《21世纪议程》，正式确定了以“可持续发展战略"作为人类发展的总目标；1992年，27届联合国大会把每年6月5日定为世界环境日，等等。这些国际性组织进行的环保活动、制定的环保协定与相关的国际公约，要求人类兼顾当代和子孙万代的利益，实行生态与经济的协调发展，彻底改变对自然界的传统态度与观念，减少和消除不能使社会持续发展的生产行为和消费行为。这对绿色营销观念的产生和实施起着积极的影响和推动作用。

当然，实施绿色营销，研制绿色产品、节约资源、减少对环境的污染，还离不了科学技术的进步和支撑，也离不开经济的支持。

总之，由于企业或相关组织的活动直接受制于环境的发展变化，也影响着环境的变化，因此，在上述诸多环境因素的影响和制约下，企业或相关组织为了能取得政府和社会公众的信任与支持，建立良好形象，实现持续发展，而应树立绿色营销观念，实施绿色营销，绿色营销因此而产生并得到不断发展。

三、绿色营销的特点

绿色营销与传统营销相比,具有以下几个特点。

(一)在营销观念上

绿色营销观念是20世纪70年代以后,在顾客观念上的升华。是以环境保护、满足消费者的绿色需求为导向的营销思想,谋求消费者利益、企业利益与环境利益的协调统一。认为企业或有关组织的活动应注重生态环境保护,特别注重可再生资源的开发利用,减少资源浪费,防止环境污染;满足消费者绿色需求,考虑消费者及全社会长远利益,注重研制提供绿色无污染产品——环境友好产品;实现企业利益、消费者利益和社会环境利益的统一,最终实现人类社会可持续发展。

(二)在营销目标上

传统的营销往往以取得利润作为企业单一的最终目标,并且无视资源的稀缺性,将生态需要置于人类需求体系之外,甚至不惜以破坏生态环境为代价来获得企业的最大利润。而绿色营销的目标是使经济发展目标同生态发展和社会发展目标相协调,追求企业长远可持续发展。

(三)在营销战略与策略上

传统营销通过产品、价格、渠道和促销的有机组合来实现企业的营销目标,忽视生态环境甚至造成环境污染。与此不同,绿色营销策略上,突出"绿色"性:强调合理安排企业内部资源,有效利于社会资源和能源,争取以低投入、低能耗、低污染取得符合社会需要、顾客长远利益的高产出和高效益;注重绿色消费需求的调查;注重研制无污染环境友好产品,在定价、渠道、促销、服务企业形象树立等营销全过程中,全面考虑和实施保护生态环境主题。

四、绿色营销的意义

毫无疑问,21世纪是绿色营销的世纪。实施绿色营销是大势所趋,无论是对整个社会,还是对于企业自身,都会产生积极的意义。而企业是实施绿色营销的主体,也是绿色营销的直接受益者。实施绿色营销对于企业有诸多意义。

(一)有利于提高产品竞争力

随着社会的文明进步,人们收入的增加、生活质量的提高,以及环保意识的增强,人们将越来越关爱生命、关注健康和保护生态环境,因此,而必然会产生绿色消费需求和绿色消费行为。这表现在消费者选购和消费商品时,即便是多花钱也愿意挑选和购买那些有利于消费者身心健康、环境保护的"绿色标志"产品,或"环境友好"产品。因此,企业实施绿色营销,向消费者提供适合其绿色需求的产品和服务，将有利于提高企业及其产品的竞争力。

（二）有利于树立良好的企业形象

随着环境保护问题成为全球关注的热点问题以后，企业或相关组织的“绿色”行为就成了社会公众关注的热点。在日趋激励的市场竞争中，企业要想生存并能持续发展，必须要赢得社会公众的认同和好感，树立良好的企业形象。绿色形象是现代企业或相关组织整体形象的重要组成部分。实施绿色营销是塑造绿色形象的基础，是适应21世纪环境保护这一时代潮流的明智选择。企业或相关组织实施绿色营销，采用绿色技术，开发绿色产品，进行绿色分销和促销行为，加大保护环境的力度，将企业的利益目标和消费者长远利益及环境保护融为一体，有利于塑造和提升良好的企业形象，促进企业或相关组织良性持续发展。

（三）有利于提高企业的经济效益

实施绿色营销可以在提高企业或相关组织的良好形象，带来良好的社会效益的同时，还可以从多方面提高企业的经济效益。企业实施绿色营销，通过市场调研明确消费者的绿色需求之后，在低能耗、低成本的原则下，合理安排企业资源，有效利用社会资源包括能源，采取清洁化生产方式，产出适应市场需要的绿色产品，不仅可降低生产成本，还可减少交易成本，从而可以提高利润空间，使企业获得丰厚的投资回报；市场实践已经证明，实施绿色营销，采用绿色技术，引进绿色机械设备，研制或生产绿色产品等等，虽然在短期内会加大企业的成本，但由于它顺应时代潮流，适应消费需求趋势，且绿色产品售价会高出一般产品售价的一倍甚至数倍，因此，从长远看，可以获得可观的经济效益。

（四）有利于跨越国际国内贸易中的绿色堡垒

在WTO的条件下，以及经济全球化的背景下，一方面，越来越多的国家为了保护本国国内市场，限制外国商品进入，借助绿色革命全球化的大趋势及WTO关于技术性贸易壁垒协议，构筑了新型的非关税壁垒——绿色壁垒。即在国际贸易中，进口国产品必须遵从相关的环境关税和市场准入制，环境标志制、产品卫生检验检疫制等等。另一方面，为了顺应时代绿色消费需求趋势，加强环境保护，提高人们生活质量，维护人们健康，构筑国内绿色壁垒，制定了市场准入制，如我国食品行业的QS制，增设了食品行业进入的绿色门槛。因此，现代企业无论是进占国际市场，还是拓展国内市场，认清国内外市场发展的上述新形势和趋势，实施绿色营销，跨越绿色壁垒无疑是一明智之举。

五、绿色营销的实施

绿色营销的实施是将绿色营销理论运用于企业实践的活动。为确保绿色营销的实施,应做好以下几个环节的工作。

(一)制定并实施绿色营销战略规划

在全球环境保护意识、绿色消费需求及绿色行为日益兴起的21世纪,企业为了适应全球可持续发展的战略要求,取得社会公众的信任和支持,实现自身可持续发展,需要制定绿色营销战略规划。在战略规划中为体现以环境保护、满足消费者的绿色需求为导向的营销思想,谋求消费者利益、企业利益与环境利益的协调统一。首先,通过市场调研明确消费者的绿色需求、可利用的自然资源包括能源、社会资源以及绿色资源、绿色能源、绿色科学技术等之后,在满足消费者的绿色需求、低能耗、低成本的原则下,明确企业的绿色营销目标,包括销售、成本、利润和市场占有率目标,以及企业环境和社会业绩目标及其实施的措施;合理计划企业资源、社会资源包括能源的利用,以及确定绿色营销组合策略。

(二)研制绿色产品

研制绿色产品是企业实施绿色营销的关键环节。绿色产品对环境保护有所贡献,有利于消费者身心健康,符合绿色需求大趋势,因而能有效地树立良好的企业形象,冲破绿色壁垒,为企业带来长期的效益。所谓绿色产品是有利于环境保护和消费者身心健康的产品,包括有机产品和无公害产品。绿色产品应具有如下特征:安全、卫生、有利于人体健康;从生产、流通至消费使用整个过程不会造成环境污染,最好有利于环境改善;在上述过程中能低消耗、省能源;产品包括包装易回收处理;产品功能更多、效用更高、寿命更长。

(三)制定绿色价格

绿色产品的价格如制定的合理适宜,有利于树立产品形象和企业形象,提高产品竞争力。所谓绿色产品价格,将环境保护和改善所花费的费用及绿色产品高品质研制成本,计入产品总成本,所形成的产品价格。亦即第一,绿色产品高效多能长寿命,无污染,有利于身体健康,比一般产品品质好,符合消费者的绿色需求,消费者也愿意为此多支付。第二,企业为研制绿色产品实施环境保护付出相应的成本。因此,绿色产品的价格一般高于非绿色产品价格。体现了环境与生态有价的新观念,绿色产品高品质的良好形象。

(四)设计绿色渠道

选择设计合理适宜的绿色产品销售渠道,是拓展绿色产品市场,扩大绿色产品销售量,提高绿色产品市场占有率,成功实施绿色营销的关键。为此,实施绿色营销的企业或组织应做好以下关于绿色渠道设计或选择活动:慎重选择绿色信誉好的中间商;建立绿色产品专柜或绿色产品专营店,有条件的建立绿色产品连锁店;建立扁平化渠道结构——能减少渠道资源消耗,降低渠道费用,能够回收废弃消费品和包装的短而宽的渠道结构；选择和改善能避免污染，减少损耗和降低费用的绿色运输工具、绿色储存设备；等等。

（五）开展绿色促销活动

绿色促销就是利用绿色媒体，传播绿色企业行为和绿色产品信息，介绍环境保护知识，强化和提高环保意识，指导绿色消费，诱导绿色消费需求，倡导绿色生活方式，激发对绿色产品的消费行为的各种绿色促销活动的总称。实施绿色促销，还需防止过度促销，以免造成资源的浪费及声、光等感官污染。

第三节　关系营销

由于市场经济的快速发展，竞争的日益加剧，营销理论界和实业界越来越意识到寻找新顾客的成本和难度逐渐增加，企业的生存与发展已不再是简单的取决于与顾客之间的交易关系，而是越来越受制于复杂的包括顾客在内的关系成员及其之间的协同关系。于是，便逐渐地形成了关系营销，把企业的营销活动放在整个社会经济的大系统中来研究。如美国著名企业家查理斯·占得曼说："公司不是创造购买，他们要建立各种关系。"

一、关系营销的产生

关系营销(relationship marketing)一词最早是由服务营销学家伦纳德·L·贝利(Leonard L. Berry)1983 年提出的，他定义："关系营销就是吸引、保持以及——在综合服务公司——扩展客户关系。"并与同事在《关系营销》一书中，构建了服务业的关系营销模型。进入 20 世纪 90 年代，市场营销学界逐渐涉及关系营销的本质，但解释不尽统一。如罗伯特·M·摩根等(Robert M. Morgen and Shelby D. Hunt，1994)定义：关系市场营销是指建立、培育和维系成功关系交换的全部市场营销活动[①]。菲利普·科特勒(1996)定义：关系市场营销是与关键成员——顾客、供应商、经销商——建立长期满意关系的实践，目的是保持他们长期的成绩和业务[②]。托马斯·J·帕茨科夫斯基(Thomas J. Paczkowski)定义：与顾客和其他利益攸关者创造、维持和增强载满巨大价值关系的过程叫做关系市场

---

①Robert M. Morgen and Shelby D. Hunt. The Commitment-Trust Theroy of Relationgship Marketing. Journal of Marketing. 1994(58):20-39.

②菲利普·科特勒. 营销管理——分析、计划、执行和控制. 上海：上海人民出版社，Prentice Hall 培科，1999:13.

营销[①]。

尽管不同营销学者对关系营销解释不同，但可以看到关系营销与传统的营销有着本质的不同，它把营销看成是企业与消费者、供应商、分销商、竞争者、政府及其他公众协同作用的实践，强调营销的核心应从交易转向关系，被视为“对传统营销的一次革命”。

二、关系营销的特征

与传统营销相比较关系营销有以下主要特征。

（一）营销的核心是关系

关系营销的核心从交易转向关系。传统的营销强调如何识别潜在买主，通过诱使他们发生交易以从中获利，这种交易往往是一次性的；关系营销强调通过与包括顾客在内的各利益攸关者建立长期满意的“双赢”的关系中获利；传统的营销关心如何获得顾客，关系营销关心如何维持包括顾客在内的各利益攸关者的关系。关系营销追求的最终结果就是与有价值的各有关方建立经济、技术和社会方面的纽带关系，并且把由公司与所有与他的利益攸关者——顾客、员工、供应商、分销商、广告代理人、科学家和其他人建立起来的互利的业务关系视为营销网，这个营销网是企业的最好资产，利润会因此滚滚而来。

（二）信息沟通上双向及时

传统营销只是单向信息沟通，通过传播企业及其产品信息，刺激和诱导顾客购买行为。由于信息技术的发展及传播媒体的巨大变革，在社会学大背景下建立的关系营销理论认为，企业与其利益攸关者之间关系的建立和维持基于信息的双向有效及时的沟通。关系营销要求建立专门的部门和信息循环系统，用以连接关系双方，追踪各利益相关者的动态信息，即让利益相关方了解企业的信息、包括态度，以取得理解、合作和支持；又可及时得到利益相关方的动态信息，以及时改进企业的产品、技术和服务，使企业与各利益相关方协调发展。

（三）战略上协同合作

关系营销以系统论和协同学（synergetics）为指导思想，认为单个企业的资源和力量是有限的，企业与各利益攸关者是一个相互关联的系统；现代的竞争突破了以击败对手为单一目的而转向更高层次的合作竞争；企业与各利益攸关者协同合作，有效地利用企业的内外部资源，可以更有利于竞争，降低交易成本和时间。因此，关系营销从战略上坚持企业营销活动应考虑各相关方的利益，采取相互合作、

① Thomas J. Paczkowski. Marketing. 6-ed：316.

相互支持、协调发展的态度和行动，以使企业与各相关主体之间关系协调、相互依赖，在整个系统协调发展的基础上实现企业自身低交易成本、高效益的长期有序的发展。

（四）策略上双赢互利

关系营销的基础是交易双方相互之间有利益上的互补。如果在营销过程中各自利益得以实现和满足，双方就会建立良好的关系；如果一方损害了另一方的利益，双方就会形成冲突、对抗等对立的关系。因此，关系营销策略上在了解各关系方的利益需求，以及关系各方利益共同点的基础上，依靠诚信，坚持公平、双赢互利的原则，实现关系各方的共同利益，依此与利益攸关各方建立彼此信任的、双赢互利的长期的良好关系。

三、关系营销原则

关系营销的实质是企业在营销活动中，与各有关方建立长期稳定的相互依存协同的关系，以求企业稳定持续的发展。因而，企业在实施关系营销时应遵循以下原则：

（一）主动原则

为了谋求企业利益攸关者的合作支持，建立良好的依存协同关系，这就需要企业主动积极地与关系方接触和联系，沟通信息，了解情况；主动为关系方服务或解决困难和问题，以密切相互关系；同时，企业还需奉行积极的关系观，积极改良关系，以提高企业成功的机会。包括积极影响股东和银行等，争取其投资或融资；积极影响中间商，争取其分销商品；积极影响政府机构，使之公平对待企业，争取其支持企业；积极影响员工，引导其努力工作；积极影响顾客，争取其惠顾企业选购产品；积极影响竞争者，争取其协同发展，等等。

（二）诚信原则

实施关系营销必须坚持诚信原则。企业讲诚信，是尊重和维护关系方利益的体现，也是获得关系方信任的关键，是企业与关系方建立并保持融洽伙伴关系的基础。否则，企业在与各关系方交往中，不讲诚信，不仅是无法取得关系方的信任，还必然会损害关系方的利益，伤害关系方的感情，双方关系会因此破裂、甚至关系变得紧张或对立。因此，企业在与各关系方交往中，应信守合同、认真履行承诺，以取得关系方的信任，建立和保持融洽的关系。

（三）沟通原则

实施关系营销必须坚持与利益攸关者进行双向有效及时的信息沟通。企业与其利益攸关者之间关系的建立和维持基于信息的双向有效及时的沟通。只有让利益相关方了解企业的信息、包括态度、需要，才能取得关系方的理解、合作和支持；同时只有及时了解和追踪各利益相关者的动态信息，知道他们需要什么，如何才能满足其需要，以便及时改进企业的产品、技术、服务，更好地满足利益方的需求；同时，才能清楚企业与利益攸关者的共同利益，使企业与各利益相关方协调发展。

(四)双赢原则

实施关系营销必须坚持双赢原则。企业在与关系方交往中应考虑和满足关系方的利益。因为，企业的各关系方在市场或社会活动中的地位是平等的，在相互交往的经济活动或社会活动中进行等价交换、得到公正地有偿让渡，获得公平的经济利益或社会利益或技术利益是其生存的基础，是得到尊重的体现。也只有如此，各利益攸关者才会与企业进行交换，保持关系。尤其是对于顾客，企业与顾客进行交换时，能提供给顾客更多的价值或超过竞争对手提供的相应价值时，顾客与企业的关系就能进一步发展。

四、关系营销基本策略

关系营销把顾客作为重点利益攸关者，并重视与其他利益攸关者的重要责任和关系。企业营销的攸关者除顾客之外包括企业员工、竞争者、供销商、中介机构、影响者等。关系营销把企业一切内部和外部利益相关者纳入研究范围，用系统论的方法探讨企业所有活动及其相互关系，并依此制定相关的策略。

(一)企业内部关系营销策略

企业内部关系指企业组织机构内部各组成元素之间的相互关系，包括企业与员工之间、部门之间、企业与股东之间的利益关系。企业内部关系是企业实施关系营销的基础。没有良好的内部关系，就无法搞好其他的各项关系，更无法参与市场竞争。企业内部关系营销的目的是协调好企业内部各组成元素之间的关系，为企业实施关系营销奠定良好的基础。因此，企业应建设体现关系营销理念的能增加企业向心力和凝聚力的企业文化，包括企业制度；建立能有效运转并能相互协调的适合实施关系营销的组织机构；注意与员工、股东及各部门的双向沟通；切实关心员工及股东的利益，对员工进行合理的激励，提供员工参与管理的机会，加大对员工的培训力度，以提高顾客的满意度和忠诚度；同时为股东营造有利的投资环境和条件，争取股东的关心和支持。

(二)顾客关系营销策略

一般而言，顾客即是企业产品或服务的现实的或潜在的购买者。因此，企业与顾客的关系，包括企业与最终消费者之间、或与其分销商之间、或与购买其产品进行营利性生产经营活动的企业之间，以及与购买其产品或服务的非营利性组织之间的外部社会关系。顾客是企业利益攸关者中数量最多最为重要的关系，是维系企业生存与发展的基础。关系营销的目的不仅是争取顾客，更重要的是保持顾客，与关键顾客建立长期良好的关系。因此，企业应首先区分不同顾客（新顾客与老顾客、贡献大的顾客与贡献小的顾客、忠诚度高的顾客和非忠诚的顾客、营利性顾客和非营利性顾客等），再针对不同顾客及其需求制定不同的沟通策略、产品策略、服务策略、价格策略等，致力于建立数据库或其他方式，密切与顾客的关系，尤其是老顾客、贡献大的顾客和忠诚度高的顾客，努力提高他们的满意度和忠诚度。

（三）竞争者关系营销策略

这里的竞争者是一般意义的竞争者，指提供与本企业产品功能相同或相近或具有替代功能的产品的企业。关系营销理论认为：竞争对手的确会给企业带来威胁，但合适的竞争对手，一方面，会迫使企业改进提高营销管理水平，也可能因市场的集聚效应而产生外部规模优势；另一方面，企业与合适的竞争对手之间存在合作的可能，有时通过与有关联的竞争对手的合作，优势互补，将更有利于实现企业的预期目标。因此，企业应接受“协同”竞争的理念，慎选合作伙伴，寻求与竞争对手的共同利益，遵循公平竞争的原则，在共同风险上合作，寻求共同发展。

（四）供应商关系营销策略

企业与供应商关系包括两种情况：一种是企业（生产型企业）与生产资料——原材料、能源、等提供者之间的关系；另一种是企业（商业公司）与商品提供者之间的关系。企业与供应商之间的关系是因分工而形成的。如果企业与供应商之间建立良好的合作伙伴关系，有利于降低交易成本、稳定货源、保证质量，如果同知名品牌的供销商有良好的合作关系，还将有利于提高本企业的知名度、美誉度和市场吸引力。因此，企业应在共同利益的基础上，避免矛盾与冲突，加强沟通和联系，诚信相待、互惠互利、着眼于与供应商建立长远的良好的协作关系。

（五）中介机构关系营销策略

企业与中介机构关系包括与金融、保险、物流、广告、市场调研、营销策划等公司之间的关系。企业如与这些机构保持良好的关系，这些中介机构可以为企业的营销活动提供资金、解决货物运输和储存及其过程中的风险规避、市场的选择和市场时机的把握、企业及产品信息的有效传播，从而保证企业营销活动正常有序高效低成本的运行。因此,企业对这些组织应采取积极主动的态度、加强联系和沟通,积极争取他们的理解信任和支持,建立能长远发展的良好关系。

(六)政府及其他公众关系营销策略

企业与政府及其他公众之间的关系包括企业与政府主管部门、新闻媒体、公共事业团体、科研单位、大专院校等组织之间的社会关系。这些组织机构通常与企业不发生直接的经济关系,但是对企业的生存与发展会产生较大的影响,故常常被称为企业的影响者。这些组织对企业的营销活动及其产品或服务起着支持、监督、检查、阻挠或干预等作用,与企业之间存在着广泛的社会的、技术的联系,所以,建立与发展同这些组织机构的良好关系,显得尤为重要。企业对待这些组织应同对待上述诸多关系企业或组织一样,持积极主动的态度,加强沟通和联系,依法营销,自觉接受政府的管理、包括新闻媒体的监督、检查,认真履行社会责任,积极参加社会公益活动,塑造良好的企业形象,积极主动争取各有关方政治的、社会的、舆论的、技术的支持,建立并保持良好的关系。

第四节 整合营销

20 世纪 90 年代后,随着社会经济以及科学技术的发展,市场扩大化带来的企业内部资源的压力,市场竞争带来的顾客忠诚度的下降,信息传媒种类的激增和多样化带来的信息传播效果的减弱,这种营销环境的改变,使得传统营销逐渐失去了效力。于是一种以满足顾客需求为中心整合企业营销资源,重建营销模式的营销管理理论和实践即整合营销便应运而生了。

一、整合营销内涵

“整合营销”(integrate marketing)一词最早由美国西北大学舒尔茨(Don E. Schultz)教授于 1993 年在其专著《整合营销传播》中提出来的,现已成为市场营销学的关键术语。

“整合”(integrate)可解释为“综合、合并、一体化”,意即“通过动态的综合来实现完整与协调”。所谓整合营销,就是运用整合的思想系统论原理进行营销决策及营销管理。整合营销强调企业的一切活动从满足顾客需求出发,并为创造最大顾客价值整合所有有关活动和要素。

菲利普·科特勒认为:“当公司所有部门都能为顾客利益服务时,其结果是整合营销。”“整合营销包含两方面的含义:①各种营销职能——推销人员、广告、产品管理、营销调研等等必须彼此协调；②营销部门必须与公司其他部门很好协调。”①

整合营销强调各种营销要素的关联性和协调性，要求各种营销要素成为统一的有机体、作用力统一方向，形成合力，共同为企业的营销目标——实现企业、顾客、社会三方共同利益服务，如图 11-1 所示：

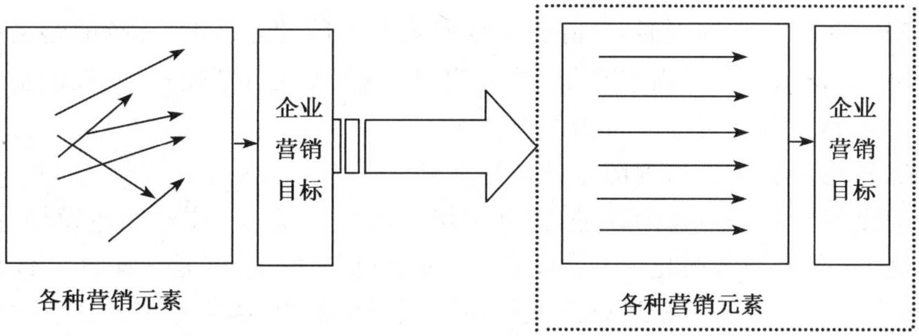

图 11-1　整合营销过程

二、整合营销产生的背景

整合营销的理论和实践如同其他新的营销理论和实践，是顺应时代的发展，营销环境的变化而产生的。20 世纪 90 年代以来，导致整合营销形成的营销环境的变化体现在以下几个方面。研究整合营销产生的时代背景，有助于对整合营销的理解和实施。

(一)信息传媒多样化与信息混乱和干扰

信息与通讯技术的发展使得大众信息传媒种类不断地增加，除传统的报纸、杂志、广播、电视外，新的信息传播媒体不断出现，如互联网。不仅如此，信息媒体越来越细分化，如电视，细分为无线电视、有线电视、卫星电视，等等。每一信息媒体又按受众需求爱好的不同细分化。如上述传统的信息媒体，又相应地细化为体育、文娱、交通、生活、教育等频道或栏目，这不仅造成了企业信息传播的成本，增加企业信息传播的难度，还会产生信息混乱或信息干扰，导致信息传播效果下降。这就产生了整合信息传播工具的要求。即要求在信息传播设计中，运用整合的思想，针对特定的受众把同一主题通过不同的媒体协调一致的传播，避免混乱或干扰问题

①菲利普·科特勒. 营销管理——分析、计划、执行和控制. 上海：上海人民出版社，Prentice Hall 培科，1999：23-24.

的出现,以降低信息传播的成本,提高信息传播的效果。

(二)快速增长的产品种类与无时无处不在的信息

随着科学技术的发展,市场竞争的加剧,产品生命周期越来越短,新产品及产品种类日益增多,与之相应的是产品广告铺天盖地式的将消费者淹没。消费者处在被动地接受企业的产品和被动地接收无时无处不在的信息的地位上,这在增加消费者对商品选择性的同时,也降低了消费者对品牌的忠诚度,传统的营销模式受到了挑战,真正从消费者需求出发,整合营销元素,改变营销模式,实现消费者需求满足和企业利益双赢的整合营销便产生了。

(三)市场的国际化与国际化的市场营销

随着全球经济一体化的推进,国际市场与国内市场的界限越来越模糊,国内市场国际化,国际市场国内化,加入 WTO 的国家更是如此。在这个全球一体化的进程中,越来越多的企业被推进国际化的市场营销活动中,越来越多的企业面临着如何利用国际与国内两个市场的经济、人文、科技等资源制定营销决策的新问题。这就需要整合营销的思想和理论来解决这一新问题。

(四)信息技术的快速发展

20 世纪 80 年代开始,信息技术尤其是互联网技术飞速发展。互联网信息传播的全球性、开放性、互动性、超越时空性、形式多样性,使得市场信息收集和传播在成本大大降低的同时效果大大增加。企业利用互联网及其相关技术可以与顾客进行营销全程的信息互动沟通,它打破了传统营销模式下的单向信息沟通模式;企业可以通过购买就能建立顾客数据库,因此而有针对性地设计营销信息、配置营销工具、制定营销策略。也就是说,信息技术为企业实施整合营销提供了技术上的支撑。

三、整合营销的理论基础

4C 营销组合理论是整合营销理论的基础。20 世纪 70 年代和 20 世纪 80 年代,美国的市场营销环境发生了变化,企业以营销观念和 4P 组合理论为指导开展的营销活动,由于较多地强调和使用了卖方对买方单向施加影响的营销手段和策略,缺乏双向沟通和对顾客价值追求的关怀,使得消费主义兴起和消费保护运动盛行;高新技术的蓬勃发展极大地促进了社会生产力水平的提高,商品供应更加丰富,买方市场进一步深化,市场竞争更加激烈,从而使消费者需求的多元化、个性化趋势不断增强,要求真正以顾客需求为中心的呼声不断增强,消费者的市场地位不断提升,消费者的满意程度直接影响到他们对企业的“货币投票”。正是在这种营销环境发展变化的背景下,4P 组合营销受到质疑。1990 年,美国营销学家罗伯特·劳特伯恩(R. Lauterborn)提出了从顾客角度出发来考虑企业营销活动的4C营销组合理论。强调从买方的角度来看,每一个市场营销工具首先应该是用来为顾客提供利益,然后才用于企业考虑策略和利润。

(一)消费者欲望与需求(consumer's wants and needs)

意即忘掉产品,关注顾客的需求和欲望。消费者是企业一切经营活动的核心,企业重视顾客要甚于重视产品。强调创造顾客比开发产品更重要,消费者的需求和欲望的满足比产品功能更重要。在产品日趋同质化的时代,企业必须从消费者需求和欲望出发开发产品尤其是品牌利益,通过整合营销要素培育消费者的品牌偏好和品牌忠诚。

(二)消费者愿意付出的成本(cost to satisfy wants and needs)

意即忘掉价格,关注顾客愿意付出的代价。即将价格因素延伸为生产经营全过程的成本,包括企业的生产成本(生产适合消费者需要的产品成本)和消费者的购物成本(购物的货币支出,还包括购物的时间、体力和精力耗费以及风险承担),从过去厂商的"指示"价格转变成消费者的"接受"价格。因此,企业要在消费者愿意接受的价格限度内获得利润,就必须利用整合营销手段努力降低企业的生产成本及顾客购物成本。

(三)购买便利(convenience to buy)

意即忘掉渠道,关注如何让顾客购买更方便。购买便利就是方便顾客,维护顾客利益,为顾客提供全方位的服务。与传统的营销渠道策略相比,4C组合更重视服务环节,强调企业既出售产品,也出售服务;让消费者既购买到商品,也购买到便利。不同的消费者有不同的购买方式偏好和要求,因此,企业要深入了解不同的消费者不同的购买方式和偏好,把便利原则贯穿于营销活动的全过程,进行渠道整合和创新。

(四)沟通(communications)

意即忘掉促销,关注与顾客的双向沟通。4C组合用沟通取代促销,强调企业应重视与顾客的双向沟通,以积极的方式适应顾客的情感,建立基于共同利益之上的新型的企业、顾客关系。企业营销不仅仅是对顾客提出承诺、单向劝导顾客,更重要的是沟通信息、融合感情,培养忠诚的顾客。在信息技术不断发展,传统的促销方式影响力降低,消费者需求多样化、个性化的大趋势下,需要企业从消费者需求出发,整合信息沟通手段。

舒尔茨用一句生动的话表述了传统营销与整合营销的区别:前者是"请消费者注意",后者是"请注意消费者"可见,4C理论是整合营销的基础。

四、整合营销实施的基本策略

整合营销的实质是强调企业营销应从顾客需求出发，运用系统论的原理整合的思想，综合利用企业内外相关营销资源，协调企业内外各种营销元素，使其成为统一的有机体，产生协同效应，实现顾客需求满足和企业利益双赢——营销绩效最大化。整合营销是一系统工程，既涉及企业战略层面，又涉及策略和技术层面；既涉及企业机构部门，又涉及具体营销活动。限于篇幅，以下仅讨论整合营销实施的主要内容。

（一）建立和管理数据库

整合营销的起点是建立数据库。数据库记录每个顾客及潜在顾客的有关信息数据，包括历史数据和预测数据。历史数据记录着顾客的姓名、性别、地址、爱好、最新购买及购买次数、购买价值等详细的历史信息；预测数据通过对顾客属性评价分析，预测顾客的未来行为。

数据库管理包括数据库建立、数据储存、数据挖掘、数据处理、数据维护等工作。建立数据库的初衷是获得顾客，终极目标是确定和保留有价值的顾客，与顾客建立发展良好的关系；通过对数据库中储存的顾客数量的分析和挖掘，可以发现隐藏在数据中的顾客价值；数据库的处理为更准确地确定目标顾客创造机会；数据库的维护能增加顾客信息的准确性，提高顾客回应的效益。

数据库是企业最有价值的资产。成功的营销取决于如何有效地吸引和保持有价值的终身顾客，数据库是解决这一问题的最好途径之一。

（二）建立现代顾客导向的组织机构

建立现代顾客导向的组织机构是企业实施整合营销的保证。让顾客满意是企业获得利润的关键。只有当企业所有的部门按照顾客满意这一原则协同工作，所有的员工都重视自己在使顾客满意上所产生的影响和作用时，企业才能获得更大的利润。整合营销强调营销不能仅仅看成是某一个部门的事，营销是事关整个企业活动绩效的一项基本活动。为此，企业必须打破传统的组织机构，见图 11-2(a)。建立能保证整合营销实施的现代顾客导向的组织机构，即将图 11-2(a)颠倒过来，并沿图增加顾客，强调企业所有经理都应坚持顾客满意原则，见图 11-2(b)。在机构顶部的是顾客，其次最重要的是一线员工，他们直接为顾客服务和满足顾客；再其次是中层管理人员，他们的工作是支持一线员工，使他们能更好地服务顾客；最底下的是高级管理人员，他们的工作是支持中层管理人员，使他们能支持为使顾客最终对企业满意的一线员工。通过建立现代顾客导向组织机构把企业的所有活动整合协调起来，使所有部门和员工都为服务于顾客利益而工作。

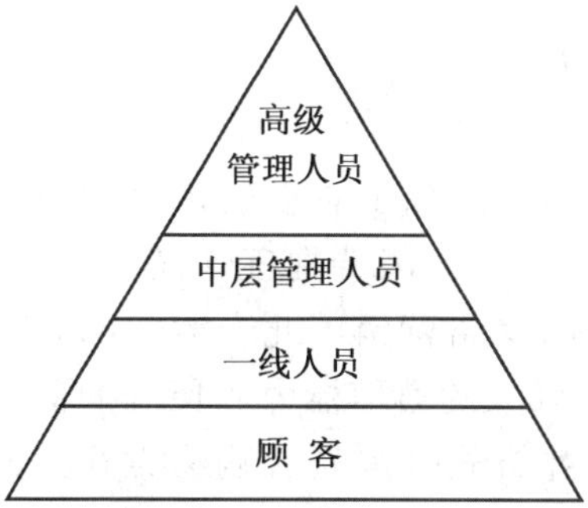

图 11-2(a)　传统组织机构图

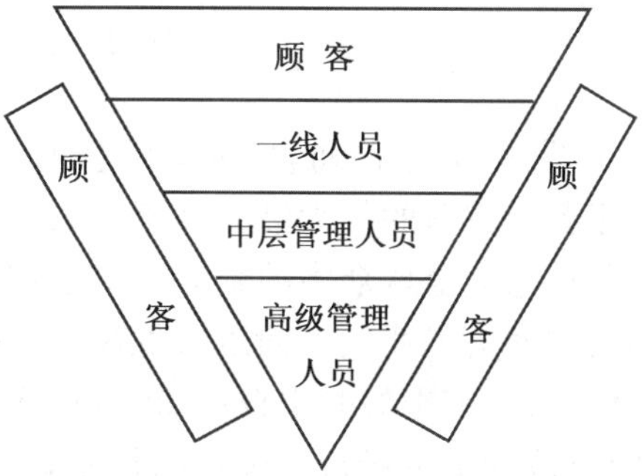

图 11-2(b)　现代顾客导向组织机构图①

(三)按照 4C 原则整合营销策略

从顾客需求出发,整合企业的营销策略,并付诸实施,是市场竞争日趋激烈的背景下的企业的明智的选择,是一条降低成本费用,提高营销绩效的有效途径。按照 4C 原则整合营销策略,最主要的是将 4C 与 4P 进行整合。第一,企业应以满足消费者需求与欲望为指导思想制定产品策略:利用互联网等媒体、市场调研等手段了解分析消费者需求,在产品设计、生产、销售和服务的各个环节与顾客交流、共享信息,以高速度、低成本提供顾客满意的产品。第二,在充分调研和与消费者沟通的基础上,弄清消费者为了满足自己的需要与欲望而愿意付出的成本,合理估计本企业产品在消费者心目中的形象及消费者可能接受的成本制定产品价格。第三,企业应为顾客提供方便购买的分销渠道。这就需要深入了解不同的消费者的不同的购买方式和偏好,把便利原则贯穿于营销活动的全过程,售前及时向消费者提供充分的关于产品性能、质量、价格、使用方法和效果的准确信息,为顾客提供方便购买的销售地点和场所,适合相应顾客的销售方式,全方位的服务,包括售中的自由挑选、方便停车、免费送货、咨询导购,售后的追踪调查,意见收集答复处理等服务,以节省顾客购物的时间、精力和体力,建立和巩固自己的顾客群。第四,以整合沟通代替促销,即营销全程的每一个环节以顾客为核心整合企业的行为,综合协调地使用各种传播方式,以统一的目标统一的传播形象,传递一致的信息,与顾客进行双向沟通,融合感情,建立基于共同利益之上的新型的良好的顾客关系,培养忠诚的顾客。

①菲利普·科特勒.营销管理——分析、计划、执行和控制.上海:上海人民出版社,Prentice Hall 培科,1999:24.

第五节 网络营销

20世纪90年代初，当美国的企业初涉因特网即尝到了它在通讯、资料检索、客户服务等方面的巨大潜力。于是，其势一发不可收拾，因特网逐渐演变成“虚拟市场”，进而为全球众多的企业开辟了广阔的天地，网络营销因此产生并随着计算机网络技术的飞速发展而迅疾发展。计算机网络强大的通信能力和便利的商品经营环境，及其带来的时空概念、市场性质、企业运作方式及消费者购物方式上的深刻变化，改变了市场营销理论的根基，引起了营销活动的变革。

一、网络营销的产生

(一)网络营销的产生

互联网起源于美国。早期(20世纪60年代)的互联网主要用于军事，后来，互联网的前身——ARPAnet被研制出来用于学术交流。20世纪70—80年代，电子数据交换(EDI)被开发出来并得到广泛的使用，EDI除了用于企业之间商务活动的信息传递，还被用来贸易单证、交货和付款，这就是网络营销的开始。

20世纪80—90年代，网络技术得到飞速的发展，一种新型的通信媒体——因特网(Internet)登上了世界信息舞台。Internet称之因特网、英特网、互联网。从广义上讲，Internet是遍布全球的联络各个计算机平台的总网络，是成千上万信息资源的总称；从本质上讲，Internet是一个使世界上不同类型的计算机能交换各类数据的通信媒介。从Internet提供的资源及对人类的作用这方面来理解，Internet是建立在高灵活性的通信技术之上的一个已硕果累累、正迅猛发展的全球数字化数据库。

1989年，由CERN开发成功WWW，为Internet实现广域超媒体信息截取/检索奠定了基础。WWW的全称为World Wide Web，即全球广域网，又称万维网，是一个包含各类信息的无限网络，是Internet提供的一种信息检索服务手段，将位于全世界网上不同地点的相关数据信息有机地编织在一起。WWW提供友好的信息查询接口，用户仅需要提出查询要求，而到什么地方查询及如何查询则由WWW自动完成。

到1990年，ARPAnet已退出了历史舞台。1991年，美国的三家Internet商业化服务提供商宣布用户可以把它们的Internet子网用于任何的商业用途。商业机构一踏入Internet这一陌生的世界就发现了它在通讯、资料检索、客户服务等方面的巨大潜力。于是，其势一发不可收拾。世界各地无数的企业及个人纷纷涌入

Internet 。网络营销随之迅疾发展。

(二)网络营销概念

网络营销(cyber marketing 或 online marketing ,network marketing)是指以计算机互联网的使用为基础,企业与顾客直接接触所进行的市场营销活动。它是直复营销的一种形式。具有以下三个特征:

(1)网络营销是利用计算机互联网作为实现交易的手段;

(2)网络营销是企业通过计算机网络对目标顾客直接营销。在网络营销中,只有在付款阶段需要通过中介认证机构来保证付款的真实性,而其他任何环节都不需要依靠任何中介机构插手而完成企业对目标顾客的营销。

(3)网络营销的本质是依靠计算机网络,实现企业为目标顾客的互动性接触,实施定制营销。

二、网络营销特点

与传统的营销相比,借助计算机互联网实施营销活动的网络营销具有以下鲜明的特点:

(一)市场范围的国际性

由于计算机网络技术的飞速发展,Internet 已与 180 多个国家和地区相连,使用该网的用户遍布世界各地已达数亿之多,且 Internet 用户以每月 15%的速度递增。计算机互联网联系范围的国际性使得企业可以利用这个全球性的信息媒体和传播渠道,将营销活动的范围扩大到全国乃至全球范围,实现市场的国际性。

(二)交易时间的无限制性

由于网络的开放性,电脑信息的随时存取性,上网在时间上的无限制性。因此,对于消费者可以随时上网搜寻有关商品信息,或网上购物等;对于企业可以随时在网上进行消费需求调研,发布企业或产品信息,进行网上营销。也就是说,利用 Internet,买卖双方可不受时间限制在虚拟的 Internet 市场进行交易活动。

(三)市场空间的虚拟性

Internet 将全球联网的无数的分布全球各地的买卖双方联结在一起,使得相处异地的买卖双方不用见面,而通过 Internet 及 WWW 即可直接“接触”,进行交易活动。这种能够进行交易活动的市场是虚拟的,完全打破了传统市场空间的局限性,为任何一个企业异地低成本交易的实现提供了可能。使用 Internet 使小企业也能像大企业一样在虚拟的市场实现异地营销。这是网络营销对传统营销的重大变革和挑战。

(四)信息传播的高效性

网络营销运用电脑储存大量的信息,其所传递的信息数量与精确度,远远超过了其他媒体,传递信息速度之快,也是其他媒体不可比拟的。互联网上可以采用多媒体技术传播信息,集报纸、广播、电视媒体优势于一体,它可以详尽、鲜活、生动地将产品直接展示给消费者。总之,Internet 传播信息具有容量大、形式多样、迅速方便、更新及时、全球覆盖、自由和交互的特点。网络信息传播的高效性,对企业吸引力极大,使 Internet 已经或将成为企业信息双向沟通的重要媒体。

(五)交易活动的直复互动性

直复互动性营销是网络营销的重要特征。利用 Internet 企业与顾客之间不通过中间商及其他媒体而发生直接的联系。顾客可在网上直接向企业咨询产品信息、提出购买需求、订购产品,实现购买行为;企业可通过互联网直接向顾客征询需求信息和收集购买意见,详尽地介绍产品,将商品直接展示在顾客的面前,这种直接互动式超越时空的网络营销,无疑是营销的革命,成为营销未来重要的发展方向。

(六)竞争环境的公平性①

Internet 为企业提供了一个真正平等、自由竞争的市场环境。过去由知名企业、跨国公司所形成的市场垄断局面、中小企业进入国际国内市场的障碍将不复存在。上网的企业无论大小,面对的都将是同一个覆盖全球的市场。中小企业不再受经营规模不大、发展历史不长等因素制约,与跨国公司、知名企业展开公平的市场竞争。注意力将成为网上竞争新的焦点,但它不完全取决于企业规模的大小、知名度的高低。此外,由于不受场地、地域的限制,也有利于企业扩大市场和经营规模,从根本上增强企业的竞争优势。

(七)营销组合的 4C 性

网络营销以方便顾客表达购买欲望和需求为出发点建立网站主页、提供产品和服务;依靠互联网,顾客很方便的不受时空限制,无需四处奔波劳碌,可任意搜寻商品信息、挑选商品,实物商品一般可按顾客要求送货上门;网络通信成本低廉、网上营销可节省企业建立渠道分销商品的诸多花费,同时也降低顾客寻找、选择、购买商品的成本;网络为企业和顾客提供了全新的双向互动式的信息沟通渠道,使企业与顾客之间实现友好、高效的沟通。这些内容构成了网络营销的 4C 模式,改变了传统的营销组合的基础,营销理论从传统的 4P 理论,演变为 4C 理论。

①黄敏学.电子商务.北京:高等教育出版社,2001:337.

三、网络营销的类型

(一)依据网络营销涉及的对象分

经济活动的参与者有政府(government,G)、企业(business,B)和消费者(consumer,C)三种角色,相应地,网络营销应用有5种主要类型即:B to B,B to C,B to G,C to G和C to C。以下介绍前3种主要类型。

1.企业与企业之间的网络营销(B to B) 企业与企业之间(business to business)的网络营销,缩写B to B。是企业与企业之间利用互联网进行营销的活动。目前,B to B是网络营销的主流,是应用最为广泛最为成功的一种网络营销模式。有资料表明,企业间的网络营销的贸易额约是企业与消费者之间贸易额的10倍。

2.企业与消费者之间的网络营销(B to C) 企业与消费者之间(business to consumer)的网络营销,缩写B to C。是企业利用互联网进行消费者需求调研、预测、满足活动,完成产品销售实现企业赢利的过程。B to C模式是一种电子化零售。由于互联网提供了双向交互式的通讯模式,并具有搜索浏览功能和多媒体界面,使消费者很容易地查到适合自己需要的商品,并与企业沟通自己的消费需求和意见。因此,越来越多的企业在互联网上建立自己的网站,利用互联网向消费者销售产品。

3.企业与政府间的网络营销(B to G) 企业与政府间(business to government)的网络营销,缩写B to G。是指企业利用互联网向政府组织机构提供商品和服务、纳税等,同时,也包括政府在网上公布采购信息,商检、管理条例发布,以及政策法规颁布等。政府一方面作为消费者,可以通过互联网发布采购清单,公开、透明、高效、廉洁地完成所需物品的采购;另一方面,政府对企业宏观调控、指导规范、监督管理的职能通过互联网更能充分、及时地发挥。

(二)依据网络营销交易对象分

1.有形商品网络营销 有形商品指的是占有三维空间的实体类商品。有形商品的交易过程所包含的信息流和资金流完全可以在网上进行,卖方通过网络分布商品广告、供货信息及咨询信息,买方通过网络选择欲购商品并向卖方发送订单,买卖双方在网上签订购货合同后完成货款支付。但交易的有形商品必须由卖方通过某种方式送达买方指定的地点。网络营销这种商品交割方式,说明网上购物使传统的物流配送向消费者端延伸。如果货物配送的成本增加,会影响网络营销的实施,因此,实施有形商品的网络营销,需解决好货物配送问题。也正是因为,有形商品的网络营销的三流(信息流、资金流、物流)不能完全在网上进行,故又可称之为非完全网络营销。

2.无形商品网络营销　无形商品指包括软件、电影、音乐、电子读物、信息服务等可以数字化的商品。无形商品的网上交易与有形商品的网上交易的区别在于前者可以通过网络将商品直接送到购买者手中。也就是说，无形商品网络营销完全可以在网络上进行，因而，这类网络营销属完全网络营销。

(三)依据网络营销实施程度分

1.上网宣传　指企业的网络营销仅仅是利用互联网对企业及其产品进行宣传。上网宣传是网络营销的起点，也是目前大部分企业在互联网上建立自己的网址的基本目的。与传统媒体相比，网上宣传具有受众广泛、成本低廉的优点，同时利用多媒体制作可以把文字、图像、色彩、声音、动作结合到完美的程度，给顾客留下较深的印象。特别是对于资源有限的中小企业，通过网络发布信息，突出企业或产品特色，迅速扩大知名度，与大企业同台竞争，是非常有效的途径。对于顾客除了通过企业的网页和相关链接了解企业及其产品的详细信息外，还可以进行相关咨询，在信息充分的条件下进行购买决策①。

2.网上市场调研　指企业的网络营销局限在网上市场调研。调研市场信息，从中发现顾客需求及其动向，为企业细分市场、制定和调整营销决策提供依据，是企业进行市场营销的重要内容。网络的开放性和互动性，使得网络成为信息的集散场所，为企业开展网上市场调研提供了便利，网上调研是高效率、低成本的。企业进行网上市场调研一般有两种方式可供选择：一是借助 ISP 或专业网络市场研究公司的网站进行调研，这对于那些名气不大、网站不太引人注意的企业是一种有效的选择；二是企业在自己的网站上进行市场调研，这适合知名企业。

3.网上直接销售　指企业的网络营销主要是通过网络直接销售产品。网上直接销售包括面向消费者、企业与企业之间以及面向政府机构等所有买方的网上直接交易，它是一种高效率、低成本的产品交易方式，代表了一种新的经营模式。由于网上直接销售，企业直接为顾客提供详尽的产品信息，顾客可以更快更容易地比较商品和价格，从而在选择与购买上居于主动地位。对于卖方来说，网上直接销售免除了建立分销渠道、有形商店和人员的相关投资费用，将依靠人工完成的交易活动转化成数字化的信息传送过程，节省了大量的商流费用和交易成本。但是，网上直接销售需要具备以下条件：成熟的市场机制和信用服务体系，高效的物流配送体系，配套的电子法规以及网络文化环境②。

4.网络营销集成　网络集成是企业对互联网的综合运用，是企业利用互联网

①苗月新.市场营销学.北京：清华大学出版社，2004：360.

②苗月新.市场营销学.北京：清华大学出版社，2004：360-361.

对传统商业关系的有效整合。在网络营销过程中，互联网不仅在企业营销的某一环节和过程产生重大作用，而且还将对企业组织、管理观念及运作上产生重大影响。企业依靠网络与供应商、制造商、顾客、甚至竞争者建立密切的联系，收集并传递信息，据此实施旨在满足顾客需求实现商品交换并赢利的营销全过程。

四、实施网络营销的关键技术环节

实施网络营销的企业需要解决以下几个关键技术工作：

1. 获取 Internet 的域名，建立网址　Internet 是通过一系列计算机通讯协议来组织信息沟通的，因此，获得 Internet 的域名，建立网址是企业利用 Internet 进行营销的前提条件。域名是接入 Internet 用户在网上的名称，是一个企业或机构在 Internet 上的标识。企业一旦在 Internet 上成功注册了域名和设立了网站，一方面，就表明企业在互联网上拥有自己的门牌号码，有了通往网络世界把握商机的一把钥匙；一方面，可以被全球 Internet 用户随时访问和查询。Internet 上域名在世界范围内是唯一的。域名与商标有类似的意义。是企业形象的一部分。域名的申请注册与使用的规则与商标相同。谁先注册，谁就拥有域名的使用权。

注册域名有两种选择：一是在国内注册（由中国互联网信息中心 CNNIC 负责受理）二级域名；二是在国际注册（'Internet 特别委员会'即'InternetNIC指定的注册中心受理）一级域名。域名的名称有以下选择：一是以企业名称作为域名。这一般是一些著名的公司借助于原有的知名度，以进一步在网上树立企业的形象。如"haier. com"。二是以产品品牌作为域名。这一般是知名产品品牌借助产品品牌的知名度树立域名品牌，更好地宣传产品。三是为某些品牌独立注册域名。对产品多样化、生产规模大的企业，其某种产品有独特的个性并具有相当的顾客忠诚度时，为该产品单独注册域名，以培养、尊重和强化顾客的忠诚度，并可以避免公司其他品牌产品出现信誉危机时危及该品牌。

2. 建立 Web 服务器　域名建立后，就需要构建企业的 Web 服务器。在网络营销中没有实物店铺，只有网络服务器提供商品信息，因此，服务器的作用相当于一个网上"商场"。建立性能可靠的服务器就是为顾客提供良好的购物环境。企业构建 Web 服务器，通常有两种做法：一是自建。此法企业有自主权和调配权，网络响应速度快、效果好，有利于发挥系统功能。但投资大，见效慢，成本高，需要高水平的网络维护队伍，适用于大企业或专门为中小型企业提供接驳服务的网络服务供应商（ISP）。二是托管。即租用 ISP 网络服务器的存储空间。此法又分两种：其一具有独立的 IP（internet protocol，网际协议）地址和独立域名；其二在别人的独立空间中以路径的形式出现。该法成本低、管理简单，但用户访问速度慢、查询困难。一般适用于中小企业。

3.规划设计网页　在建立 Web 服务器时应科学地规划设计网页。网页是企业网上营销的门户,网页的良好设计应体现能提高顾客满意度的 4C 组合思想。一是科学地规划网页的基本结构,以方便顾客浏览和查询,使网页内容富有吸引力。主页中应包括以下基本内容:企业名称及其简要介绍,产品信息标题及相关链接,电子邮箱地址,通信地址、电话及传真号码,注册信息等让顾客全面了解企业及其产品。二是建立方便实用的网页菜单。网页菜单的作用就相当于网上商店的"导购员",可以帮助顾客方便快捷地搜寻需要的商品。三是为顾客提供高效友好的购物信息工具。包括:①提供友好的搜索引擎。以方便顾客对商品的查询。②提供高效"购物篮"。四是提供良好的顾客维护服务。包括设计在线交互式表单,用以收集顾客和访问者的意见和建议;为顾客提供技术资料、网上咨询等服务以维持顾客。

4.电子支付　所谓电子支付是指网上交易的当事人,包括企业、顾客和金融机构使用安全电子支付手段,通过网络进行的货币支付或资金流转。随着网络营销的发展,网上购物电子支付的安全问题已经解决,电子支付的形式越来越多,目前主要有两大类:一是电子货币类。包括电子现金、电子钱包和电子信用卡等;二是电子支票类。如电子支票、电子汇款和电子划款等。前者主要用于企业和消费者之间的小额支付,后者主要用于企业之间的大额资金结算。

五、网络营销 4C 与 4P 整合策略

依托互联网而产生的网络营销,作为一种新兴的营销理念和营销方式对传统的营销理念和方式产生了巨大的冲击。但这并不是说网络营销将完全取代传统营销,而是两者相互补充相互促进。因此,企业在进行网络营销时,应根据企业的战略目标和目标市场,按照 4C 组合的思想,对传统营销策略和网络营销策略进行整合。即在清楚地了解顾客个性化的 4C 需求后,做出能同时实现满足顾客个性化需求和企业利润最大化两个目标的 4P 策略。

(一)满足顾客需要的产品策略

由于互联网的开放性、全球性,使消费者极易利用互联网掌握产品丰富的信息,对产品比较非常容易、选择余地很大,使得消费者的主权地位明显提升。如果企业的产品难以满足个性化消费需求,消费者会毫不犹豫地选择其他企业的产品。因此,企业应以满足消费者需求与欲望为指导思想制定产品策略:利用互联网信息沟通的互动性,在产品设计、生产、销售和服务的各个环节与顾客交流、共享信息,以高速度、低成本提供顾客满意的产品。具体在网上:①提供消费者之间、消费者

与企业之间的互动讨论区，借以了解消费者需求；②建立消费者意见专栏，了解消费者对产品的意见，以利于产品的改进和开发；③建立消费者自我设计区，以利于为消费者提供个性化的产品和服务。

（二）能使顾客接受的价格策略

网络营销产品价格策略的制定，除了考虑传统营销价格制定应考虑的因素和方法外，还应考虑网络市场的特点。由于互联网的开放性和互动性，网络产品的价格是透明的。因此，企业一定要在对网上企业相关产品价格及竞争状况进行认真调研分析的基础上，合理估计本企业产品在消费者心目中的形象及消费者可能接受的成本制定产品价格。在网上：①建立自动调价系统，即根据季节变动、供求状况、竞争产品价格及其他因素，进行价格调整；②建立议价系统，与消费者直接协商议价；③通过消费者意见栏了解消费者对价格认同的标准，据此设计生产产品。

（三）方便顾客购买的渠道策略

直复互动性营销是网络营销的重要特征。依靠 Internet 企业与顾客之间不通过中间商及其他媒体而发生直接的交易。企业应利用网络营销这一特点，为消费者提供方便购买的分销渠道，以比竞争者更便利、更快捷、更安全的销售方式，建立和巩固自己的顾客群。如：①通过电子商场将产品通过多媒体形式展现给消费者，利用互联网的互动性与消费者进行跨时空的“一对一”的网上磋商销售。②提供多种电子方式销售商品：一是在网上提供电子商场订货的地址、电话号码和传真号码，以迎合一些顾客喜欢采用电话订货或邮寄支票订货的传统方法；二是使用电子邮件订货；三是使用一般的在线订货方式订货。③有形商品的交货通过各类专门的送货系统、快递运输公司等新型物流机构来完成，或通过国内、国际销售代理网点保证销路畅通、按时送货。

（四）与顾客良好沟通的促销策略

Internet 传播信息具有容量大、形式多样、迅速方便、更新及时、全球覆盖、自由和交互的特点，除此，互联网传播信息具有一定的被动性。网络传播信息的高效性、被动性特点，说明企业与顾客友好沟通的重要性。因此，企业应借助于网络这种全新的双向互动式的信息沟通渠道，与顾客之间实现多种方式的友好的高效的交流与沟通。①编辑制作从内容到形式皆具吸引力的企业或产品的信息，及时在相关网页上、广告交互网上、电子公告版上发布，或通过电子邮件或赞助网上相关活动、站点等形式发布，并注意及时更新；②在网上提供各种娱乐性强的免费产品和服务、或技术指南、疑难解答等有价值的信息；③建立爱好者俱乐部，举办丰富多彩的消费者联谊活动、或竞猜、竞赛活动，密切与消费者的联系；④设置电子建议或意见箱，以及时收集和反馈信息；⑤通过网站访问者的有关记录，了解和分析消费者的消费意愿，以便及时发现或改进产品和经营中的问题。

【复习思考题】

1.服务有哪些特征？什么是服务营销？
2.服务营销组合策略有哪些？
3.何谓绿色营销？推广绿色营销有何意义？如何实施绿色营销？
4.何谓关系营销？开展关系营销的原则有哪些？
5.整合营销的概念是什么？何谓4C营销组合？
6.何谓网络营销？网络营销有哪些特点？

【案例】

网景、苹果、IBM、MS等四公司营销新趋势

1993年安德森利用他开发的Mosiac万维网浏览器占领了网上浏览软件市场，并成功地帮助NC—SA公司上网，WWW便引起世人极大的关注。Silicon Graphic美国视算公司创办人之一吉姆·克拉克眼见Internet人潮涌动，认为商机不可失，带400万美元找安德森共创大业，成立了NetScape网景公司。

1994年12月，新版的Mosiac以NetScape Nevigator商品名公诸于世，全球用户在Internet WWW站点网景公司的网页上下载NetScape Nevigator试用版，经几个月使用测试后，用户再决定是否购买其完整版。由于它的浏览器性能优势和行销合理，使得1996年之前NetScape Nevigator稳坐WWW浏览器市场第一交椅。1995年网景股票涨至98美元，与此相关的Internet ISP——U. U. Net公司股票也升至67美元。

1993年MS微软公司开始于Win95的需求调查。调查对象是：Win3.1使用者、Win教学教师、Win95 Beta版（试用版）测试反馈建议数据库。此时IBM操作系统OS/2和苹果电脑Mchintosh占领了部分操作系统软件市场。MS调查后决定，Win95正式版应当：易使用、速度与功能强大、兼容性。Win95利用视窗界面使易用性充分得到保证。其实苹果软件早就开发成功窗口界面。Win95为了加强在万维环境下的使用功能，不仅提供32位电脑多任务操作支持，还配套开发了内置拨号上网软件和网上浏览器Internet Explorer、Winweb等，以适应万维时空需要。其实1994年IBM推出真32位OS/2.1中文版，1995年又推出功能更强大的OS/2 Warp3.0中文版，比Win95并不逊色。Win95的兼容性做到向下兼容Win3.1、MSDOS是其他竞争者易忽视的保护用户以往软件投资、建设利益得到根

本保障。此后MS公司加速了该浏览器升级速度，至1997年Explorer4.0版诞生，使E4.0成为网景浏览器强劲的竞争对手。1998年当MS公司宣布即将推出的Win98中，将于E4.0及以后版本实行捆绑销售，以求扩大MS在网景产品上的竞争优势时，网景终于打破沉默诉MS垄断市场。公堂对簿结果是MS有条件胜诉。网景浏览器市场霸主地位彻底动摇，E4.0飞速普及网上。此时，IBM意识到它软件的薄弱遂于1996年完成对Lotus公司收购，以强化自己软件开发事业，犹如亡羊补牢。而苹果软件素以界面友好、图形美观、好用著称，如果它也走兼容性开发之路，选择Intel CPU，Win95也许永无翻身之日。

（资料来源：仇向洋，朱志坚《营销管理MBA》，石油工业出版社，2006；）

【案例思考】

1. 网景、苹果、IBM、MS各自的营销行为，迎合了哪些营销新趋势？

2. 四家公司各自采用了哪些主要的营销手段？是对还是失误？

3. 四家公司在这一轮竞争中必定有所得而又有所失，请试着提出各自得失要点。

4. 你认为迎接网络营销或其他营销新趋势时，企业应当如何行动？理由是什么？

参考文献

1. 菲利普·科特勒. 营销管理——分析、计划、执行和控制. 上海:上海人民出版社, Prentice Hall 培科出版, 1999.
2. 菲利普·科特勒, 加里·阿姆斯特朗. 俞利军译. 市场营销. 北京:华夏出版社, 2003.
3. 菲利普·科特勒(Phillip Kotler). 营销学原理. 上海:上海译文出版社, 1996.
4. 小弗雷德里克·E·韦伯斯顿. 自由市场推动的管理. John Wiley & Sons, 1992.27.
5. 吴泗宗. 市场营销学. 2 版. 北京:清华大学出版社, 2005.
6. 吴健安, 王旭. 市场营销学. 2 版. 北京:高等教育出版社, 2004.
7. 仇向洋, 朱志坚. 营销管理. 北京:石油工业出版社, 2003.
8. 黄敏学. 电子商务. 北京:高等教育出版社, 2001.
9. 邝鸿. 现代市场学. 北京:中国人民大学出版社, 1989.
10. 李弘. 董大海. 市场营销学. 大连:大连理工大学出版社. 1998.
11. 李怀斌. 市场营销学. 北京:清华大学出版社. 2006.
12. 邱猛. 如何制定市场竞争策略. 北京:北京大学出版社, 2003.
13. 吴声怡. 市场营销学. 北京:中国农业出版社, 2005.
14. 杨宏亮. 营销管理. 北京:石油工业出版社, 2001.
15. 陈收, 毕少菲. 企业战略管理—战略选择与核心能力. 长沙:湖南大学出版社, 2003.
16. 王方华. 现代企业管理. 上海:复旦大学出版社, 1996.
17. 王秀村, 王月辉. 市场营销管理. 2 版. 北京:北京理工大学出版社, 2003.
18. 吴长顺. 营销管理. 广州:广东人民出版社, 2003.
19. 龚振. 消费者行为学. 大连:东北财经大学出版社, 2002.
20. 罗子明. 消费者心理与行为. 北京:中国财政经济出版社, 1998.
21. 霍金斯(Hawkins, D)(美). 消费者行为学. 北京:机械工业出版社, 2000.
22. 布恩(Boone, l. e.)等, 赵银德译. 当代市场营销学. 北京:机械工业出版社, 2005.
23. 何永祺, 张传忠, 蔡新春等. 市场营销学. 大连:东北财经大学出版社, 2001.
24. 纪宝成. 市场营销学教程. 北京:中国人民大学出版社, 2002.

25. 吴健安,郭国庆,钟育赣. 市场营销学. 北京:高等教育出版社,2000.
26. 杨勇. 市场营销:理论、案例与实训. 北京:中国人民大学出版社,2006.
27. 陆娟. 市场营销学. 南京:南京大学出版社,2003.
28. 郭翠梅,陈毅丹. 市场营销学. 广州:暨南大学出版社,2004.
29. 李穗豫,陈玮. 中国本土市场营销精选案例与分析. 广州:广东经济出版社,2006.
30. A·佩恩. 服务营销. 北京:中信出版社,1998.
31. 苗月新. 市场营销学. 北京:清华大学出版社,2004.
32. 曹小春. 市场营销学. 北京:北京大学出版社,2001.
33. Thomas J. Paczkowski. Marketing 6-ed.
34. Chrisitian Grönroos,Service "Management and Marketing:Managing the Moments of Truth in Service Comptition. Lexington",MA:Free Press/Lexington Books,1990.
35. 易迈管理学习网:http://www.mba163.com.
36. http://www.manager365.com.
37. 客户价值链管理世界:http://www.ccmsky.com.

图书在版编目(CIP)数据

市场营销学/姜含春主编. —北京:中国农业大学出版社,2008.3(2019.3重印)
ISBN 978-7-81117-367-3

Ⅰ. 市… Ⅱ. 姜… Ⅲ. 市场营销学 Ⅳ. F713.50

中国版本图书馆CIP数据核字(2008)第004200号

书　　名 市场营销学
作　　者 姜含春　主编

策划编辑	魏秀云	**责任编辑**	魏秀云
封面设计	郑　川	**责任校对**	陈　莹　王晓凤
出版发行	中国农业大学出版社		
社　　址	北京市海淀区圆明园西路2号	**邮政编码**	100193
电　　话	发行部 010-62818525,8625		读者服务部 010-62732336
	编辑部 010-62732617,2618		出　版　部 010-62733440
网　　址	http://www.cau.edu.cn/caup	**e-mail**	cbsszs@cau.edu.cn
经　　销	新华书店		
印　　刷	涿州市星河印刷有限公司		
版　　次	2008年2月第1版　2019年3月第8次印刷		
规　　格	787×980　16开本　19.5印张　349千字		
定　　价	37.00元		

图书如有质量问题本社发行部负责调换